ÉTUDE

SUR

LES CHÈQUES

PAR

Edmond LE MERCIER,

DOCTEUR EN DROIT,

Avocat près la Cour d'Appel de Douai.

PARIS,

LIBRAIRIE DE A. MARESCQ AINÉ, ÉDITEUR,

17, rue Soufflot, 17.

1874.

ÉTUDE

SUR

LES CHÈQUES.

ÉTUDE

SUR

LES CHÈQUES

PAR

Edmond LE MERCIER,

DOCTEUR EN DROIT,

Avocat près la Cour d'Appel de Douai

PARIS,

LIBRAIRIE DE A. MARESCQ AÎNÉ, ÉDITEUR,

17, rue Soufflot, 17

—

1874.

ÉTUDE

SUR

LES CHÈQUES.

CONSIDÉRATIONS GÉNÉRALES.

Le chèque (de l'anglais *to check*, vérifier) est un écrit qui sous la forme d'un mandat de paiement, sert au tireur à effectuer le retrait à son profit ou au profit d'un tiers de tout ou partie de fonds portés au crédit de son compte chez le tiré et disponibles. (Art 1er de la loi du 23 mai 1865): nous développerons cette définition dans le cours de cette étude.

Le mot chèque est un mot nouveau appliqué à une chose naguère encore inconnue chez nous. Ce mot, et le mandat de paiement et de compensation auquel il s'applique, sont d'origine, d'importation anglaise. Les opérations financières résultant de l'usage du chèque ont pris, en Angleterre, une telle extension, un développement si considérable, que 12 bills ont été successivement votés par le parlement pour régler tous les cas, toutes les hypothèses, toutes les solidarités, toutes les responsabilités qui pouvaient naître de l'émission d'un chèque. En France, les esprits ont été frappés des immenses ressources qu'on pouvait tirer de cette combinaison si simple ; le Conseil d'Etat a été invité à se livrer à l'étude de la question, et ses travaux ont abouti à la présentation d'une loi destinée à consacrer, à répandre et à protéger l'usage des .hèques.

Voici en quels termes s'exprimait à cet égard M. Blanche, avocat général, dans son remarquable discours de rentrée, devant la cour de cassation, le 4 novembre 1861 : « l'Angleterre a fait du chèque une espèce de monnaie courante, employée non seulement dans les relations de commerce, mais encore dans les détails de la vie domestique.

» Le chèque est une sorte de mandat tiré sur un banquier, payable à vue, et en général au porteur. Son but est de faire sortir de leur inertie les capitaux tenus en réserve pour les besoins à venir, de les mettre dans la circulation et de les rendre productifs pour leur propriétaire, qui les dépose chez le banquier, pour le banquier qui les prête à l'industrie, pour l'industriel qui les emploie et les féconde, pour l'ouvrier à qui l'industriel procure du travail et dont le bien-être s'accroît de la prospérité du maître.

» L'usage du chèque commence à s'introduire en France ; je sais qu'il peut s'y nationaliser sans l'intervention de la loi. Il est peut-être bon cependant qu'elle reconnaisse son droit de bourgeoisie ; car, comme l'a dit l'un de nos maîtres, moraliste et publiciste éminent : l'égoïsme et l'ignorance trouvent une sorte de justification dans le silence du législateur. Ils négligent ce que le législateur paraît avoir méprisé, tant est enracinée chez nous, ne l'oublions pas, l'habitude bonne ou mauvaise, mais constante, de tourner en toutes choses nos regards vers le pouvoir, de le prendre en toutes choses pour agent et pour guide. »

L'idée première qui a donné naissance au chèque était depuis longtemps expérimentée dans quelques grandes institutions de crédit françaises, et quelqu'imparfaite qu'elle fût encore en pratique, cette idée était l'objet de l'étude de la plupart des hommes spéciaux et le moyen pour quelques maisons de traiter d'immenses affaires. C'est ainsi que les instruments de compensation, tels que les mandats rouges ou blancs que la banque de France réunit en carnets, et mit aux mains des banquiers, des commerçants et de ses créanciers en compte-courant, ont produit depuis quelques années un mouvement annuel de 14 ou 15 milliards. Le Crédit Foncier, le Comptoir d'escompte, en un mot presque toutes les banques mettent depuis longtemps déjà à la disposition de leurs correspondants et de leurs déposants, des reçus reliés aussi en carnets, faciles à détacher successivement, et qui dans quelques cas font à merveille et très rapidement l'office du chèque. Sous l'empire de cette idée l'usage des récépissés, celui de la lettre de change à vue tendaient à se répandre de jour en jour.

Mais ces différents moyens de paiement et de compensation sont loin de présenter tous les caractères et tous les avantages du chèque, malgré les opinions émises dans les Commissions législatives et à la tribune de la Chambre par quelques hommes dont le talent est incontestable, mais dont les conceptions trop générales ne semblent pas avoir saisi des différences radicales que le moindre commerçant remarque journellement dans la pratique; nous les signalerons plus tard, lorsque nous établirons les points de ressemblance et de dissemblance existant entre le chèque et les autres moyens employés en France pour arriver au même but.

La législation anglaise en nous devançant dans cette voie avait répondu à un besoin du commerce anglais, né de l'insuffisance du capital dans les transactions au comptant. Ce besoin, nous l'éprouvions moins que l'Angleterre : la France possédait en effet, avant la guerre désastreuse de 1870-71, 6 millards environ de numéraire, et l'Angleterre n'en a guère que pour 1 milliard 500 millions de francs. On comprend dès lors que ses affaires financières étant plus étendues encore que celles qui se traitent sur les places françaises, le peuple anglais ait dû s'appliquer à organiser des formes de crédit suppléant à l'or et à l'argent.

Le Gouvernement français préoccupé du désir de propager l'usage des comptes courants et des chèques institua en 1864 une commission spéciale (1) chargée de procéder à une étude approfondie de la question, en s'éclairant auprès des chefs ou des représentants des principales maisons de crédit : nous ne pouvons mieux faire, à l'appui de notre thèse, que de résumer l'opinion si concluante de cette commission d'enquête présidée par M. Rouher dont on ne peut nier la compétence dans les questions commerciales et financières :

« S'il est, en économie politique, un principe élémentaire, et dans la pratique une règle vulgaire, c'est assurément celle-ci : un capital quelconque disponible entre les mains de celui qui en est propriétaire, ne dégage, pour ainsi dire, sa valeur intrinsèque qu'autant qu'on l'applique à un emploi productif : la thésaurisation est le préjugé des peuples arriérés, ou une nécessité imposée à une nation troublée par la guerre ou inquiétée par l'anarchie : Aussitôt que des conditions d'ordre, de sécurité, de progrès se manifestent, celui qui possède un capital cherche à le faire fructifier soit en l'immobilisant dans des acquisitions territoriales, soit en l'engageant dans des entreprises industrielles ou commerciales. Plus tard il le place en valeurs mobilières, ou le confie à des maisons de banque ; enfin il le livre à la circulation, afin de bénéficier de l'intérêt. On sait combien tous ces genres de placement sont usités aujourd'hui ; mais il est un progrès auquel on n'est arrivé que récemment. Si de tout temps on avait cherché à tirer profit des fonds qui pouvaient être engagés pour une longue durée, on regardait comme une nécessité et comme un acte de prudence de conserver tous ceux qui devaient être nécessaires, ou qui pouvaient le devenir dans un avenir prochain, soit pour servir de fonds de roulement, soit pour

(1) Cette commission était ainsi composée : S Exc. M. Rouher, Ministre d'État, président ; M. le duc de Morny, Président du Corps Législatif ; M. le comte de Germiny, Sénateur, M. Vuitry, Vice-Président du Conseil-d'État, Gouverneur de la Banque de France ; MM. Gouin, Ollivier, Darimon, Mathieu, Députés au Corps Législatif ; M. de Lavenay, Conseiller-d'État ; M. Denière, Président du Tribunal de Commerce de la Seine ; M. Bosredon, Maître des Requêtes au Conseil-d'État, secrétaire-rapporteur, et MM. de Féligonde, Auditeur au Conseil-d'État, et Chauvy, attaché au Ministère d'État, secrétaires-adjoints.

payer des dépenses courantes : ces réserves restaient stériles Par une combinaison ingénieuse , on a résolu le problème qui consistait, à rendre cette masse de numéraire productive , sans qu'elle cessât pour cela de rester disponible ; c'est là l'office des banques de dépôt et particulièrement de celles qu'on a appelées en Angleterre *Joint-Stock-Bancks*. Elles servent un intérêt à l'argent, un intérêt minime sans doute, mais elles le rendent à l'instant où il est demandé. Or le mécanisme ingènieux qui facilite cette restitution, c'est le chèque. »

Le langage de la Commtssion d'enquête caractérise avec éloquence le principe de l'institution du chèque et des banques de dépôt ; nous n'avons pas dès lors besoin d'insister davantage sur cet aperçu préliminaire : nous nous proposons , avant d'étudier les dispositions de loi qui ont réglementé les chèques et les discussions dont elles ont été l'objet, avant de présenter les monuments de jurisprudence qui existent actuellement sur la matière d'exposer le mécanisme , le fonctionnement du chèque en Angleteyre ; c'est ainsi que l'on pourra se rendre un compte exact de la puissance de cet instrument de liquidation et de compensation chez nos voisins, et de l'utilité , de la nécessité qu'il y a à le voir se propager chez nous.

Avant d'aborder la théorie du chèque en Angleterre, il est bon de dire tout d'abord avec M Nouguier , que la lettre de change, à son origine , n'avait pas d'autre but que celui qui est actuellement assigné au chèque. En effet que la lettre de change soit née des besoins du commerce sans qu'on puisse bien en préciser l'époque. ou qu'elle ait été inventée par les Juifs, toujours est-il que dans le principe , son but unique était de retirer des mains des dépositaires ou débiteurs, par soi-même ou par un tiers, les fonds et valeurs dont on voulait opérer le recouvrement. C'est ainsi que les Juifs qui bannis de France pendant les règnes de Philippe-Auguste en 1181 et de Philippe-le-Long en 1316, et réfugiés en Lombardie, imaginèrent, pour avoir l'argent qu'ils avaient laissé en dépôt entre les mains de leurs amis, de se servir du ministère de voyageurs ou pèlerins auxquels ils remirent des lettres en *style concis et en peu de paroles*. De même les Florentins chassés de leur pays par les

Guelfes se réfugièrent à Amsterdam et se servirent de la lettre de change pour rentrer en possession de leur actif.

A l'origine la lettre de change était donc, non pas un instrument de crédit, mais simplement une cédule de paiement, tirée d'un lieu et même d'un pays sur un autre : le chèque n'est pas autre chose.

Il y a lieu de distinguer deux sortes de chèques : le chèque-reçu et le chèque-mandat. Le premier était connu chez nous avant la loi de 1865 ; le second a sa véritable origine dans la loi nouvelle. C'est ce dernier qui nous occupera le plus immédiatement ; bien que le chèque-reçu soit toléré et soit encore très-répandu dans les mœurs commerciales, dans les rapports des banquiers avec leurs déposants en compte courant.

PREMIERE PARTIE.

CHAPITRE Ier

DU CHÈQUE EN ANGLETERRE.

L'étude des chèques en Angleterre nous amène naturellement, sinon à faire l'historique des banques de dépôt, du moins à jeter un rapide coup. d'œil sur l'origine et les principes de cette institution. Les premiers établissements de ce genre furent : La banque de Venise, qui fut créée vers la fin du Xe siècle et fut fermée en 1808; la banque de dépôt d'Amsterdam, fondée en 1609 ; celle de Rotterdam, fondée en 1635.

M. Darimon dans son rapport au Corps législatif (1), au nom de la commission chargée d'examiner le projet de loi concernant les chèques, a exposé en des termes très-clairs la marche de cette institution en Angleterre : nous ne saurions mieux faire (nous l'avouons en toute humilité) que de reproduire ici la partie du rapport qui a trait au fonctionnement de la banque de dépôt chez nos voisins.

« Il existe, dit cet excellent travail, en Angleterre et en Ecosse, depuis plus d'un siècle, deux usages qui ont contribué bien certainement, dans une large mesure, au puissant développement que l'industrie, le commerce et l'agriculture ont atteint dans ces deux pays. Le premier est l'habitude que tout particulier, négociant ou non négociant a contractée d'avoir un banquier, chez lequel il

____

(1) Annexé à la séance du 26 avril 1865.

dépose les valeurs de toute nature qu'il a reçues dans la journée ; espèces, bancknotes, traites ou effets arrivés à échéance, ne gardant dans sa caisse ou dans sa poche que les petites sommes nécessaires à ses besoins journaliers. Cette habitude est tellement enracinée qu'elle s'est en quelque sorte identifiée avec les convenances sociales. Payer en argent au delà du détroit n'est pas de bon ton. M. Alphonse Esquiros dans ses curieuses études sur la vie anglaise, raconte ce trait caractéristique : un boutiquier anglais, auquel on demandait un jour quelle était la différence entre un homme et un gentleman, répondit sans hésiter : « un homme est celui qui vient acheter mes marchandises, et qui paye argent comptant, un gentleman est celui auquel je fais crédit et qui me règle tous les six mois, par un bon à toucher chez son banquier (check).» Avoir un banquier en Angleterre, c'est la condition première de la respectabilité.

« L'autre usage, non moins répandu, consiste à prendre domicile chez les banquiers pour les billets de commerce que l'on souscrit. De cette façon, le banquier se charge de payer tous les effets échus, sans qu'on ait à se préoccuper d'autre chose que de tenir son compte courant à un chiffre suffisant pour faire face à tous les besoins.

« Ces deux usages dont l'un est la conséquence naturelle de l'autre offrent des avantages qu'il est presque superflu de faire ressortir. En se dispensant de garder sur soi ce que l'on possède en numéraire ou en billets de banque, on se débarrasse des dangers de vol, d'incendie, de perte dans le transport ou d'erreurs dans les comptes, et, de plus, des ennuis de compter sans cesse, d'attendre le paiement, de passer des écritures, de surveiller des commis et des garçons de caisse. En chargeant un banquier d'opérer les recouvrements et d'effectuer le paiement des traites échues, on s'épargne des frais de caisse et de caissier, et on est dispensé de tenir une comptabilité plus ou moins compliquée. En outre, toutes les sommes déposées chez le banquier, ou inscrites au compte d'un particulier, n'ont pas besoin d'être constamment disponibles. Une portion est ordinairement confiée au banquier qui l'engage dans des opérations prudentes et à court terme, et qui paye alors un intérêt plus ou moins élevé. Plus les dépôts sont abondants, plus sont considérables les sommes qu'on peut ainsi tirer de leur disponibilité et consacrer à vivifier le commerce et l'industrie. Un capital énorme est de cette façon arraché à l'inaction, et en même temps qu'il produit un intérêt au déposant, il contribue à accroître la richesse générale.

« Il ne faut pas croire cependant que le premier venu soit admis en Angleterre à avoir un compte-courant chez un banquier. Le postulant doit être recommandé par des personnes honorables et pouvoir donner des renseignements certains sur sa solvabilité, et de plus, sur sa moralité. Avant l'ouverture du compte, le nouveau client est tenu de verser, au minimum, une somme de fr. 2.500, et de s'engager à rester toujours créditeur, par conséquent à ne jamais tirer sur son banquier une somme plus forte que celle qui repose à son avoir. Ces conditions sont rigoureuses ; l'omission de l'une d'elles suffirait pour que le banquier refusât d'ouvrir ou de maintenir le compte-courant.

« Quand on s'est rendu compte de ces mœurs commerciales, on comprend quel est dans cet habitude générale des dépôts en banque, le rôle que remplit le chèque. De temps immémorial, quand on avait à faire un règlement au comptant, on disposait d'une partie de ses fonds, au moyen d'un mandat payable à présentation. C'est ce mandat, dont l'analogue existe en France dans le reçu de caisse, auquel on a donné le nom de check, dont nous avons fait le mot chèque. Tout déposant reçoit de son banquier trois carnets : 1° le *slip-book*, livre sur lequel il inscrit les remises faites au banquier ; 2° le *check-book*, ou livre des paiements opérés au moyen des chèques ; et 3° le *pass-book*, carnet qui va et vient sans cesse, tenu par le banquier et représentant le débit et le crédit du compte ; c'est à proprement parler le moyen de contrôle des deux autres livrets. Un particulier effectue-t-il un dépôt chez son banquier, il le fait inscrire au slip-book ; a-t-il un paiement à faire, il détache un feuillet du check-book, après avoir pris soin d'inscrire la somme sur le talon, et le donne à son créancier. Tous les quatre ou cinq jours le mouvement des remises et des chèques est noté sur le *pass-book ;* de cette façon le déposant et le banquier savent toujours à quoi s'en tenir sur leur situation respective.

» Le chèque est donc, suivant une heureuse expression, la maîtresse pièce des banques de dépôts. C'est lui qui permet d'avoir constamment à sa disposition les sommes dont on s'est dessaisi au profit du banquier ; c'est autour de lui que pivote cette ingénieuse combinaison au moyen de laquelle les plus petits capitaux sont réellement productifs. Mais jamais il n'est entré dans l'esprit d'un commerçant d'Outre-Manche de faire du chèque un moyen de circulation et de crédit. Le chèque pour un Anglais, c'est de l'argent, et comme tout retard apporté dans l'encaissement peut non seulement assurer un risque de non paiement, mais causer une perte d'intérêt, il se hâte de remettre les chèques qu'il reçoit à son banquier, qui en opère le recouvrement et qui en inscrit le montant à son crédit. »

Les dépôts en Angleterre s'accroissent de jour en jour. La somme des dépôts qui atteignait, il y a vingt ans, à peine **100** millions de livres, était il y a quelques années, au dire de M. Mac-Cullock de **200** millions de livres : elle est aujourd'hui certainement de plus de **250** millions de livres, soit plus de **6** milliards de francs. Le chèque mandat sur ces dépôts est un instrument de paiement : il remplace la monnaie et en tient lieu. On pourra se rendre un compte exact du rôle qu'il joue véritablement par un exposé de la jurisprudence qui s'est établie a son sujet, et qui, sanctionnée par les usages, peut être considérée comme ayant force de loi. Pendant cinquante ans le chèque a été en Angleterre affranchi de tout droit fiscal, ce qui a contribué à en développer graduellement l'emploi et à en rendre l'usage de plus en plus général.

Voyons maintenant dans quelle catégorie de valeurs commerciales se range habituellement le chèque.

« La loi anglaise, continue M. Darimon, reconnaît deux espèces d'effets ayant le caractère commercial et correspondant aux nôtres : la lettre de change (*bill of exchange*), et le billet à ordre (*promissory note*). Il y a peu de différence entre la législation anglaise et la nôtre, en ce qui concerne le billet à ordre. Mais contrairement à ce qui a lieu chez nous, la lettre de change a deux destinations distinctes dans la loi commerciale de l'Angleterre. Elle a pour objet, soit les opérations limitées au territoire européen du Royaume-Uni, des îles de la Manche, de l'île de Man et des autres îles adjacentes : elle s'appelle alors *Inland Bill* (lettre de change pour l'intérieur); soit les opérations dont le domaine est le monde entier, et dans ce cas elle s'appelle *foreign bill* (lettre de change pour l'étranger). La condition d'une remise d'argent d'une place sur une autre place n'est pas exigible pour l'*inland bill* ; un négociant de Londres peut tirer une lettre de change sur un marchand de cette ville. Les *foreign-bill* supposent au contraire nécessairement une remise d'argent de place en place ; on peut dire que ce sont là les véritables lettres de change, les seules dont les caractères concordent avec les caractères nettement déterminés de la loi française. En effet à la différence de ce qui a lieu chez nous, la date n'est pas indispensable à l'*inland-bill* ; il n'est nullement nécessaire que ce titre exprime la valeur reçue ; enfin la loi anglaise admet l'*inland-bill* payable à une personne fictive ou à son ordre et revêtu d'un endos en blanc. Une dernière remarque importante à faire, c'est que la lettre de change, quelle que soit sa nature, *inland* ou *foreign* peut être tirée par procuration et pour le compte du mandant.

« Le chèque étant, dans son contexte, un ordre à un banquier de payer une somme d'argent au porteur, est considéré comme une lettre de change à l'intérieur (*Inland-bill*). A cause de cela, il est soumis à tous les règlements qui fixent les droits et les responsabilités des parties en ce qui concerne le lettre de change de cette nature. Depuis l'acte du 24 mai 1858, qui a soumis à un timbre fixe d'un penny toute traite ou ordre sur un banquier pour le paiement d'une somme d'argent au porteur sur demande (*on demand*) les distinctions qu'il pouvait y avoir entre la lettre de change payable à présentation et le chèque ont entièrement disparu. Ainsi de même qu'il est interdit de créer un billet de moins de vingt *shillings*, de même il est défendu de faire un chèque qui n'atteindrait pas cette somme : la personne qui créerait un chèque de cette nature serait frappée d'une pénalité. L'assimilation entre les deux titres au point de vue de la loi, est aujourd'hui complète.

Ce sont les usages admis dans l'emploi du chèque qui en font une valeur essentiellement distincte de l'*inland bill*. Ces usages constituent une sorte de jurisprudence dont les Tribunaux s'écartent rarement. Voici les principaux : 1° un chèque étant habituellement énoncé payable sur demande (*on demand*) est pour cette raison exempté de la formalité préalable de l'acceptation. Le banquier doit le payer tout de suite à la personne qui le présente.

2° Un banquier n'est obligé de payer les chèques tirés sur lui par son client qu'autant qu'il a une provision suffisante pour les couvrir. Le rigorisme anglais va si loin sur ce point qu'un banquier serait en droit de refuser le paiement d'un chèque dont la provision aurait été faite seulement quelques minutes avant son émission. On n'admet pas qu'un chèque puisse être valablement créé si la provision fait défaut au moment de sa création.

3° Le chèque doit être présenté au banquier dans un temps raisonnable (*a reasonable time*), et on entend par là le jour qui suit celui où il a été émis. On a, du reste, une raison puissante pour ne pas dépasser ce délai, c'est que le banquier peut faire faillite, et que si on met de la négligence à présenter le chèque dans l'intervalle, le tireur est considéré comme entièrement déchargé et dégagé de toute responsabilité. Aussi le porteur qui peut encourir le risque de la faillite du banquier se hâte-t-il de poursuivre l'encaissement du chèque. Si donc le chèque circule en différentes mains, ce n'est que dans un temps très-court et qui ne dépasse guère quarante-huit heures.

4° Un chèque est considéré comme un paiement parfait. Une personne qui a accepté un chèque en acquittement d'une dette ne peut réclamer le montant de cette dette, à moins que, le chèque ayant été présenté, le banquier en ait refusé le paiement. En ce cas le chèque est dit deshonoré (*dishonored*). Quand une dette est payée au moyen d'un chèque, la personne à laquelle on le rembourse est tenue de signer son nom au dos : cette précaution est prise afin qu'en cas de contestation le banquier puisse être appelé en témoignage et montrer que le chèque a bien réellement passé entre les mains du créancier.

5° Quelques commerçants se sont figuré que le chèque, étant la représentation exacte d'une somme d'argent, pouvait, comme le billet de banque, servir au paiement des effets de commerce, et que les garçons de caisse avaient tort de les refuser. En Angleterre, le chèque est en effet quelquefois employé à cet usage, mais avec des restrictions que notre législation sur les effets de commerce rend inapplicables en France. Un commerçant anglais est parfaitement admis à offrir un chèque en paiement d'un effet de commerce échu ; mais le porteur de l'effet prend le chèque et garde l'effet ; il ne rend l'effet acquitté que lorsque le chèque a été payé par le banquier. Si le porteur alors donnait le billet avant l'annulation du chèque, il serait considéré comme s'étant fié entièrement à celui-ci, et il serait privé de tout recours pour son billet, dans le cas où le chèque serait impayé ou déshonoré.

6° Si un banquier paie un chèque contrefait (*forged*), c'est lui qui supporte la perte. On considère qu'il ne peut s'en prendre à son client que pour de l'argent délivré sur ses propres chèques et qu'un chèque contrefait est en réalité le chèque d'un étranger. Mais le simple fait d'un endossement qui serait une fraude ne fait pas rejaillir la perte sur le banquier dans le cas où celui-ci serait dans l'ignorance de la fraude. Si la contrefaçon du chèque n'était que partielle, le banquier encourrait la même responsabilité. Le seul cas qui pourrait le décharger serait celui où le client, par sa négligence, aurait fourni en tirant le chèque un prétexte à la fraude ; par exemple, s'il avait oublié de remplir les blancs d'un chèque imprimé.

7° Les chèques étant habituellement payables au porteur sur sa demande, il était utile quand on les expédie par la poste ou par d'autres voies de prendre des précautions pour qu'ils ne tombassent pas entre les mains de personnes auxquelles ils ne sont pas destinés, et qui pourraient, en les présentant, en obtenir le paiement. Le moyen qu'on a considéré comme étant le plus efficace pour atteindre ce but , ça été d'écrire en travers du chèque le nom d'un banquier, ou entre deux lignes transversales les mots *et Compagnie* , ou simplement *et C*ᵉ. C'est ce qu'on appelle croiser ou barrer un chèque. Le chèque peut être croisé (*crossed*) indifféremment par le tireur ou par un des porteurs. Quand le chèque porte seulement les mots *et Compagnie ou et C*ᵉ, celui qui le reçoit peut y insérer le nom d'un banquier ou de toute autre personne à qui il désire que le chèque soit payé , et cette formalité a les mêmes effets que si le chèque avait été croisé par le tireur.

Un chèque croisé ne peut être payé qu'à un banquier. Si un chèque a été acquitté dans ces conditions , le banquier sur lequel il a été tiré non seulement est déchargé de toute responsabilité, mais il est exempt de toute action qui pourrait lui être intentée par son client dans le cas où une personne supposée aurait touché l'argent.

Depuis l'acte du 24 mai 1858 qui a confondu la lettre de change à vue avec le chèque, l'usage s'est répandu d'énoncer à ordre le chèque qui n'avait été jusque là qu'au porteur. Néanmoins le chèque croisé est encore le plus habituellement usité. Mais il n'est pas inutile de faire remarquer que le croisement d'un chèque est un véritable endossement.

8° La faveur qui a été accordée aux chèques et aux lettres de change à vue de n'être soumis qu'à un timbre fixe d'un penny a conduit le législateur à prendre des précautions contre la fraude. La principale est celle qui transformerait un *inland bill* à vue ou un chèque en lettre de change ou en billet à terme par une fausse indication de date. Le fait de post-dater soit un chèque , soit un *inland-bill* à vue , est puni d'une amende de 100 livres prononcée contre le tireur.

9° Enfin pour couronner toute cette jurisprudence, il a été admis que le fait d'émettre de mauvaise foi un chèque sur un banquier qui n'aurait point de provision peut être, dans certains cas qui se rapportent au droit commun, assimilé à l'escroquerie et puni d'une peine qui peut aller jusqu'à la déportation, Il n'y a point dans la loi de disposition spéciale ; le juge prononce d'après les circonstances. On rencontre peu d'exemples de l'application d'une pénalité aussi sévère. Les mœurs commerciales suffisent pour empêcher un commerçant anglais de se laisser aller à un acte aussi déshonorant.

Ces usages qui constituent, en Angleterre, une sorte de jurisprudence qui lie les Tribunaux sont mentionnés dans le rapport de M. Darimon : nous pouvons en outre citer comme expression de la jurisprudence des Tribunaux anglais certaines rubriques de jugements qui consacrent les règles qui régissent l'emploi du chèque, sa circulation et le fonctionnement dont il est susceptible.

1° Dans le cas de perte du chèque, qui doit supporter cette perte ?

Voici dans quelles conditions les tribunaux anglais ont résolu cette difficulté : Si le porteur du chèque le perd, ou si ce chèque lui est dérobé sans qu'il y ait de sa part négligence, et qu'avant le moment où il sera payable, il tombe entre les mains d'une personne qui ignore la perte ou le vol et a un juste motif de possession du titre, cette dernière peut, bien que le chèque qu'elle a entre les mains lui ait été transmis par le voleur ou l'inventeur, le faire valoir, soit réclamer le paiement à l'accepteur et poursuivre au besoin les autres signataires du titre ; le porteur primitif qui a perdu le titre ou à qui il a été dérobé, sera donc privé de tous ses droits.

En effet, il est de règle et admis en principe que, de deux personnes exemptes de faute, celle-là seule doit souffrir du fait d'une troisième qui lui en a fourni les moyens : si donc le tiré paye le montant du chèque avant d'être avisé de la perte ou du vol, il ne sera pas astreint à le payer de nouveau au véritable porteur.

Mais si les circonstances dans lesquelles le porteur postérieur a reçu le chèque perdu ou volé sont telles qu'elles auraient dû faire naître les soupçons d'un homme prudent et soigneux de ses intérêts ; si ce porteur pouvait, en prenant quelques informations, découvrir que le chèque avait été volé à son véritable propriétaire ou perdu par lui, c'est à lui seul à supporter les conséquences de sa négligence.

Le demandeur ou plaignant *(plaintiff)* doit établir qu'il est en possession du chèque *bona fide*, c'est-à-dire en vertu d'un juste titre. Tout banquier qui, bien qu'averti de la perte ou du vol d'un chèque, en paie le montant au porteur, est responsable de ce paiement vis-à-vis de celui qui lui a constitué des fonds en dépôt, et ne peut débiter le compte du déposant du montant de la somme payée.

Le véritable porteur ou propriétaire d'un chèque perdu ou volé n'a pas besoin de faire une preuve tellement complète du vol ou de la perte de son titre : les Tribunaux jugent d'après les circonstances du fait, et cette latitude d'appréciation se comprend aisément lorsqu'on envisage l'extension considérable de ces instruments de paiement et la facilité de leur transmission.

2° Si un chèque est donné sous condition et qu'avant le paiement le tireur découvre que la condition n'a pas été remplie, ce tireur peut s'opposer au paiement à faire à la personne qui s'est ainsi soustraite à la condition.

3° Le porteur d'un chèque qui en reçoit le paiement en billets du banquier, au lieu d'exiger de l'argent comptant, n'a pas de recours contre le tireur si le banquier vient à tomber en faillite.

4° Dans le cas où un chèque a été surchargé et une plus forte somme a été substituée à celle qui forme la valeur du chèque, le banquier qui l'a payé ne peut mettre à la charge de son client déposant la différence entre cette valeur et celle pour laquelle le chèque a été primitivement tiré, à la condition toutefois qu'un œil exercé eût pu percevoir l'altération que le chèque avait subi.

Nous voyons donc combien le législateur anglais a eu souci de cet élément de la prospérité commerciale de l'Angleterre : le chèque est entouré de garanties sérieuses par la legislation, et la jurisprudence rigoureuse qui le protège nous donne la clef de l'immense développement qu'ont acquis chez nos voisins les banques connues sous le nom *Joint-Stock-Banks*. Les capitaux considérables réunis dans les banques de dépôt se déversent sur le commerce et l'industrie qui se livrent ainsi à des opérations qui ne peuvent être tentées dans les pays où l'habitude de thésauriser l'emporte sur l'emploi raisonné et fructueux des capitaux.

« En Écosse, dit M. Victor Bonnet, en 1845 et 1846, T. Wilson, le célèbre fondateur de l'*Economist*, estimait à 30 millions de livres sterling, ou à 750 millions de francs, les dépôts en comptes-courants qui pouvaient exister dans les diverses banques du pays, et dont on faisait usage par des chèques. En 1857, M. Mac Culloch les évaluait à 50 millions de livres sterling; ils sont au moins aujourd'hui de 60 millions de livres ou 1 milliard 500 millions de francs. En Angleterre, la somme des dépôts qui atteignait, il y a vingt ans, à peine 100 millions de livres, était, il y a quelques années, au dire du même M. Mac Culloch de 200 millions de livres; elle est aujourd'hui certainement de 250 millions de livres, soit plus de 6 milliards de francs. (1) Or M. V. Bonnet écrivait cette relation en 1865 : aussi pouvons nous augurer, tout en suivant une progression raisonnable, que ces chiffres ont sensiblement augmenté depuis lors.

Dans un ouvrage qui parut vers la même époque que celui que nous venons de citer, M. Wolowski évaluait déjà à 1 milliard 700 millions au moins la masse des capitaux réunis par la voie des dépôts pour la seule ville de Londres. (2)

Le rapport de M. Darimon nous fournit un aperçu de l'importance des affaires traitées dans quelques-unes des principales banques de Londres pendant l'exercice de 1863, et nous ne pouvons assurément mieux faire que de reproduire ici cette partie d'autant plus intéressante de son remarquable travail, qu'elle mettait nos législateurs à même de connaître la puissance de l'instrument *(instrument)* qui allait être bientôt chez nous consacré par une loi.

(1) V. Bonnet, *le Crédit et les Finances*, f. 74. Paris, 1865.

(2) L. Wolowski, *la Question des Banques*, f. 370. Paris, 1864.

	Capital souscrit.	Versé.	Dépôts.
1 London and Westminter. ...£	5,000,000	1,000,000	15,639,095
2 London joint-stock............	3,000,000	600,000	14,656,731
3 Union bank...................	3,000,000	720,000	16,472,279
4 City-Bank...................	800,000	400,000	3,525,975
5 Bank of London........... ..	600,000	300,000	4,179,294
6 Alliance bank................	3,000,000	595,745	2,788,093
£	15,400,000	3,615,745	57,261,467

Soit, pour les dépôts, un total de 1 milliard 431,536,675 fr. L'émission des chèques donne des résultats non moins merveilleux. On évalue à 75 milliards environ la spéculation annuelle du Royaume-Uni. A cette circulation concourent, suivant M. J.-A. Rey : (1)

> Les billets de banque pour 11 milliards environ ;
> Les espèces métalliques pour 4 1/2 milliards ;
> Les chèques pour 60 1/2 milliards.

On serait tenté de croire à l'exagération d'une pareille statistique. Cependant elle se trouve confirmée par des faits authentiques. M. Courcelle Seneuil a publié, dans le *Journal des Économistes*, numéro d'août 1864, un tableau qui peut être considéré comme inspirant toute confiance, puisqu'il est emprunté à l'enquête de 1858.

Ce tableau présente les diverses formes de paiement dans une maison anglaise de premier ordre et donne les chiffres du mouvement effectif de valeurs qui avait eu lieu dans cette maison. Il en résulte que, sur un million de livres sterling, il y a eu :

> En lettres de change 422,948
> En chèques 510,694
> En banknotes 45,649
> En espèces 20,709

Dans ce mouvement qui comprend les paiements et les recettes,

---

(1) *Les Crises et le Crédit*, f. 96.

on voit que les effets de commerce et les chèques ont une importance de 92 %, tandis que les billets de banque ne comptent que
pour 4 1/2, et les espèces pour 2 % seulement.

Ces faits ont une grande signification ; ils prouvent que les
chèques ont en quelque sorte chassé le numéraire et les billets de
banque. Est-ce en prenant leur place et en devenant à leur tour
monnaie courante, instrument de circulation ? Non, certes ; la
jurisprudence et les usages plus puissants qu'elle s'opposent à ce
que les chèques remplissent ce rôle. Comment se fait-il donc que
les chèques aient réduit la monnaie métallique et ses suppléants à
n'occuper qu'un rang infime dans le mouvement des valeurs ? C'est
ici que se place, dans son ordre logique, une des conséquences les
plus fécondes de l'habitude des dépôts et banque, dont le chèque
est le plus actif auxiliaire.

Vers 1780, les banquiers de Lombard-street reconnurent qu'il
y aurait pour eux économie de temps et de travail, et en même
temps bénéfice d''intérêts, si, au lieu d'envoyer leurs garçons de
caisse les uns chez les autres, ils se bornaient à échanger journellement les chèques et acceptations de leurs clients. A cet effet, ils
établirent une chambre de liquidation (*Clearing-House*) qui leur
permît de compenser entre eux, non-seulement les chèques,
mais tous les effets de commerce provenant de leurs clients. Tout
s'y règle par des virements de compte. Les soldes vérifiés, contrôlés
par des inspecteurs appointés se payent en un mandat sur la Banque
d'Angleterre. On liquide ainsi chaque jour pour des millions
d'affaires, sans manier un seul billet de banque, sans compter une
pièce de monnaie.

Le *Clearing-House* est devenu depuis le complément naturel des
banques de dépôts. C'est grâce au Clearing-House qu'on a pu restreindre de plus en plus l'usage du numéraire, généraliser l'emploi
du chèque et permettre aux banques de dépôts de faire fructifier
les capitaux qui leur étaient confiés. On a dit : sans chèques, il
n'y a pas de dépôts ; et réciproquement, il n'y a pas de dépôts sans
chèques ; il n'y a pas de chèques sans Clearing-House, et encore
moins de Clearing-House sans chèques. Il y a peut-être un peu

d'exagération dans cette énonciation ; mais il est certain que tout le système est lié d'une manière indissoluble.

Les banquiers de Lombard street, qui avaient pris le nom de *Clearing-Bankers*, se montrèrent d'abord fort exclusifs. Ainsi ils firent attendre pendant vingt ans à la *London Westminster Bank* son admission aux avantages du Clearing-House, et ils repoussaient absolument les *Joint-Stock-Banks*, malgré l'importance qu'elles avaient prise ; mais, le 8 juin 1854, cette résistance a été vaincue, et les *Joint-Stock-Banks* ont été reçus au Clearing-House. C'est à dater de cette mesure, complétée par l'usage de liquider les soldes par l'intermédiaire de la Banque d'Angleterre, que cet établissement a atteint rapidement tout son développement et a pu rendre les plus grands services. Depuis le 19 avril 1864, la Banque d'Angleterre est entrée dans le système de la Chambre de liquidation de Londres, ce qui n'a pu manquer de simplifier encore davantage le travail de cet important établissement et de donner un nouvel élan au mouvement des banques de dépôts.

C'est sous cette forme claire et précise que M. le rapporteur de la Commission a prouvé au Corps législatif par l'éloquence si persuasive, si convaincante des chiffres, les immenses résultats obtenus en Angleterre par l'institution des banques de dépôts, et d'un comptoir de liquidation destiné à mettre en rapport les divers banquiers de Londres, sans que ceux-ci eussent à éprouver, au détriment de leurs affaires, la perte de temps qu'eût nécessitée le va et vient des garçons de caisse (1).

Il est d'une nécessité absolue, pour que l'on se fasse une idée exacte du fonctionnement du Clearing-House, d'exposer ici le mécanisme de cette chambre de liquidation où les banquiers réunis journellement, à une heure déterminée, dans une même salle, règlent leurs comptes séance tenante.

---

(1) En 1868, le chèque a suppléé, sur la seule place de Londres, un mouvement de fonds de 81 milliards ; en 1869, il a remplacé 88 milliards ; en 1870, 93 milliards ; en 1871, 100 milliards ; en 1872, 134 milliards ; enfin, en 1873, 150 milliards.

Nous rencontrons tous les détails sur la matière dans l'intéressante brochure de M. Coullet : *Les Chèques et le Clearing-House* et nous n'hésitons pas à les reproduire dans leur extension ; lorsque en effet on se trouve en présence d'une institution qui n'est pas complètement entrée dans nos mœurs, et dont les progrès doivent sembler étonnants à ceux qui ne peuvent se rendre compte des opérations dont elle est l'objet, il est bon de la mettre en relief le plus succinctement, il est vrai, mais au moins le plus clairement possible.

Le Clearing-House remonte à 1780 et est situé Lombard street à Londres : les maisons de banque qui le composent sont placées dans Lombard street même, et toutes les autres sans exception dans le voisinage immédiat. La plus éloignée n'est pas à plus de cinq minutes de marche du Clearing-House. C'est là une particularité qui tient aux nécessités de la pratique. Il est de règle en effet que les chèques ou effets non admis doivent être retournés le jour même au Clearing-House.

Un dernier progrès a été introduit en 1858 dans l'organisation du Clearing-House ; c'est le *Country-Clearing* ou liquidation des banquiers de province. Par ce moyen tout tablissement de banque des trois Royaumes-Unis peut profiter des facilités du Clearing-House : il lui suffit d'avoir un correspondant parmi les Clearing-Bankers de Londres.

Le Clearing-House est administré par un comité de six membres nommés par les Clearing-Bankers. Ils choisissent entre eux un président qui veille à l'exécution des décisions du comité.

Aucune disposition législative n'est venue sanctionner les pratiques du Clearing-House, mais les tribunaux qui ont le droit d'établir des règles par voie de jurisprudence, ont donné à cet établissement un précieux privilége en décidant que la présentation d'une lettre de change au Clearing-House est une présentation légale qui a les mêmes effets que chez nous le protêt de l'huissier.

Nous avons dit que la majorité des commerçants anglais a coutume de domicilier ses effets chez les banquiers pour le paiement ; il en résulte que la grande masse des effets étant payable chez les banquiers, et se trouvant en même temps entre leurs mains pour l'encaissement, il leur suffit d'opérer un échange pour liquider d'énormes paiements. De plus les courtiers du *Stock-Exchange*, qui correspondent à nos agents de change, ont leurs comptes courants chez les Clearing-Bankers, et par conséquent se soldent entr'eux par des chèques qui viennent se compenser au Clearing-House.

Les opérations journalières du Clearing-House sont de deux sortes :

1° Liquidation des affaires de Londres même, divisée en deux séances, matin et soir ;

2° Liquidation des affaires de la province en une séance au milieu du jour.

1° Liquidation des affaires de Londres.

Le travail de liquidation se compose de deux parties bien distinctes : 1° le travail qui se fait chez les banquiers eux-mêmes ; 2° le travail qui se fait au Clearing-House.—Les déposants versent durant tout le jour des fonds chez leurs banquiers. Ce versement est accompagné d'un petit bordereau, sur le recto duquel les différentes valeurs versées sont distinguées par nature, et sur le verso duquel est inscrit sur trois colonnes le montant total des effets et chèques. Le déposant laisse ce bordereau aux mains de son banquier, et lui présente un carnet de compte-courant formé d'une couverture sur laquelle sont inscrits la raison sociale de la maison de banque et le nom du déposant, et d'une feuille intercalaire, partagée en deux colonnes destinées à établir le doit et l'avoir du déposant. Le caissier de la banque du dépôt prend ce carnet et inscrit la somme versée à l'avoir du déposant. Généralement, les versements sont reçus par les banquiers de Londres de dix à quatre heures.

L'habitude depuis longtemps établie chez les Anglais, de déposer les fonds en compte-courant chez les banquiers et d'effectuer tous les paiements en chèques sur les mêmes banquiers, amène naturellement ce résultat que la plus grande partie des fonds versés

chaque jour par chacun chez son banquier se compose de chèques
sur les diverses banques.

Quand aux chèques tirés sur des banquiers qui ne feraient pas
partie du Clearing-House, ils sont encaissés par les moyens ordinaires; mais en fait la grande majorité des comptes-courants de
Londres se trouve chez les Clearing-Bankers.

Les caissiers de recettes des banques commencent par inscrire
au crédit des déposants le montant total de leurs remises, en
espèces, banknotes, chèques et effets échus, sans aucune distinction, puis ils trient les diverses valeurs déposées, les classent suivant
leur nature, et les remettent ensuite plusieurs fois par jour aux
caissiers généraux et aux employés chargés du service du Clearing-
House.

Ces employés avant toute autre opération, frappent tous les
chèques et effets d'un timbre portant le nom de leur banque et la
date. Ce timbre est destiné à indiquer aux autres banques à qui
elles devront donner crédit. Le travail de ces employés consiste en
un triage matériel : ils classent les chèques d'après les Clearing-
Bankers sur lesquels ils sont émis, et ils classent les effets échus
d'après les Clearing-Bankers chez lesquels ils sont domiciliés. Ce
classement opéré, ils inscrivent, sans autre désignation, le montant
de tous les chèques et de tous les effets échus sur les feuilles de
débit, à la colonne correspondante à chacun des Clearing-Bankers.

FEUILLE DE DÉBIT.

(Imprimée en encre noire et remplie à la Banque.)

ALLIANCE.	BARCLAY.	BARNETT.	BOSANGUET.	BROWN.	ETC.

Ce travail se continue toute la journée jusqu'à l'heure du dernier départ pour le Clearing-House, c'est-à-dire un peu avant quatre heures, car les portes du Clearing-House sont rigoureusement fermées à quatre heures, et à partir de ce moment ni chèques ni effets ne peuvent être introduits. A mesure que les chèques et effets échus sont classés et enregistrés par banques débitrices, ils sont immédiatement portés au Clearing-House. Ces envois ont lieu de chaque banque au Clearing-House plusieurs fois par jour, ce qui ne présente aucune difficulté, grâce au voisinage dans lequel se trouvent tous les Clearing-Bankers du Clearing-House. Un peu avant quatre heures seulement, le total de chaque colonne des feuilles de débit est additionné, et l'on connaît à chaque banque ce qui est dû par chacun des autres Clearing-Bankers. Les feuilles de débit sont ensuite envoyées au Clearing-House, assez tôt pour y pouvoir entrer le jour même, soit quelques minutes avant quatre heures.

2° Examinons maintenant les opérations qui se font dans le Clearing-House. Le Clearing-House est une grande salle assez étroite garnie d'autant de tables à écrire qu'il y a de Clearing-Bankers. Ces tables rangées avec symétrie sont assez grandes pour donner place à deux ou trois commis : en effet, chaque Clearing-Bankers entretient au Clearing-House, suivant l'importance de ses affaires, un, deux, et jusqu'à trois commis. En outre, les Clearing-Bankers entretiennent à frais communs un inspecteur et un sous-inspecteur qui contrôlent les opérations de chaque jour, et font la police de la salle.

Chaque Clearing-Banker a donc son bureau spécial dans la salle du Clearing-House, et y installe un ou deux commis. Alors arrivent les employés chargés d'apporter les chèques : ils font le tour de la salle en déposant sur chaque bureau le papier dont ils sont porteurs sur chacun des Clearing-Bankers. Les commis de chaque banque sont ainsi saisis du papier dont leur établissement se trouve débiteur, et ils ont à donner crédit des diverses sommes aux banquiers qui le leur ont remis. Pour cela ils emploient tout simplement, en sens inverse, le procédé qui a été employé dans les bureaux de chaque banque pour débiter les autres établissements. Ils inscrivent le montant de tous les chèques et effets sur les feuilles de crédit, à la colonne portant en tête le nom de la banque qui a remis le papier.

FEUILLE DE CRÉDIT.

(Imprimée en encre rouge et remplie au Clearing-House.)

ALLIANCE.	BARCLAY.	BARNETT.	BOSANGUET.	BROWN.	ETC.

Ce travail se continue tout le jour, au fur et à mesure de l'arrivée au Clearing-House des employés porteurs du papier ; l'on comprend facilemeut que le moment du règlement arrivé, c'est-à-dtre à quatre heures, chaque banque connaît, au moyen d'une addition, la somme dont elle est redevable envers chacune des autres banques. On voit également, dès à présent, que le simple rapprochement des additions des feuilles de débit de celles des feuilles de crédit, fait connaître à chaque hanque sa situation vis-à-vis chacune des autres banques.

Mais avant d'indiquer les opérations du règlement de chaque jour, nous suivrons le papier (chèques et effets), que nous avons laissé au moment où il est inscrit sur les feuilles de crédit. Cette inscription, ce crédit donné est en quelque sorte une opération anticipée, puisque le commis qui enregistre ne peut pas savoir si tout ce papier est bon, c'est-à-dire si sa banque a en main les fonds nécessaires au crédit de chaque tireur pour y faire honneur. Il reste donc une opération très-importante à faire qui consiste dans l'examen du papier par chaque banque débitrice, et dans son acceptation ou son rejet final. Pour cela, après l'enregistrement au Clearing-House, que nous venons d'exposer, le papier est porté plusieurs fois par jour aux banques sur lesquelles il est émis, et cela par le retour périodique des employés qui ont eux-mêmes porté le papier créditeur au Clearing-House.

A l'arrivée du papier débiteur dans chaque banque, il est distribué aux caissiers de paiement, chargés de le vérifier et d'en passer écriture au débit de chaque client. On comprendra facilement que précisément parce que l'immense majorité des paiements se fait en chèques, les caissiers de paiement ne manient que très-peu d'espèces, et que leur principal travail consiste dans la vérification des chèques et des effets présentés par les autres banques. Pour cette vérification, les caissiers de paiements ont à leur disposition les registres de signatures des clients et l'extrait du compte-courant constamment tenu à jour par les soins des comptables.

Les caissiers vérifient donc le papier au fur et à mesure de son arrivée; si les signatures sont bonnes, et s'il y a provision pour le paiement au crédit du tireur, le caissier frappe le papier payé d'un timbre à l'emporte-pièce marquant l'emplacement, la date et le numéro de la caisse; puis il inscrit le paiement au débit du tireur; cette inscription est relevée par les comptables chargés des comptes-courants, et le papier acquitté est remis périodiquement à chaque client à l'appui des inscriptions de débit portées sur son carnet.

Aucune difficulté pour le bon papier; le simple fait de sa conservation par la banque débitrice indique aux banquiers créditeurs que le débit est définitivement accepté.

Il nous reste à voir ce qui se passe pour le mauvais papier, c'est-à-dire celui sur lequel les signatures sont fausses, ou pour lequel il n'y a pas provision à la banque sur laquelle il est émis.

Pour ce papier, les caissiers après avoir constaté qu'il est mauvais, le remettent, en y attachant une fiche portant mention du motif du refus, aux employés qui tiennent à la banque la feuille de débit des Clearings-Bankers. Ceux-ci l'inscrivent à la colonne de la banque dont il provient, exactement comme du papier nouveau, en ayant soin seulement de faire en marge une marque convenue en regard des chèques refusés. Ces chèques viennent ainsi augmenter les débits et neutraliser, en les compensant, les crédits provisoires qui ont été donnés au Clearing-House.

Après cette inscription, les chèques refusés sont renvoyés au Clearing-House et délivrés séparément aux représentants des banques dont ils proviennent.

Ceux-ci les passent immédiatement au crédit de l'établissement qui les renvoie, et l'opération, en ce qui concerne les banques, se trouve complètement annulée. Les chèques refusés retournent à la banque d'où ils provenaient, et, le lendemain matin, ils sont par celles-ci renvoyés aux clients qui les avaient remis avec mention de la cause de non-paiement.

Ce mode de procéder est extrêmement simple dans la pratique, et il évite une masse énorme de courses ou d'écritures. La garantie des banquiers réside dans deux conditions strictement observées :

1° Ils ne donnent crédit à leurs clients déposants qu'après expiration du délai nécessaire pour que le papier refusé leur rentre, s'il doit rentrer ;

2° Les banquiers sont tenus de retourner le papier dont ils refusent le paiement à des heures fixées d'après celles de la remise primitive.

A défaut de renvoi dans les délais fixés, le débit est considéré comme définitif par le banquier créditeur, et la perte, s'il y en a, est pour le compte du banquier qui a laissé expirer le délai de renvoi.

Reprenons maintenant le règlement entre les banquiers au point où nous l'avons laissé.

Chaque banque a envoyé au Clearing-House ses feuilles de débit ; les additions sont faites sur les feuilles de débit et sur celles de crédit.

Les représentants de chaque banque rapprochent pour chaque Clearing-Banker le total débiteur du total créditeur.

De ce rapprochement, il résulte un solde débiteur ou créditeur. Ce solde est, par chaque banque, porté sur une feuille de liquidation partielle, en regard du nom de chacun des Clearings-Bankers, à droite ou à gauche, suivant que ce banquier se trouve à la fin du jour créditeur ou débiteur.

FEUILLE DE LIQUIDATION PARTIELLE.

The London joint stock Bank.

DÉBITEURS.			CRÉDITEURS.	
		Alliance............		
		Barclay............		
		Barnett............		
		Bosanguet..........		
		Brown.............		
		City..............		
		Consolidated........		
		County............		
		Currie....		
		Dinisdale..........		
		Glyn..............		
		Country-Clearing.....		
		Clearing-House.		

On obtient ainsi la situation de chaque banque par rapport à l'ensemble des Clearings-Bankers. Cette situation consiste en un solde, soit débiteur, soit créditeur, et si l'on se rappelle que dans le travail que nous avons décrit, chaque débit a donné lieu à un crédit, on comprendra facilement que sur l'ensemble des feuilles de liquidation partielle, le total des soldes créditeurs doit toujours, sauf erreur ou omission être égal au total des soldes débiteurs. Les feuilles de liquidation partielle rédigées par les soins des commis de chaque banque, sont, par eux, remises à l'inspecteur du Clearing-House. Celui-ci établit alors la feuille liquidation générale en portant en regard du nom de chaque banque le montant de ce qu'elle doit ou de ce qui lui est dû.

LIQUIDATION GÉNÉRALE.

Solde des comptes au Clearing-House.

DÉBITEURS.   CRÉDITEURS.

	Alliance..............		
	Barclay.........		
	Barnett..............		
	Bosanguet............		
	Brown...............		
	City.................		
	Consolidated..........		
	County..............		
	Currie..............		
	Dinisdale............		
	Glyn................		
	Country-Clearing.		
	Clearing-House.......		

L'addition du côté créditeur doit donner la même somme que l'addition du côté débiteur. En principe, les membres du Clearing-House ne doivent pas se séparer avant d'avoir retrouvé les erreurs lorsqu'il s'en manifeste. Il y a une tolérance de £ 1,000, c'est-à-dire qu'on ajourne au lendemain la vérification des erreurs lorsqu'on est d'accord à 1,000 livres près.

Les inspecteurs n'ont aucun travail régulier jusqu'à la fin de la séance; ils ont toutefois à rechercher et à rectifier les différences de la veille, ce qui, sur l'importance des opérations, constitue un travail considérable.

Lorsque l'on a trouvé la balance, et que la feuille de liquidation générale donne l'approximation suffisante, l'inspecteur signe un exemplaire qui est transmis à la Banque d'Angleterre. Il signe également les mandats des banquiers, dont il nous reste à parler. Il y a deux formes de mandat. Chaque Clearing-Banker emploie chaque jour l'une ou l'autre de ces deux formes, suivant qu'à la fin du jour il se trouve débiteur ou créancier de l'ensemble des Clearing-Bankers.

Par le premier mandat, le banquier, avec le visa de l'inspecteur, donne aux caissiers de la Banque d'Angleterre l'ordre de créditer son compte d'une certaine somme, et la Banque, en signant la contre-partie, donne un titre au banquier créditeur.

Par le second mandat, le banquier débiteur autorise la Banque d'Angleterre à débiter son compte d'une certaine somme, et en signant la contrepartie avec le visa de l'inspecteur du Clearing-House, la Banque annonce que cette somme a été portée au débit du banquier débiteur.

Tous les soirs, chaque Clearing-Banker voit son compte à la Banque, modifié suivant le résultat des opérations de la journée.

La Banque d'Angleterre se prête volontiers à ces opérations qui, pour elle, ont ce grand avantage de faire régler, par trente mandats journaliers environ, des transactions correspondant à plusieurs milliers de mandats. Pour les besoins du Clearing-House, la Banque a placé dans un bureau spécial les comptes-courants des Clearing-Bankers, et elle a ouvert un compte transitoire par lequel se règlent les opérations de chaque jour. Ce bureau travaille en correspondance avec les inspecteurs du Clearing-House, et ne ferme que quand on est d'accord dans les limites indiquées ci-dessus (1).

Nous avons maintenant à expliquer comment on a rattaché aux opérations du Clearing-House, la liquidation des banquiers de province entre eux, et avec les banquiers de Londres. C'est ce qu'on appelle Country-Clearing, c'est-à-dire liquidation de la province.

Dans les moindres villes de province, en Angleterre, en Écosse et en Irlande, l'habitude des dépôts en compte-courant et par suite des chèques est générale. Il en résulte que les paiements au

____

(1) M. Coullet, *les Chèques et le Clearing-House*, p. 5, 6, 7 et 8.

comptant des particuliers, commerçants ou non commerçants, s'opèrent, pour la très-grande majorité en chèques.

Les débiteurs s'acquittent en chèques sur leurs banquiers, non-seulement envers leurs créanciers de la même ville, mais encore envers leurs créanciers de Londres et des autres villes d'Angleterre. Ces créanciers versent à leurs propres banquiers tous ces chèques sur diverses villes pour en opérer l'encaissement. Il en résulte que chaque jour les banquiers de province et les banquiers de Londres reçoivent un très-grand nombre de chèques payables à présentation dans d'autres villes que celles qu'ils habitent.

De tout temps ces diverses opérations se sont liquidées à Londres, mais par un procédé assez compliqué. Chaque jour, chaque banquier de Londres ou de la province envoyait par la poste les chèques qu'il avait reçus, à chacun des banquiers sur lesquels ils étaient émis, en priant ces banquiers de donner ordre à leur agent de Londres d'en payer le montant à l'agent à Londres du banquier qui faisait l'envoi. Ce mode de procéder entraînait, on le comprend, une immense correspondance.

Quelques banquiers de province eurent l'idée de profiter de l'existence du Clearing-House, et, depuis 1850, voici comment on opère :

Chaque banquier de province a un agent à Londres, pris généralement parmi les Clearing-Bankers. Chaque jour, chaque banquier de province envoie à son agent à Londres, dans sa lettre ordinaire, tous les chèques qu'il a reçus dans la journée ; supposons qu'il en ait reçu vingt sur divers banquiers, il évite l'écriture de vingt lettres et vingt ports de lettres.

L'agent à Londres, recevant le matin les chèques de ses correspondants, les classe dans l'ordre des banquiers de Londres, agents des diverses banques de province sur lesquelles ces chèques sont émis ; puis il les inscrit sur des feuilles de débit spéciale, et les envoie au Clearing-House. Là, les chèques sont remis aux banques qui doivent les payer, et celles-ci les passent sur des feuilles de crédit provisoires. Les chèques distribués ainsi entre les divers banquiers sont portés à leurs bureaux, et, le soi , ils sont envoyés par chaque banquier, dans ses lettres ordinaires à ses correspondants, avec prière de donner crédit ou de retourner les chèques sans valeur, ce qui a lieu par retour du courrier.

Ainsi chaque banquier de province, au lieu de recevoir le matin par exemple, vingt chèques sur lui-même de vingt banquiers dans vingt lettres, les reçoit tous à la fois dans une seule lettre de son banquier de Londres. De même, au lieu de donner avis de crédit par vingt lettres, il donne cet avis en une seule lettre à un agent de Londres, et pour une seule somme.

Ce mode de procéder falicite énormément aussi les affaires avec Londres. Tous les habitants de la province qui ont une somme à payer à Londres, se bornent à envoyer à leurs créanciers leurs chèques sur leurs propres banquiers de province. Les créanciers versent les chèques ainsi reçus chez leurs banquiers de Londres, qui en opèrent l'encaissement au moyen du Country-Clearing. On comprend, sans qu'il soit besoin de le développer, que les débiteurs de Londres s'acquittent par le même procédé envers leurs créanciers de province.

Le Country-Clearing a lieu tous les jours de midi à deux heures. Comme nous l'avons dit, les commis de chaque banque échangent les chèques que les unes et les autres doivent finalement payer, et des feuilles de crédit provisoires sont dressées. Mais on n'arrête pas de balance le jour même pour les opérations de la journée, car il faut que l'on ait le temps de s'assurer par correspondance de la valeur de tous ces chèques. Deux jours sont alloués pour ce travail.

Le second jour, les commis rapportent au Clearing-House les chèques qui ont été retournés impayés par les banquiers de province sur lesquels ils étaient tirés, et les rendent aux commis des banques dont ils les avaient reçus. On arrête alors la balance de chaque banque avec chacune des autres banques, et le résultat en débit ou en crédit est ajouté au solde de la liquidation de Londres pour la journée courante, et payé le soir avec ce solde (1),

(1) M. Coullet, ouvrage précité, p. 8-10.

Nous venons d'exposer le fonctionnement du Clearing-House et a facilité merveilleuse avec laquelle les banquiers de Londres sont parvenus à économiser le temps et le numéraire : il nous reste à parler maintenant d'un perfectionnement dont cette institution est susceptible et qui a été réclamé par sir John Lubbock, banquier de Londres.

Les Clearing-Bankers, pour solder les opérations de chaque jour sont forcés de conserver des sommes considérables au crédit de leurs comptes à la Banque d'Angleterre. On estime que ces encaisses réunis ne s'élèvent pas à moins de £ 4,000,000, soit 100,000,000 de francs. D'autre part, on sait que les transferts journaliers d'un compte à l'autre, ne dépassent pas £ 500,000, soit 12,500,000 francs. Le progrès à réaliser consisterait à employer d'une manière profitable pour les banquiers lés soldes de garantie qu'ils conservent à la Banque d'Angleterre.

Un des moyens les plus simples, qui pourrait être adopté avec le concours de la Banque d'Angleterre, consisterait à conserver la majeure partie du solde de chaque banquier en bons du Trésor. On pourrait former un fonds commun de garantie des Clearing-Bankers en bons du Trésor, sur lesquels on créditerait et on débiterait chaque jour les divers banquiers d'après les résultats de la journée. On pourrait encore effectuer à la fin de chaque journée des transferts d'un compte à l'autre des bons du Trésor au porteur déposés par chaque banquier comme partie principale de son encaisse. Déjà, depuis plusieurs années, les banquiers d'Ecosse et d'Irlande se payent en bons de l'échiquier le solde de leurs liquidations : le même usage pourrait être établi à Londres.

Le Clearing-House de Londres arrive par le mécanisme que nous savons, à une somme considérable de compensations : il dépasse chaque jour un chiffre de 60 millions d'affaires. Les paiements effectués de cette façon à New-York sont de 125 millions de francs par jour, et il résulte de documents authentiques que les Clearing-Houses de Londres et de New-York opèrent chacun, chaque année, un mouvement de plus de 150 milliards de francs.

Il nous reste à mentionner pour mémoire une institution parallèle, analogue à celle que nous venons de décrire, le Railway Clearing-House, ou chambre de liquidation des compagnies de chemins de fer : c'est une grande administration fondée en 1842 qui a pour but d'établir la balance générale entre les compagnies de chemins de fer qui se chiffrent en Angleterre par un nombre relativement considérable.

Nous ne voulons pas nous laisser entraîner par un examen approfondi des rouages de cette administration ; qu'il nous suffise de dire que c'est toujours le même système que celui admis au Clearing-House, qui a porté les *Railway Clearing Companies* à se réunir dans un même endroit, sous une direction intelligente, sous la sauvegarde d'un fonctionnement savamment réglementé, pour la liquidation de leurs créances et dettes réciproques ; nous renvoyons donc pour l'étude de la question à un article très-remarquable de M. Audiganne sur l'achèvement du réseau européen, paru dans la *Revue des deux Mondes* du 15 août 1869, article qui mérite à tous égards d'être l'objet des commentaires et des méditations de nos compagnies, bien que chez nous le besoin d'un Railway Clearing-House ne soit pas aussi immédiat, à cause du nombre restreint des exploitations.

Que conclure maintenant de ces grands exemple que nous donnent nos voisins d'outre-mer, si ce n'est que l'habitude de se servir des banques de dépôt, des virements opérés par elles d'un compte à un autre, des compensations entre banquiers, consacrée chez eux par un esprit plus pratique, des vues plus larges que les nôtres, entrée complètement dans leurs mœurs, les a amenés à cette économie de temps et de numéraire, à cette extension d'affaires qui n'ont de rivales que celles des États-Unis.

En France le progrès est plus lent, ne s'accentue qu'à la longue ; ce n'est qu'après des tâtonnements successifs causés par une hésitation fâcheuse, qui ne se rencontre jamais chez les Anglais, que nous arrivons enfin à réaliser ce qui chez eux existe depuis de longues années.

Il est vrai qu'en Angleterre la quantité de numéraire est bien moindre que chez nous, que par conséquent l'esprit inventif des

Anglais est plus fortement mis à l'épreuve et a dû chercher un moyen de suppléer à cette insuffisance ; que même malgré l'indemnité de 5 milliards que nous avons payée à la Prusse à la suite de la guerre désastreuse de 1870-71, nous nous trouvons encore à la tête d'un numéraire plus considérable que celui des Anglais, pour la raison bien simple, qu'exportant plus de France en Allemagne, que nous n'importons de ce pays chez nous, il existe en notre faveur des différences assez considérables à payer : mais ce fait de posséder plus de numéraire que l'Angleterre ne devrait pas arrêter, toute proportion gardée, l'essor que devraient et pourraient prendre chez nous les institutions dont nous avons exposé le mécanisme si simple.

En Angleterre il existe une classe spéciale de banquiers qui se chargent du service de caisse ; c'est chez eux surtout que sont domiciliés les effets à payer comme les effets à recevoir : ce sont en général de grands propriétaires ruraux dont les terres en leur assurant du crédit servent de garantie aux négociants.

Ces banquiers ne se livrent pas aux opérations ordinaires de banque ; ils ne font que tenir les comptes des négociants qui déposent chez eux leurs fonds en compte-courant, et réunissent dans leurs caisses de petits capitaux improductifs, en se contentant d'un profit très-minime. Nous n'avons rien d'analogue en France.

Voyons maintenant ce qu'était chez nous le chèque avant la loi du 23 mai-14 juin 1865, ce qu'il est devenu depuis : cette partie historique, préambule indispensable de la discussion que nous nous proposons de présenter, comportera deux sections ; dans la première nous examinerons les origines du compte-courant et dans la deuxième nous passerons en revue les formes successives qu'a subies le chèque.

CHAPITRE II.

DU CHÈQUE EN FRANCE.

Section Ire

Des origines du compte-courant.

Nous savons que le chèque-mandat n'existe chez nous que depuis la loi de 1865 : mais il faut se garder de croire qu'avant cette loi, il n'existait pas chez nous quelque chose d'analogue, et que le principe du dépôt en banque et du retrait jusqu'à concurrences des sommes déposées nous était inconnue. L'usage des comptes-courants est depuis longtemps mis en pratique en France; il existait autrefois à Lyon une institution qui avait quelque ressemblance avec le *Clearing-House*. Voici comment s'exprime à cet égard Savary, l'auteur du *Parfait Négociant :* « C'est une chose admirable que de voir la manière avec laquelle les banquiers et les négociants de Lyon font des acceptations et des paiements les uns aux autres, des lettres de change, et remettent de toutes les places de l'Europe, payables dans les paiements; car il se paiera quelquefois en deux ou trois heures de temps, un million de livres sans débourser un sol. »

Et ailleurs : « Les banquiers et les négociants portent sur la place leur bilan en débit et en crédit, c'est-à-dire qu'ils écrivent d'un côté ce qui leur est dû et de l'autre ce qu'ils doivent; ils s'adressent à ceux à qui ils doivent, leur présentent de virer partie, et donnent pour débiteurs un ou plusieurs qui leur doivent semblable somme ; ils l'écrivent respectivement sur leur bilan , et dans le moment la partie est réputée virée. De cette manière se font les paiements, et à la fin du mois, ceux qui doivent plus qu'il ne leur était dû payent en argent comptant aux porteurs de lettres ce qu'ils doivent (1). »

La Banque de France a vu pendant les douze années qui ont précédé 1865 , c'est-à-dire avant qu'on ne discutât la loi sur les chèques , le chiffre de ses comptes-courants dépasser parfois 200 millions. Le comptoir d'escompte fondé en 1848 a introduit dans sa clientèle l'usage des dépôts en comptes-courants. Le Crédit foncier et le Crédit mobilier se livrent depuis longtemps aux mêmes opérations et les capitaux qu'ils rendent ainsi à la circulation et au crédit sont assez considérables ; ils se sont élevés pour le Crédit foncier en 1863 à 222 millions.

La notion du chèque ne nous était pas non plus complètement inconnue , les *mandats rouges* servant à opérer les virements d'un compte à un autre , et les *mandats blancs* servant au retrait des sommes déposées à la Banque en compte-courant ne sont rien autre chose que des chèques.

« Durant l'exercice de 1864 , des affaires à la Banque et de la Banque aux affaires ces mandats rouges et blancs ont été les intermédiaires d'un mouvement dont le total accusé par les livres de service s'élève à 14 ou 15 milliards.

« Le Crédit foncier, le Comptoir d'escompte, le Crédit industriel, le Crédit mobilier, la Société générale, le Comptoir Donor, quelques banques de dépôt, presque toutes les maisons de banque, mettent à la disposition de leurs correspondants des reçus reliés aussi en carnets, faciles à détacher successivement et qui font à merveille et très-rapidement l'office du chèque anglais. A eux seuls, le Crédit foncier et le Crédit agricole ont satisfait depuis quinze mois par le même procédé à un mouvement de va-et-vient de dépôt qui ne s'est pas élevé à moins de 363 millions : le solde

____

(1) Savary, *Parfait Négociant*, liv. III, ch. II, p. 275 et 276.

disponible de leurs dépôts, en comptes-courants est à l'heure où nous écrivons ces lignes, de 93 millions (1).

« Il n'y pas jusqu'au Clearing-House qui n'ait en France son analogue, nous dit M. Darimon, analogue qu'il suffirait d'étendre et de développer pour lui faire rendre les plus grands services. La Banque de France remplit à l'égard de ses succursales et des maisons de banque avec lesquelles elle est en relation, l'office de chambre de liquidation et de compensation. La Banque étant le dépositaire à peu près exclusif du fond de roulement des maisons qui ont un compte-courant chez elle, paie pour l'une, reçoit pour l'autre, au moyen de ses mandats de virement ; de cette façon, des règlements considérables se réduisent à un seul article d'écriture intérieur, et se résument en une mention sur le carnet du négociant ou du banquier. La Banque de France ne se borne pas à cette liquidation de compte à compte et de client à client ; elle se charge de toute espèce de valeurs à échéance ; elle devient ainsi, à certaines époques, un liquidateur pour un grand nombre d'affaires, un compensateur pour une certaine quantité de paiements. En 1864, la Banque de France a fait 14,019,306,700 francs de virements ; elle a opéré l'encaissement de 5,020,753,200 francs d'effets ; elle a donc contribué à liquider pour plus de 19 milliards d'affaires.

« Une autre liquidation, qui a lieu également par l'intermédiaire de la Banque de France et qui se rapproche beaucoup plus des procédés du *Clearing-House* anglais, c'est celle qui se fait au profit des agents de change. Un agent de change peut avoir à lever des titres pour 7 ou 8 millions et il ne possède à son compte courant à la Banque qu'un million. Par contre, il a à livrer 9 millions de titres ; son solde est en définitive d'un million à son profit. Pour opérer ces levées et ces livraisons, il lui faudrait posséder la somme intégrale des paiements à faire ou bien ne livrer les titres qu'au fur et à mesure des encaissements résultant de ses livraisons. Dans ces données, une liquidation exigerait un mouvement considérable de numéraire, un temps fort long, des démarches fort

(1) Rapport de M. de Germiny au Sénat (9 juin 1865).

nombreuses et un travail de caisse très-compliqué. Pour écarter tous ces embarras, la chambre syndicale se livre à un premier travail de compensation entre les titres à lever et les titres à livrer. Ce travail s'opère au moyen d'un double bordereau que chaque agent de change soumet à la chambre syndicale et qui indique tous les titres qui le concernent. Le solde des comptes a lieu alors par des mandats blancs sur la Banque de France. Le soir, chaque agent dépose à la Banque son carnet de compte courant, sur lequel il a inscrit les sommes émises en mandats ; il y joint les mandats qu'il a reçus. La Banque de France fait la compensation des soldes, et la liquidation est accomplie sans qu'on ait eu besoin de faire appel au numéraire. » (Rapport de M. Darimon).

Ces quelques données historiques nous indiquent suffisamment qu'en France, avant 1865, nous n'étions pas étrangers au principe des banques de dépôts, aux procédés des comptes courants, des chèques, des virements et des compensations. Tous les éléments du mécanisme qui a produit des résultats si considérables en Angleterre et aux Etats-Unis existaient déjà chez nous ; mais l'habitude de thésauriser invétérée dans nos mœurs rendait improductive une masse énorme de numéraire que les économistes évaluaient à plus de 3 milliards, somme dormante et inoccupée répartie dans les mains du public pour les besoins des 38 millions d'habitants de la France ; les capitaux demeuraient éparpillés dans les caisses, dans les tiroirs et, comme le disait très-bien M. de Morny, lors de la discussion, au Corps législatif, du budget de 1865, dans les bas de laine qui sont les premiers sacs de l'avarice, au lieu de servir à féconder le commerce et l'industrie.

« L'importance des paiements par compensation est encore peu appréciée en France en dehors du public qui se livre aux opérations de bourse. Les agents de change sont ceux qui l'apprécient le mieux ; ils commencent à faire entr'eux une liquidation au moyen de compensation et règlent leurs différences par des chèques ou reçus contre la Banque de France. C'est par des reçus semblables, véritables chèques spéciaux, que règlent avec les agents de change la plupart de leurs commettants. C'est aux agents de change et à

leur clientèle qu'appartiennent la plupart des opérations de virements qui figurent dans les comptes rendus annuels de la Banque
de France. Le commerce de marchandises et surtout la petite
industrie sont restés jusqu'à ce jour à peu près étrangers à ces opérations. » (1)

Tel était le langage que tenait en 1864 M. Courcelle Seneuil,
langage qui était l'expression des sentiments de la grande majorité
des économistes et des légistes d'alors, presque tous unis par une
largeur de vues, une amplenr d'idées qui faisaient pressentir la
nécessité d'un changement dans les habitudes commerciales : ce
sont eux en effet qui, par des ouvrages justement appréciés, ont
répandu, fait connaître dans le monde financier, dans notre
société francaise, le système merveilleux des compensations, le
fonctionnement admirable et si utile du chèque en Angleterre.

Nous nous empressons de citer les noms des auteurs dont les
travaux ont préparé les voies à la loi de 1865 et permis à nos législateurs de s'édifier sur l'opportunité, la nécéssité d'une règlemen-
tation sérieuse de cet instrument de paiement et de compensation
qui a fait des progrès si sensibles au delà du détroit.

Mentionnons tout d'abord un article de M. Dalloz, paru au
Moniteur du 24 mars 1864, à propos d'un arrêt rendu par la Cour
de Paris, le 3 mars de la même année, sur une question de
chèque récépissé, arrêt sur lequel nous aurons l'occasion de revenir lorsque nous exposerons ce que comporte véritablement le reçu
chèque et ses différences avec le chèque mandat.

Si l'institution des chèques ne parvient qn'avec lenteur à faire
son chemin parmi nous, dit M. Dalloz, c'est que le chèque, ses
avantages, son fonctionnement ne sont pas assez connus ; la publicité lui a manqué : il faut répéter vingt fois la même chose pour
vaincre la routine.

Vinrent ensuite les travaux de M. Audiganne, qui, dans un article
paru dans le *Moniteur* du 16 octobre 1864, s'est occupé, à propos
de l'ouvrage de M. Wolowski sur la question des banques, des

---

(1) Courcelle-Seneuil. *Journal des Économistes*, N° d'août 1864.

avantages des institutions anglaises, notamment du *Clearing-House* et du *Railway-Clearing-House*, dont nous avons parlé en renvoyant au numéro de la *Revue des Deux-Mondes* du 15 août 1863.

Dans cette même année, 1864, parurent sur la question des chèques deux brochures intéressantes, l'une de M. Rey de Foresta (1), l'autre que nous rappelons, due à M. Coullet. (2)

M. de Foresta pensait alors que le système des compensations, tel qu'il se pratiquait de la part de la Banque de France et de quelques établissements financiers, suffisait à nos habitudes commerciales : il reconnaissait toutefois que le fonctionnement qui existe en Angleterre est des plus ingénieux et qu'il pouvait y avoir lieu à amélioration sérieuse du mécanisme pratiqué chez nous.

Nous ne nous permettrons pas de critiquer l'hésitation qui se fait sentir dans tout cet ouvrage ; mais nous nous plaisons à reconnaître que le travail qui a plaidé la cause des chèques avec le plus d'éloquence est assurément celui de M Coullet, qui nous a fait toucher du doigt le côté fort de l'organisation anglaise et par contre nous a démontré la faiblesse ou plutôt l'insuffisance de nos institutions de crédit et la démarcation si profonde qui existe à cet égard entre la France et l'Angleterre.

M. Coullet en exposant de la façon si claire que nous avons appréciée le fonctionnement du *Clearing-House* anglais, appelait l'attention sur les services que pourrait rendre à Paris la création de semblable chambre de liquidation, malgré les objections qui avaient été présentées par les banquiers de Paris et qui peuvent se résumer ainsi : 1° L'usage des dépôts en comptes courants n'existe pas à Paris d'une manière générale, et les comptes de cette nature qui fonctionnent ne sont pas assez nombreux pour nécessiter autre chose que le système ordinaire des encaissements par les garçons de recette. 2° La Banque de France se charge pour le compte de ses clients qui en majeure partie ne sont autre chose

(1) *Des Chèques et des Banques de dépôts*, par M. Rey de Foresta. Paris, Guillaumin et Cie

(2) *Les Chèques et le Clearing-House*, par M. Coullet. Paris, Furne et Guillaumin.

que les banquiers et les maisons d'escompte de l'encaissement gratuit des effets sur Paris et sur toutes les villes où elle a des succursales.

3° Les agents de change dont les affaires importantes seraient un aliment considérable pour le *Clearing-House* liquident leurs affaires entre eux par des mandats rouges sur la Banque, qui leur affecte une caisse spéciale.

M. Coullet répondait qu'en effet le système actuel pouvait suffire pour le cas où les errements anciens en matière de banque continueraient à subsister, mais que précisément la création d'une chambre de liquidation devait avoir pour but d'introduire à Paris, une nouvelle organisation, de nouvelles habitudes financières, et était un élément essentiel de cette organisation.

Il ajoutait avec raison que l'établissement d'un *Clearing-House* encouragerait le mouvement en avant, qui se faisait déjà remarquer de la part des banques de dépôt, et que si les débuts de cette institution étaient pénibles, du moins on pouvait déjà augurer que dans un avenir peu éloigné, elle se verrait amené à des opérations considérables, par un puissant élément de vitalité, le chèque.

Cette brochure dans laquelle M. Coullet avait su tenir compte des idées et de l'esprit français et concilier les habitudes parisiennes avec l'éventualité de l'établissement, à Paris, d'un *Clearing-House*, a eu l'immense mérite d'appeler l'attention de nos financiers sur la question qui fait actuellement l'objet de nos études et dont si peu de gens connaissaient ou pouvaient apprécier alors toute l'importance.

D'autres auteurs, M. Edmond Dufour entre autres, ont vers la même époque (1864) traité la matière des chèques, et fait comprendre par des raisons très-fortes et très-judicieuses, combien il était nécessaire de la réglementer sérieusement et de faire disparaître les motifs de crainte ou les abus qui empêchaient le monde commercial et les simples particuliers d'ajouter une bien grande confiance à cet élément de la prospérité de nos voisins d'outre-mer.

Aujourd'hui, une chambre de compensation des sociétés de crédit et banquiers de Paris, ou *Clearing-House* fonctionne dans la capitale depuis l'année 1872. L'initiative de cette création est due à la Société Générale, au Comptoir d'escompte, à la Banque de Paris et des Pays-Bas, au Crédit Lyonnais, à la Société de dépôts et comptes-courants, au Crédit industriel et commercial, ainsi qu'aux premières maisons de banque de Paris. La Chambre de compensation a été créée dans trois buts principaux :

1° Eviter l'encaissement et le paiement des traites, chèques, mandats, délégations, effets et billets par leur présentation directe aux guichets et caisses des sociétés de crédit et banquiers par les garçons de recettes destinés à cet effet, ce qui évite tout naturellement une grande perte de temps et offre en même temps une sécurité absolue, puisque les garçons de recette ne portent plus avec eux des sommes considérables en billets de banque, lesquels voyageaient constamment de bureau à bureau et de caisse à caisse.

2° Compenser les sommes qui sont dues contre celles que le créancier de ces sommes doit lui-même dans la même journée.

Exemple : la Société générale a en portefeuille échu le... mars pour 1,000,000 de francs d'effets et de traites à encaisser sur le Crédit Lyonnais, et fr· 500,000 sur MM. Mallet frères et Ce, banquiers. Par contre, le Crédit lyonnais a le même jour fr. 500,000 d'effets ou de traites sur la Société Générale, et fr. 200,000 sur la maison Mallet frères. Ces sommes sont compensées de la façon suivante par des employés destinés à cet effet.

Le Crédit Lyonnais n'ayant que 500,000 fr. à encaisser sur la Société Générale et cette dernière devant toucher un million au Crédit Lyonnais, il s'ensuivra que le Crédit Lyonnais devra remettre à la Société Générale, après compensation, le solde de ces deux sommes, soit fr. 500,000. La Société Générale qui a également 500,000 francs à encaisser chez M. Mallet frères et Ce et ces derniers fr. 200,000 à toucher à la Société Générale, il résultera en conséquence que MM. Mallet frères auront fr. 300,000 à verser pour solde à la Société Générale.

Le paiement de ces soldes se fait, après pointage et examen des comptes de chaque maison, *au moyen de bons de versements sur la Banque de France*, lesquels bons représentent les sommes dues, et sont portés au crédit des maisons en faveur de qui soldent les comptes.

3° Enfin, d'éviter l'encombrement aux guichets des banquiers et sociétés de crédit pour la présentation chaque matin des effets et traites. Le montant des sommes compensées, pendant le mois de décembre 1873 a été de fr. 216,558,713. Il a atteint dans le mois de janvier 1874 fr. 230,440,456.

Ces résultats, qui nous ont été fournis par l'un des directeurs de l'établissement financier qui contribue en ce moment pour une très-large part à la propagation du chèque en France, nous voulons parler de la Société Générale, sont assez éloquents pour que nous nous passions de tout commentaire.

SECTION II.

Des formes successives du chèque.

Lorsque les Banques se sont fondées chez nous, il y a environ trois ou quatre cents ans, ces établissements ont reçu en dépôt des sommes d'argent dont ils constataient le versement par un récépissé qui, par lui-même emportait l'obligation de restituer lorsque le déposant jugerait convenable de les retirer : voilà déjà un des éléments que nous trouvons dans le chèque.

Plus tard, et par suite de l'extension des affaires, les banquiers tinrent des comptes-courants et autorisèrent les déposants à retirer de leurs caisses, sur simple reçu et jusqu'à concurrence des valeurs déposées, les sommes qui leur étaient nécessaires, et qui, aussitôt le retrait, passaient du crédit de leurs comptes à leur débit.

Il entra alors dans les habitudes de ces déposants de tirer des cédules de paiement sur les banquiers dépositaires de leurs fonds, cédules qu'ils remettaient à leurs commis ou à toute autre personne, ce qui leur évitait de se déranger et constituait en même temps une nouvelle transformation des reçus de caisse, pour ainsi dire, un chèque à l'état embryonnaire.

Une fois lancés dans cette voie, il devait nécessairement arriver et il advint en effet, que ces reçus dont le déposant seul devait dans le principe bénéficier, furent considérés comme un moyen facile de transmettre des sommes disponibles dans les mains des banquiers, selon les exigences des affaires ; de là leur conversion en titres au porteur, de là le principe du chèque que l'on appelle encore de nos jours chèque récépissé.

Enfin le chèque est devenu payable à vue, ce qui achevait de lui donner le perfectionnement qu'il pouvait atteindre à cette époque, où il devait, en présence des lois fiscales dont nous nous proposons de parler, revêtir la forme d'un simple récépissé, d'une quittance telle qu'elle est donnée par un créancier qui touche de son débiteur tout ou partie des sommes que ce dernier lui doit, au lieu d'être un mandat à personne dénommée, à ordre ou au porteur. C'est sous la forme du mandat que le chèque a cours en Angleterre, et sous cette forme qu'il se prête le mieux aux compensations qui sont le véritable but d'utilité de ce papier. — Nous disions que les lois fiscales arrêtaient le perfectionnement du chèque : en effet, la forme du chèque-mandat n'est guère en usage que depuis la loi de 1865 ; la loi du 5 juin 1850, qui soumet le mandat à un timbre proportionnel de 50 centimes par 1,000 francs, était un obstacle à la création de cette forme du chèque : les maisons qui ouvraient des comptes-courants délivraient des carnets de récépissés ; encore n'avait-on pu adopter cette forme que grâce à la violation dans la pratique des dispositions de la loi du 14 brumaire an VII qui soumet les quittances des sommes au-dessus de 10 francs à un droit de 50 centimes pour le plus petit format : on s'exposait ainsi à l'amende qui frappe les quittances non-timbrées, lorsqu'elles arrivaient par les voies légales à la connaissance de l'administration.

Le Gouvernement, comprenant toute l'importance de la question et les avantages que présentait la forme du mandat sur celle du reçu, proposa, dans le projet du budget de 1865, discuté en 1864 au Corps législatif, de réduire à 10 centimes le droit de timbre des mandats-chèques non négociables par voie d'endossement :

il y émettait de plus, comme sanction, qu'en cas de contravention le souscripteur du mandat, le porteur, le banquier, l'établissement ou toute personne qui aurait acquitté le mandat serait passible, chacun et sans recours, d'une amende de 50 francs, et qu'il y aurait solidarité entre eux pour le paiement des amendes et des droits de timbre.

Ces dispositions qui, dans la loi des finances, formaient les articles 6, 7 et 8 destinés à devenir la seule législation sur la matiere, étaient précédées d'un exposé des motifs qui met sous les yeux, de la façon la plus claire possible, toute la supériorité de la forme du mandat sur celle du simple reçu, et voici en quels termes :

» La forme du chèque la plus naturelle, la plus conforme l'essence et à l'objet du contrat, la plus sûre pour les parties, et la plus commode dans la pratique, c'est assurément celle qui a été adoptée en Angleterre, c'est celle d'un mandat souscrit par le déposant, soit à une personne dénommée, soit au porteur. Cette forme n'a pas été adoptée en France. On donne généralement au chèque la forme d'un simple reçu de la somme qui en fait l'objet ; le tiers porteur n'est ni dénommé, ni mentionné. Si le chèque vient à se perdre et qu'il soit trouvé par une personne de mauvaise foi, la banque est exposée à mal payer ; des procès peuvent s'ensuivre au préjudice soit de la banque, soit du déposant, soit du tiers qui aura reçu le chèque ; il y a en tous cas un intérêt lésé. Sous la forme du mandat, au contraire, le chèque peut toujours présenter la garantie d'un titre nominatif, et lors même qu'il est nominatif ou au porteur le souscripteur et la banque ont pour garantie, d'abord la personne dénommée ensuite l'obligation où se trouve le porteur de justifier de son identité et de donner sa signature.

» A un autre point de vue, on peut ajouter que celui qui a reçu, en paiement un chèque, sous forme de simple reçu, peut difficile-ment le transmettre à un tiers qui ne connaît pas le souscripteur. Quand, au contraire, le chèque est à une personne dénommée ou au porteur, la personne dénommée peut aisément le transmettre à un porteur dont elle est connue et dont elle a la confiance. S'il y a lieu à des transmissions ultérieures, elles se trouvent facilitées par une double garantie.»

C'est ce que fit très-bien comprendre M. Emile Olivier l'année suivante, dans la séance du 23 mai 1865, lors de la discussion de la loi actuelle sur les chèques : « l'idéal en matière de chèques, disait-il, c'est que le chèque ne soit que le plus rarement possible touché par celui qui en est le porteur. C'est une différence entre le récépissé et le chèque. Le récépissé m'est délivré pour que j'aille le toucher et mettre dans ma poche l'argent qu'il représente ; le chèque m'est délivré pour que je l'envoie à un banquier qui le porte à mon compte, comme il y portera ceux que je délivrerai moi-même, de façon qu'il opère une compensation sur moi-même, puis qu'il étende ses compensations à ses divers clients, puis aux maisons de banque de dépôt. Par suite de cette série d'opérations de pure comptabilité, sans qu'un centime ait été déplacé, on arrive à liquider d'immenses opérations et à épargner aux commerçants et au pays tout entier le déplacement des espèces et la perte du temps. »

Il était bien entendu dans l'exposé des motifs que cette faveur, cette réduction à 10 centimes, du droit sur les chèques en forme de mandat ne pouvait s'appliquer qu'aux billets ayant réellement ce caractère de chèques, c'est-à-dire à ceux qui sont extraits d'un livre à souches, qui ne sont pas susceptibles d'endossement, et qui ne sont payables que quand il y a dépôt préalable de fonds. Les chèques ainsi créés pouvaient circuler, figurer dans les actes, être produits en justice sans aucuns frais ni amendes. Le gouvernement espérait qu'en présence de ces avantages les dépositaires abandonneraient, peu à peu, du moins pour les sommes importantes, la pratique si périlleuse du chèque récépissé qui n'a été dans son origine qu'un expédient.

La Commission du budget reconnaissant la sagesse de la réduction à 10 centimes du droit sur les chèques mandats, voulut encore aller plus loin, et pensa qu'il y avait lieu de faire descendre ce droit à 5 centimes pour tous les chèques sous quelque forme qu'ils fussent émis, mais tout en apportant, d'accord à cet égard avec le gouvernement, la restriction que, pour bénéficier de cette quasi-immunité, le chèque ne serait pas négociable par voie d'endossement.

C'est cette restriction qui souleva au Corps législatif une vive discussion à laquelle prirent part plusieurs orateurs éminents qui revendiquèrent pour le chèque « le double privilége de la transmission par voie d'endossement, et de l'exemption d'impôt. » Le gouvernement résista, non pas qu'il méconnût l'intérêt que pouvaient présenter au point de vue économique les facilités qui seraient données à l'émission et à la transmission des chèques, mais parce qu'il craignait que les faveurs qui seraient accordées aux chèques non définis et non réglementés par la législation ne profitassent à d'autres papiers, et particulièrement à certains effets de crédit, au préjudice des droits du trésor et de l'équilibre du budget. « Dans cette situation, continue l'exposé des motifs de la loi de 1865, un député proposa l'ajournement en vue de permettre au gouvernement, dans l'intervalle de deux sessions, d'étudier la question dans son ensemble, et de rechercher les moyens de concilier l'intérêt économique et les garanties fiscales. Cet ajournement, auquel le gouvernement ne s'opposa pas, fut prononcé par le Corps législatif. En conséquence, dès la clôture de la session, le gouvernement institua une commission spéciale (1), chargée de procéder aux études réclamées par le corps législatif, et invita plusieurs des députés qui avaient soulevé le débat ou qui y étaient intervenus, à faire partie de la commission conjointement avec les représentants du gouvernement qui avaient soutenu la discussion. (2)

Nous avons déja dit que cette commission s'entoura des lumières de gens rompus à la pratique des affaires, et consulta les représentants des plus importantes maisons de banque de Paris et de

(1) Nous avons donné, au début de cet ouvrage, la composition de cette Commission.

(2) Exposé des motifs de la loi de 1865 (*in principio*), rédigé par M. Victor de Lavenay, Conseiller d'État. (Supplément du *Moniteur* du 24 février 1865).

Lyon. Ce n'est qu'après avoir recueilli à des sources certaines tous les documents qui lui étaient nécessaires, que cette Commission rédigea un projet de loi qui fut adopté par le gouvernement, et par le Conseil d'Etat (séances des 3 et 4 novembre 1864), et présenté au Corps législatif le 16 février 1865.

Il est nécessaire pour la clarté de ce travail, de donner ici *in extenso* la teneur de ce projet de loi : on y verra en effet comment une étude approfondie et intelligente de la question lui avait permis de prendre la place qu'elle devait réellement occuper dans les préoccupations de nos législateurs, en un mot les progrès considérables qu'elle avait faits en peu de temps depuis la discussion à laquelle elle avait donné lieu en 1864.

Voici la teneur de ce projet de loi :

ART. 1er. Le chèque, soit sous la forme d'un mandat de paiement soit sous la forme d'un récépissé, est signé par le tireur et porte la date du jour où il est tiré.

Il ne peut être tiré qu'à vue.

Il peut être souscrit au porteur ou au profit d'une personne dénommée.

Il peut être souscrit à ordre et transmis même par voie d'endossement en blanc.

Art. 2. Le chèque ne peut être tiré que sur un tiers ayant provision préalable ; il est payable à présentation.

Art. 3. Le chèque peut être tiré d'un lieu sur un autre ou sur la même place.

Art. 4. L'émission d'un chèque, même lorsqu'il est tiré d'un lieu sur un autre, ne constitue pas, par sa nature un acte de commerce.

Toutefois les dispositions du code de commerce relatives à la garantie solidaire du tireur et des endosseurs, au protèt et à l'exercice de l'action en garantie, en matière de lettres de change sont applicables aux chèques.

Art. 5. Le porteur d'un chèque qui n'en réclame pas le paiement

dans le délai de trois jours, si le chèque est tiré de la place où il
est payable, et dans le délai de cinq jours, s'il est tiré d'un autre
lieu, perd son recours contre les endosseurs et même contre le
tireur, si celui-ci avait fait provision.

Art. 6. Le tireur qui revêt un chèque d'une fausse date et le
premier porteur sont punis chacun, et sans recours l'un contre
l'autre, d'une amende égale à 6 pour cent de la somme pour
laquelle le chèque est tiré. La même peine est applicable à l'émission d'un chèque sans date.

Art. 7. L'émission d'un chèque sans provision préalable et le retrait
de la provision après la délivrance du chèque, sont punis, en cas
de mauvaise foi, des peines prononcées par l'art. 405 du code
pénal, sauf l'application, s'il y a lieu, de l'art. 463 du même
code.

Art. 8. Les chèques sont exempts de tout droit de timbre
pendant cinq ans, à dater de la promulgation de la présente
loi.

Une commission composéé de MM. Seydoux, président, Maurice
Richard, secrétaire ; Darimon, Pouyer-Quertier, Magnin, Douesnel,
Martel, Gros et de Montagnac, et prise dans le sein du Corps
législatif, fut chargée d'examiner le projet de loi concernant les
chèques. M. Darimon rédigea le rapport au nom de la commission:
ce rapport fut annexé à la séance du 26 avril 1865.

Nous avons déjà mentionné à différentes reprises l'importance
de ce travail qui nous fournit avec une remarquable clarté des
renseignements si précis et si pratiques sur les mœurs commerciales
de nos voisins, et nous indique les moyens à mettre en œuvre
pour voir se propager, entrer dans nos mœurs une institution en
faveur de laquelle ses résultats en Angleterre et en Amérique
parlent si éloquemment.

A la suite de la discusston, plusieurs amendements furent déposés par divers députés, et les articles 4, 5 et 6 renvoyés à un nouvel
examen de la commission. M. Darimon présenta dans un rapport
supplémentaire déposé le vingt mai 1865 et annexé au procès-

verbal de la séance du même jour les observations de la commission à leur égard ; une nouvelle rédaction de ces articles adoptée
par le Conseil d'État fut proposée au corps législatif.

Enfin la loi, telle qu'elle se comporte actuellement, fut votée
dans son ensemble à la séance du 23 mai 1865. M. de Germiny la
présenta au Sénat qui l'adopta à l'unanimité dans sa séance du
9 juin 1865 : nous nous contenterons de mentionner pour mémoiré
ce rapport sans le commenter, mais nous nous permettrons de dire
que le rapporteur au Sénat s'exagérait de beaucoup le degré de
perfection auquel étaient parvenues nos habitudes commerciales, et
que c'est à tort qu'il incline à croire que l'usage du chèque ne sera
consacré chez nous qu'après bien des hésitations justifiées. M. de
Germiny basait sa discussion sur la différence qui existait alors
quant à la question de numéraire entre la France et l'Angleterre.
Aujourd'hui que notre numéraire est considérablement diminué, les
raisons alléguées par lui n'ont plus aucune valeur, et il est d'une
nécessité absolue de donner le plus de développement possible
aux moyens de compensation qui permettent ainsi d'économiser ou
de suppléer le numéraire.

La loi sur les chèques fut promulguée le 14 juin 1865 et devint
la loi des 23 mai-14 juin 1865.

DEUXIÈME PARTIE

CHAPITRE Ier

DU CHÈQUE-RÉCÉPISSÉ.

Le simple examen de la loi de 1865 nous indique qu'elle est spéciale au chèque sous la forme d'un mandat, et qu'elle fait abstraction complète du chèque sous la forme d'un récépissé. Toutefois cette omission n'est pas la conséquence d'un oubli : dans son projet de loi le gouvernement avait admis, d'accord en cela avec les usages du moment, que le chèque pouvait affecter la forme d'un simple récépissé, et l'exposé des motifs disait : « cette disposition s'explique d'elle-même : la faculté de créer le chèque sous toutes les formes ne peut manquer d'en faciliter l'émission, en permettant aux uns de choisir le mode qui présente le plus de garanties, à d'autres, celui qui offre le plus de sécurité ; à d'autres enfin celui qui permet le moins de faire circuler leur signature. »

La Commission du Corps législatif a cependant pensé autrement ainsi qu'on le voit par le texte de l'art 1er : les raisons alléguées par la commission pour repousser le chèque récépissé sont reproduites au rapport présenté au Corps législatif sur le projet de la loi de 1865 par M. Darimon, en ces termes :

« Le projet de loi, dit le rapport, afin de motiver la suppression qui a été faite, laissait la faculté de donner au chèque la forme soit du mandat de paiement, soit du récépissé. La Commission revenant à l'idée qui avait inspiré le premier projet de loi soumis au Corps législatif, a cru devoir se borner à la forme du mandat de paiement. L'option laissée entre le mandat et le récépissé n'offre, à son avis, aucun avantage et présente divers inconvénients. Le récépissé constitue un mensonge commercial, puisqu'il est émis non après que l'encaissement est effectué, mais avant même que le tiré connaisse l'ordre de paiement, il est énoncé au passé quand il s'agit d'un fait futur. La coexistence, dans les usages, de deux titres si différents, amènerait, en outre, des complications et créerait bien certainement des difficultés. La forme du récépissé ne peut d'ailleurs s'accorder avec les immunités que le projet de loi accorde au chèque ; comment peut-on faire entrer le nom du bénéficiaire dans un récépissé ? Comment appliquer à ce titre la faculté d'être transmissible par voie d'endossement ? Comment le faire protester en cas de non paiement ? »

Ces observations n'ont guère convaincu M. Alauzet qui, dans son commentaire de la loi sur les chèques, les a combattues, et a cherché à expliquer l'absence de dispositions spéciales dans la loi, ayant trait au chèque-récépissé, par des motifs tout autres, et certainement plus fondés que ceux que la commission avait jugé à propos de viser.

« Nous ne comprenons pas bien, dit M. Alauzet, ce reproche, que le récépissé constitue un mensonge commercial ; quand donc en effet, dans la pratique commerciale surtout, est-ce seulement après que l'encaissement est effectué, que le récépissé est rédigé ? Quel caissier de maison de banque livrera les espèces, sans avoir préalablement entre les mains le reçu destiné à constater le fait du paiement qu'il va faire, ou l'acquit parfaitement en règle de la lettre de change qu'il se prépare à solder. Comment le commerçant, qui envoie son garçon de recette faire ses recouvrements, ne le munirait-t-il pas d'avance d'un récépissé ou d'un acquit ? De tout temps, un récépissé a représenté, suivant les mains dans lesquelles il se trouve, tout aussi bien une somme à recevoir, qu'une somme reçue ; et puisque le chèque, même sous la forme d'un mandat, n'est qu'une simple indication de paiement, on ne comprendrait pas comment, sous la forme d'un reçu, il ne remplirait point parfaitement le même office.

« Nous n'apercevons pas du tout, continue M. Alauzet, les complications et les difficultés, que la coexistence de deux titres, déclarés avec raison si différents, aurait pu amener, si on les avait réglés l'un et l'autre ; ni où était la difficulté de le faire ; mais un fait hors de toute contestation, c'est que jusqu'à ce jour, le droit commun avait suffi pour autoriser la création des chèques-reçus, et que la loi nouvelle ne les ayant pas prohibés, et s'étant contentée de les passer sous silence, il pourra en être fait usage après la loi comme avant la loi. » « Quant au récépissé, disait M. Pouyer-Quertier au Corps législatif, nous n'en avons pas parlé : il reste dans la situation où il se trouve encore aujourd'hui. Mais soyez convaincus que, sous la loi actuelle, le récépissé disparaîtra rapidement pour faire place à un instrument, qui donne toutes les garanties, toutes les sécurités voulues, et permet des compensations que vous n'obtiendrez jamais par les autres systèmes et les autres instruments de crédit, de circulation ou de paiement. »

De son côté M. Nouguier dans son interprétation de la loi sur les chèques, nous indique trois raisons qui devaient déterminer le législateur à repousser la forme du chèque-reçu et à cantonner le chèque proprement dit dans la forme d'un mandat de paiement.

« La première raison est tirée des dangers qui pourraient résulter pour le public et pour le banquier dépositaire de l'adoption d'un simple récépissé. Dans un reçu, le tiers porteur n'est ni dénommé, ni mentionné. Que le titre soit perdu et tombe entre les mains d'une personne de mauvaise foi dont il est difficile de suivre la trace, le banquier est exposé à payer deux fois, ou le propriétaire réel est menacé de perdre sa créance. Des procès peuvent éclater au grand préjudice soit du déposant, soit du dépositaire, soit du tiers auquel le chèque a été remis ; et, dans tous les cas il y a un intérêt compromis. Dans le mandat de paiement, au contraire, le titre peut être nominatif, et s'il est au porteur, le tireur créancier, comme le tiré débiteur, ont pour garantie, d'abord la personne dénommée en qualité de bénéficiaire, ensuite l'obligation imposée au tiers porteur de justifier de son identité et d'apposer sa signature au moment de l'acquit.

« D'ailleurs, et c'est la seconde raison, celui qui recevrait en paiement un chèque libellé comme un simple reçu, pourrait difficilement le transmettre à un tiers, qui ne connaissant pas le souscripteur, et ne pouvant exiger la signature de son cédant avec lequel il contracte, n'aurait pas de suffisantes garanties, et, partant, manquerait de confiance.

« Enfin l'intérêt du Trésor qui pouvait être frustré, est devenu pour le gouvernement une raison péremptoire. Il a été exposé en ces termes par M. de Forcade de la Roquette, vice-président du Conseil d'État : « Le gouvernement avait pensé qu'il fallait respecter le chèque sous la double forme de récépissé et de mandat qu'il revêt dans les usages actuels. On sait que la forme de récépissé donnée au chèque n'avait été employée par les maisons de banque que comme un moyen d'échapper à l'impôt du timbre qui eût été perçu si elles avaient donné au chèque la forme de mandat. Il a paru à la Commission que la forme de récépissé était une forme imparfaite ; que dans l'intérêt de la loi elle-même, il fallait que le chèque n'eût qu'une seule forme, c'est-à-dire sa forme naturelle de mandat de paiement. On a proposé alors au gouvernement, qui a accepté, de faire disparaître la forme de récépissé comme une forme désormais inutile, du moment qu'il était bien entendu que le mandat de paiement ne donnerait lieu à aucun droit de timbre. (Séance du 5 mai 1865.) »

Qu'adviendra-t-il donc si un banquier recevant des dépôts en compte-courant, continue de délivrer à ses clients des récépissés ? Le récépissé restera ce qu'il était avant la création du chèque ; il sera, nul n'en donte, un contrat parfaitement valable, et nous avons au reste la preuve convaincante de ce que nous avançons : dans les habitudes commerciales, le chèque-récépissé n'a nullement disparu depuis la loi de 1865, et certes il ne tend pas encore à disparaître, mais il reste soumis à toutes les conséquences de sa forme particulière ; ce n'est pas un chèque et il ne jouit pas des immunités qui y sont attachées.

« A la différence du chèque qui pourra librement et légalement circuler , qui sera pour tous les preneurs une monnaie de paiement , qui sera exempt de droits fiscaux , le récépissé ne se montrera pas publiquement , il marchera dans l'ombre ; il ponrra bien passer d'une main connue en une main confiante , mais il exposera son détenteur à tous les risques ordinaires. » (1)

On y a recours dans certaines circonstances et d'autant plus volontiers qu'il se trouve de plein droit affranchi des entraves que l'on a dû apporter à la création des chèques — mandats dans l'intérêt des recettes du trésor , et dont la première consiste à ne permettre leur émission que s'ils sont payables à vue. Les banques de dépôt ne peuvent pas stipuler un terme pour le remboursement des sommes qui leur ont été remises, si le retrait en est opéré par un chèque-mandat ; et cependant M. Pouyer-Quertier , dont nous venons de citer les paroles, rappelait lui-même que l'intérêt promis au déposant variera de 1, 2 ou 3 %, suivant que les conventions porteront que le retrait ne pourra en être opéré qu'en prévenant trois jours , huit jours ou un mois à l'avance , suivant les convenances des clients , parce que en tout temps et en tout pays , il y a une corrélation nécessaire entre la disponibilité de la somme confiée et le taux de l'intérêt payé au propriétaire.

En Angleterre , le retrait a lieu dans ce cas par lettres de change à trois jours , à huit jours ou à un mois , ou par tout autre moyen financier. En France et pour éviter l'impôt du timbre , le seul moyen à la disposition des contractants est le récépissé : il est accepté en effet dans l'usage , par l'administration de l'enregistrement et des domaines , peut-être par une interprétation bienveillante de la loi (2), mais qui n'est plus contestée , que les quittances ne sont soumises au timbre que dans le cas où on les produit en justice.

(1) Nouguier, *des Chèques.* (Commentaire de la loi de 1865), p. 33.

(2) V. art. 12 et 16 de la loi du 13 brumaire an VII.

Nous voyons donc que si le législateur a passé sous silence le chèque-reçu, c'est qu'il a pensé que l'ancienne forme devait tendre à disparaître devant celle du chèque-mandat, et deviendrait par conséquent tout à fait inutile : ces prévisions du législateur ne se sont pas réalisées, et le chèque-récépissé subsiste toujours à l'encontre du chèque sous forme de mandat.

Il est regrettable donc que dans la discussion si animée qu'à soulevée la loi de 1865, au milieu des critiques si vives auxquelles le travail de la Commission a donné lieu, pas une voix ne se soit élevée pour relever une omission que nous devons considérer comme fâcheuse dans l'état actuel des choses.

Nous devons donc nous demander, en présence de la consécration du chèque-récépissé dans nos habitudes commerciales ce qu'il adviendra des chèques de cette nature délivrés par un banquier à ses clients malgré le vœu de la loi.

Quant à la forme, nous n'avons aucune discussion à soulever ; elle restera ce qu'elle était auparavant, mais c'est sous le rapport des caractères, des conséquences du reçu-chèque, que s'élèvent les difficultés : en l'absence de textes ; ils doivent être déterminés d'après les usages et la jurisprudence que nous allons maintenant passer en revue avant d'aborder le chèque-mandat.

Il n'a jamais été mis en doute que les reçus ou récépissés délivrés sur un banquier et qui continuent à avoir cours dans nos transactions commerciales ne fussent transmissibles de la main à la main, sans qu'il fût besoin d'endossement ni de transport, et alors même qu'ils n'énoncent pas être payables au porteur. Mais une grave discussion a été soulevée sur la question de savoir si par le fait même de cette transmission entre commerçants, les tiers-porteurs étaient investis, à l'égard du signataire ou souscripteur, des mêmes droits que ceux résultant de tout effet de commerce, en sorte que le souscripteur soit tenu au remboursement du chèque envers le tiers-porteur, sans qu'il lui soit possible d'opposer au porteur les exceptions dont il pourrait se prévaloir vis-à-vis du premier bénéficiaire qui a transmis le chèque.

Cette question a été résolue affirmativement par la Cour de Paris, conformément à la jurisprudence du Tribunal de commerce.

La Cour de Paris dans cet arrêt en date du 3 mars 1864, a appliqué purement et simplement la règle qui gouverne les effets de circulation et d'après laquelle le porteur de bonne foi ne peut être repoussé par les exceptions qui auraient pu être opposées à ses cédants.

La question qui se présentait alors devant la Cour de Paris, pouvant se représenter journellement, si l'on songe à nos habitudes commerciales qui ont consacré le chèque-reçu, il nous semble nécessaire d'entrer à cet égard dans certains développements.

La *Gazette des Tribunaux* du 9 mars 1864 nous indique dans un remarquable résumé du litige les principes sur lesquels les avocats des parties sont tombés d'accord.

Il est admis que les droits du porteur d'un chèque et les obligations du signataire ne peuvent se déterminer uniquement d'après la forme du titre. C'est le contrat réellement intervenu entre les parties qu'il faut par dessus tout rechercher ; car à quelque forme qu'elles aient eu recours, c'est de leurs conventions que doivent dériver leurs droits et obligations.

En la forme, le chèque n'est qu'un reçu préparé pour être délivré au banquier en échange des fonds déposés chez lui ; il ne donne aucun renseignement sur le motif qui l'a fait sortir des mains du signataire. Mais le signataire ne se rendant pas lui-même à la Banque, comment doit-on qualifier la personne qui s'y rend à sa place? Quels droits a conférés au porteur la possession du chèque remis entre ses mains?

Le porteur peut n'être qu'un commissionnaire chargé d'aller recevoir l'argent et de le remettre au signataire; mais il peut aussi être un créancier du signataire, ayant accepté de lui le reçu en paiement de ce qui lui était dû. Dans le premier cas, il y aurait simple mandat, et par suite droit de révocation et droit d'opposition au paiement tant qu'il n'a pas été réalisé. Dans le second, il y aurait transmission de propriété de la somme énoncée au reçu, et par conséquent obligation de la part du signataire de la faire payer par le banquier ou de la payer à son défaut soit à celui à qui la cession a été faite, soit à ceux auxquels il en a transféré le bénéfice.

C'est donc plutôt par les circonstances de la remise du reçu par signataire que par la teneur de l'acte qu'il convient d'apprécier l'intention des parties et par suite leurs droits respectifs.

Voici maintenant les faits à l'occasion desquels cette question importante a été portée à la connaissance de la Cour de Paris :

Un sieur Péléardy de la Neuville était porteur d'un chèque de 10,000 francs à prendre sur le crédit d'un sieur Lebrun au Comptoir d'escompte : ce chèque lui avait été transmis par la maison Veuve Ruelle et Ouizille, depuis en faillite, qui elle-même l'avait reçu du sieur Lebrun. Ce chèque était à l'échéance du 10 septembre ; mais lorsque le sieur Péléardy de la Neuville se présenta ledit jour pour toucher les 10,000 fr., il essuya un refus motivé par l'opposition du sieur Lebrun. Il assigna alors Lebrun et la maison Ruelle et Ouizille en paiement des 10,000 francs. Le sieur Lebrun prétendit qa'il n'avait donné à la maison Ruelle et Ouizille qu'un simple mandat de toucher pour lui, sous certaines conditions qui n'avaient pas été remplies ; que dès lors cette maison n'avait pu transmettre à un tiers le récépissé qui, d'ailleurs, n'était pas au porteur.

Le Tribunal de commerce de la Seine, saisi de cette contestation, a, par jugement du 31 octobre 1863, admis la demande du sieur Péléardy, et, par conséquent, repoussé le système de défense opposé par le sieur Lebrun. En conséquence, il a condamné les défendeurs solidairement à payer au demandeur la somme de 10,000 francs. Son jugement est ainsi motivé :

Attendu que pour se refuser au paiemént des 10,000 francs qui lui sont réclamés, Lebrun prétend que le reçu représentant ladite somme par lui remis à la maison Veuve Ruelle et Ouizille ne saurait être considéré comme un titre au porteur, mais comme un simple mandat; que, dès lors, la contre-valeur ne lui ayant pas été fournie, il ne peut être tenu d'en rembourser le montant au cessionnaire ;

Attendu que délivrant ledit reçu au mois de juillet payable le 10 septembre, Lebrun n'avait en vue que de mettre la susdite somme à la disposition immédiate de Ruelle et Ouizille au moyen de la négociation de ce titre par ces derniers; que cela ressort, non-seulement de la commune intention des parties, mais aussi des usages constants du commerce en pareille matière ;

Attendu en effet que d'après ces usages les reçus semblables à celui qui fait l'objet du procès constituent non un mandat, mais une cession qu'ils se transmettent sans endossement, et que, par leur transmission, le porteur est investi à l'égard du souscripteur des mêmes droits que ceux résultant de tout effet de commerce ; qu'en conséquence celui-ci en doit remboursement lorsque le paiement n'en a pas été effectué à l'échéance ;

Attendu que le reçu dont s'agit n'ayant pas été payé sur la présentation qui en a été faite par le porteur à son échéance, Lebrun doit être tenu de rembourser le montant;

Condamne, etc.

L'appel interjeté par Lebrun de ce jugement fut soutenu par M° Marie, qui prétendit qu'avant tout la convention spéciale intervenue entre les parties, devait servir de règle pour l'appréciation du litige. Suivant lui, les bons remis par Lebrun à la maison Ruelle et Ouizille, ne pouvaient être négociables qu'autant que les garanties promises auraient été réalisées avant l'échéance. En eux-mêmes les bons délivrés par Lebrun ne contenaient dans leur teneur ni la formule à ordre, ni la formule au porteur, les seuls signes juridiques de la négociabilité ; la convention ne leur imprimait pas non plus ce caractère. Il fallait donc en conclure que la transmission qui en avait été faite à des tiers, même de bonne foi, permettait à Lebrun d'opposer à Péléardy les exceptions qu'il pouvait opposer à Ruelle et Ouizille eux-mêmes.

Mais, lui dit-on, la remise des bons impliquait leur négociabilité, car à quoi auraient pu servir des bons à échéance plus ou moins éloignée, si, selon ses besoins, le possesseur n'avait pu par une négociation rapide les convertir en espèces. Me Marie répondit que les bons en question étaient une garantie acquise pour des échéances à venir et une ressource sur laquelle Ruelle et Ouizille pouvaient compter sous la condition des garanties promises.

En droit, on lui fit cette objection : les bons ne peuvent être considérés que comme valeurs au porteur ; en les remettant Lebrun ne donnait pas seulement mandat de les toucher, il en faisait cession à Ruelle et Ouizille qui dès lors pouvaient les transmettre.

La loi n'admet pas d'arbitraire, répondit le conseil de Lebrun dans le caractère à donner aux valeurs commerciales, et si, par sa forme même, le bon n'est pas négociable, il ne peut le devenir en dehors de la volonté des parties. Il y a trois espèces de valeurs, la valeur à ordre, la valeur au porteur et la valeur simple, billet ou reconnaissance, Ce n'est pas la loi qui imprime à ces valeurs tel ou tel de ces caractères ; c'est par la volonté seule des parties, volonté exprimée dans ces actes, que la valeur se trouve créée à ordre, au porteur ou comme simple reconnaissance. Or, en fait, Lebrun n'a entendu créer que des reçus, que des bons sur ses banquiers, sans exprimer qu'ils seraient à ordre ou au porteur, et de plus, il a, par ses conventions, stipulé que ces bons ne seraient payés qu'à la condition que, vingt-quatre heures avant l'échéance, les garanties promises lui seraient fournies. Les détenteurs actuels ne pouvaient donc être considérés que comme les ayant-cause de Veuve Ruelle et Ouizille, et dès lors restaient passibles des exceptions opposables à ces derniers.

A l'appui de sa thèse, Me Marie cita un arrêt de la cour de Nimes du 6 août 1857, confirmatif d'un jugement du tribunal de commerce de Carpentras, qui a décidé qu'un chèque récépissé n'est pas un effet de commerce susceptible d'être endossé ou négocié ; qu'il ne peut être qu'une simple formule destinée à épargner le temps, au moyen de laquelle celui qui y a apposé son nom envoie un tiers toucher pour son compte une somme chez son banquier. La cour de cassation par un arrêt du 27 juillet 1858 consacrait la même doctrine sur les conclusions conformes de M. Blanche, avocat-général. Enfin le tribunal de commerce de Paris lui-même, par un jugement en date du 31 janvier 1862, rendu sous la présidence de M. Bapst, a jugé qu'un récépissé ne saurait être assimilé, ni au billet transmissible par endossement, ni à une valeur au porteur contre laquelle aucune opposition ne serait recevable, et que par suite les fonds déposés dans la caisse sur laquelle il est délivré doivent toujours être considérés comme restant la propriété du signataire du mandat jusqu'au moment où ils ont été payés en échange de ce reçu.

Mᵉ Senard dans l'intérêt de M. Péléardy de la Neuville, a appuyé les motifs déduits par les premiers juges de considérations d'intérêt général tirées de l'usage constant attesté par des parères produits dans la cause, et revêtus des noms les plus autorisés de la banque et du haut commerce. Ces parères certifiaient que l'usage journalier de ces négociants était de payer aussi bien en espèces à leur caisse qu'en bons sur la Banque de France ou sur leurs banquiers, et qu'ils considéraient leur signature comme formellement engagée vis-à-vis des porteurs de leurs bons.

La cour de Paris vidant son délibéré a rendu l'arrêt dont la teneur suit :

Considérant que Lebrun faisait habituellement pour les besoins de son commerce des remises de valeurs sous forme de reçus donnés sur des tiers ;

Que l'émission qu'il en faisait avant la date de l'échéance indique suffisamment qu'il savait l'usage qui en serait fait, et qu'il en acceptait la responsabilité vis-à-vis des tiers ; que d'ailleurs ces bons ou reçus qui ne désignent pas de bénéficiaire, qui expriment la somme reçue ou à recevoir, la date de l'échéance et le nom de la personne sur qui ils sont donnés, remplissent les conditions essentielles du billet au porteur admis depuis longtemps par la loi ;

Que c'est ainsi que ces reçus, à moins de stipulations contraires y exprimées, circulent dans le commerce comme valeurs au porteur, et que l'usage en est devenu général ;

La cour coufirme le jugement sans appel (1).

Il faut reconnaître en conséquence avec cette jurisprudence que le tiers porteur n'est plus un simple cessionnaire représentant activement et passivement son cédant ; qu'au contraire il a des droits personnels, échappant à toutes exceptions ou compensations opposables aux anciens détenteurs ; et qu'il a pour se faire payer un double droit, d'abord action contre le tiré, détentenr de la provision, ensuite recours solidaire contre le tireur et contre tous les autres signataires.

La plupart des auteurs qui ont traité cette matière ont adopté cette jurisprudence de la cour de Paris (2).

M. Dalloz, dans une dissertation savante qui fait suite à l'arrêt que nous venons de rapporter, a parfaitement expliqué les raisons qui militent en faveur du système de l'affirmative consacré par la cour.

« Nous commençons par déclarer, dit-il, que dans notre pensée la question de savoir quels sont les droits des tiers porteurs vis-à-vis du souscripteur, n'est pas une question de droit à proprement parler, mais plutôt une question de jurisprudence coutumière. Quelqu'usage qu'adopte sur ce point une cour, il nous paraîtrait bien difficile que la cour de cassation réformât sa décision. La question ne paraît pas pouvoir jamais être autre chose qu'une question

---

(1) Cour de Paris, 2ᵉ ch , 3 mars 1864 (D. P. 1864. 2. 161) et *Gazette des Tribunaux* du 9 mars 1864.

Nota. Du même jour plusieurs autres arrêts identiques rendus contre le sieur Lebrun, appelant de jugements semblables du Tribunal de Commerce de la Seine, provoqués par d'autres créanciers porteurs de récépissés de même nature.

(2) Rivière, *Répétitions écrites sur le Code de Commerce*, 5ᵉ édition, pages 425-426 — Rataud, *Revue critique*, 1864, p. 202 et suivantes. — Nouguier, *des Chèques*. Nᵒˢ 59 et 68. — Michaux-Bellaire, *Revue de Droit commercial*, année, tome 1, page 10. — Voir aussi une intéressante dissertation de M. Labbé, *Journal du Palais*, 1864, p. 337.

d'interprétation de convention, et partant une question dont la solution, quelle qu'elle soit doit toujours échapper à la censure de la cour suprême. Cependant il est à désirer que la jurisprudence suive sur ce point un usage constant. »

Et plus loin : « On oppose que ce n'est qu'un mandat, que le mandat est toujours révocable, et que par conséquent les tiers, ainsi que le premier porteur du chèque, peuvent se voir opposer les exceptions personnelles à celui-ci. Nous répondons que c'est là précisément ce qu'il s'agit de décider. Or si la remise du chèque ne constituait qu'un mandat de recevoir, il ne satisferait plus aux besoins que le commerce a en vue par la création de cette sorte de valeur. En Angleterre et aux États-Unis, quand le chèque n'est pas transmissible de la main à la main, le titre l'indique ; il s'appelle alors chèque à ordre ou chèque croisé. Si l'on remonte à l'origine du chèque simple, on est conduit à voir dans cette valeur un titre au porteur. Nous n'ignorons pas qu'il existe contre cette interprétation de l'usage des chèques un arrêt de la cour de cassation qui paraît contraire. (Req. 27 juillet 1858, D. P. 58. 1. 436). Mais d'abord cet arrêt est un arrêt de rejet qui se borne à maintenir l'interprétation d'un usage de commerce. En second lieu il s'agissait d'un bon de caisse, c'est-à-dire d'un titre qui malgré sa ressemblance en sa forme avec le chèque, n'est nullement destiné à pourvoir aux mêmes besoins.

« Notre interprétation se fonde donc à la fois sur le but que l'usage des chèques a en vue d'atteindre, et sur la pratique constante des pays d'où nous viennent les chèques. Nous ajouterons que si la remise d'un chèque ne pouvait constituer qu'un simple mandat, ou bien l'usage de cette valeur serait condamné à disparaître promptement, ou bien les tiers seraient exposés à être victimes après coup d'une connivence frauduleuse. Dans les rapports du remettant avec le porteur de chèques et avec les tiers porteurs, il y a transport d'une valeur ; dans les rapports du créditeur et de l'établissement de banque auquel le chèque sera présenté il y a mandat. Si l'on veut considérer le porteur d'un chèque comme un mandataire, ce sera à la condition qu'on empruntera à l'ancienne pratique une dénomination qui précise la situation du porteur. Ce mandataire, ce procureur sera *Procurator in rem suam.* »

Il ne faut pas perdre de vue que cet article a été écrit en 1864, c'est-à-dire avant que ne fut agitée la forme du chèque-mandat.

Toutes ces raisons et l'autorité si considérable des auteurs que nous citons à l'appui de cette thèse n'ont pu convaincre M. Alauzet : bien au contraire, elles ont rencontré en lui un adversaire déclaré de la nouvelle jurisprudence.

Comme nous l'avons déjà dit, il est utile dans une question qui a longtemps préoccupé les auteurs, et qui est encore d'un intérêt tout à fait actuel, peut-être une des plus importantes sur la matière, d'examiner les motifs sur lesquels M. Alauzet a basé sa discussion pour en déduire une solution opposée à celle que nous venons d'indiquer, comme étant l'expression quasi unanime des sentiments de nos jurisconsultes.

« Le porteur quel qu'il soit d'un acte semblable (d'un chèque-récépissé) aura pouvoir évidemment d'en toucher le montant, comme le porteur d'un effet de commerce revêtu de son acquit. A l'égard du banquier ou de tout autre établissement de crédit, débiteur de la somme réclamée, ce porteur est tout au plus mandataire ; il est le préposé du propriétaire des fonds déposés ; et que le nom de ce porteur soit indiqué en annotation, ainsi que cela a lieu quelquefois comme mesure d'ordre, par celui qui délivre le chèque, ou qu'il ne le soit pas, dans tous les cas le banquier n'a pas à s'inquiéter de celui qui se présente, et il ne fait autre chose que délivrer une somme d'argent au signataire, représenté par un préposé, contre un récépissé constituant sa décharge. »

« Le porteur ne saurait prétendre à coup sûr, qu'il a acquis un privilége sur les sommes placées chez le banquier, et être assimilé au porteur d'une lettre de change, obtenant un droit sur la provision existant entre les maies du tiré. On ne saurait sur quel fondement et sur quelle règle appuyer une telle prétention. Il faut bien se le rappeler en effet, nous ne sommes pas en présence d'un contrat ou même d'un acte nouveau ; il n'y a de nouveau dans une semblable transaction que le mot ; la chose a été connue de tout temps et elle est de la plus extrême simplicité ; l'usage seulement en était moins fréquent. »

M. Alauzet se demande ensuite si, en cas de non paiement, le tiers-porteur a un recours non seulement contre celui dont il tient le chèque, mais contre celui qui l'a signé, de même que s'il s'agissait d'une lettre de change ou d'un billet à ordre régulièrement endossé, et de manière que le signataire ne puisse lui opposer les exceptions dont il pourrait se prévaloir envers le premier bénéficiaire qui a transmis le chèque. « La loi nouvelle, dit-il, décide la question affirmativement pour le chèque sous forme de mandat, et a voulu la laisser indécise dans le cas que nous examinons. Il eût semblé naturel, en présence d'un simple récépissé, d'admettre que cet acte, le moins compliqué de tous ceux qui ont jamais été en usage depuis l'invention de l'écriture, et constatant l'accomplissement d'une transaction d'une simplicité à nulle autre pareille, restât soumis aux principes généraux et ne dit pas autre chose que ce qu'il exprime en toutes lettres et de la manière la plus claire. Mais les monuments judiciaires prouvent qu'il n'en a pas été ainsi. Pour amener devant les tribunaux une question qui paraissait d'une solution aussi facile, il a fallu s'appuyer sur l'intention présumée des partis et sur les usages. Si l'on entre dans cette voie, nous ne pouvons plus apercevoir aucune limite et nous ne connaissons aucun acte au monde sur lequel on né puisse plaider. Est-ce donc là cette sûreté et cette rapidité dans les transactions dont le commerce a surtout besoin. Si l'utilité se révèle de créer des billets au porteur, n'existe-t-il pas à cet égard liberté entière. »

Quant à la question d'échéance déterminée qu'a visée l'arrêt de la Cour de Paris, elle ne semble guère toucher M. Alauzet, qui s'y arrête fort peu. Pour lui, si le chèque est à échéance, le signataire n'a point pour cela eu en vue de mettre la somme qu'il représente à la disposition immédiate du bénéficiaire, mais peut être tenu par ses conventions avec le dépositaire de ne délivrer de chèque qu'à échéance déterminée. A moins de disposition très-expresse de la loi , on ne peut faire produire à un simple récépissé de semblables conséquences. (**1**)

M. Labbé , dans une dissertation savante que nous avons eu l'occasion de mentionner , a discuté l'argumentation de M. Alauzet et conclu, après un examen approfondi de la question , au rejet de la théorie présenté par ce jurisconsulte.

Nous mettrons avant d'en terminer sur ce point les principaux arguments de ces deux systèmes en regard les uns des autres , ce qui permettra une solution facile de cette controverse.

Le raisonnement de M. Alauzet peut se résumer ainsi : l'effet d'un acte doit-être déterminé d'après sa nature , et sa nature d'après sa forme et d'après ce qu'il exprime : un reçu , une quittance signée par le créancier , remise par lui à un tiers emporte purement et simplement pour ce tiers le pouvoir de toucher la somme quittancée.

Il y a dans ce fait un mandat et pas autre chose ; point d'obligation nouvelle créée , point de créance préexistante cédée; la ignature apposée au bas de l'écrit n'est pas la preuve d'un engagement contracté envers le porteur et un moyen de poursuite contre le signataire ; elle termine ici une quittance , elle équivaut à une procuration. C'est un procédé simple et fréquemment employé pour donner à un tiers le mandat de toucher le montant d'une dette ; les garçons de recette des maisons de banque n'ont , la plupart du temps, pas d'autre pouvoir que l'acquit au dos des titres à recouvrer; à considérer l'acte en lui-même , dans sa forme , dans ce qu'il exprime et ce qu'il suppose , on ne saurait y trouver autre chose qu'un mandat.

Il faut donc appliquer les règles de cette espèce de contrat ; le mandat est révocable , la révocation signifiée à temps fait évanouir le pouvoir , les parties sont replacées dans l'état primitif; si elles avaient des obligations réciproques , si elles avaient des causes

---

(1) Dissertation de M. Alauzet rapportée dans le recueil des lois et arrêts, vol. 1864 , 2 , 52.

d'action, elles les conservent ; aucune novation, aucune cause d'extinction ne s'est réalisée. Cela étant, de toutes les personnes entre les mains desquelles le reçu a passé, celles-là seules peuvent se poursuivre en justice qui ont contracté ensemble ; le titulaire du compte peut discuter avec le premier bénéficiaire du chèque les raisons qu'il a eues de révoquer le mandat et de faire obstacle au paiement ; si ces raisons le justifient à l'égard de son cocontractant, il n'a rien à craindre de l'action qu'un tiers-porteur de bonne foi intenterait contre lui. En résumé le chèque est un mandat, un moyen d'arriver à un paiement entre les mains d'un tiers en l'absence du créancier ; le chèque-reçu n'est pas le principe d'une obligation et d'une action nouvelles ; lorsque les débats s'entament devant la justice, ce sont les contrats anciens qui se déroulent entre ceux qui les ont formés.

Dans l'espèce, le signataire du reçu avait voulu procurer par ce reçu une valeur sous la condition d'avantages réciproques, qui ne lui avaient pas été fournis ; son opposition était motivée, il refusait d'exécuter un contrat qui n'était pas exécuté envers lui ; les tiers-porteurs n'avaient à s'en prendre qu'à ceux dont ils avaient suivi la foi.

M. Labbé, après avoir présenté de cette façon succincte l'argumentation adverse, la réfute en ces termes :

« Que la forme du reçu soit un moyen de conférer le pouvoir de toucher ; que l'affaire s'analyse en un mandat, nous ne le nions pas ; le bénéficiaire du chèque est un mandataire, et dans les usages actuellement établis en France (en 1864) où le chèque a la forme d'un récépissé, il ne peut pas avoir une autre attitude en face du banquier ou de l'établissement de crédit qui a ouvert le compte Pourquoi ? Parce que ce dernier ne connaît et ne veut connaître que la personne titulaire du compte-courant, elle ne paie que sur la signature de cette personne ; elle ne veut pas avoir à vérifier une cession alléguée par un tiers : quiconque se présente à la caisse doit parler au nom du titulaire du compte et fournir la quittance de ce titulaire pour les sommes à toucher.

« Cela est vrai ; mais en est-il de même dans les rapports entre le souscripteur du chèque et le preneur ? Est-ce un mandat pur et simple qui se forme entr'eux ? Non, ici le mandat est le moyen, et non le but ; le but est de procurer une somme d'argent ; le porteur du chèque touchera au nom du titulaire, mais pour son propre compte ; il gardera la somme. Le titulaire a transporté au preneur du chèque son droit sur une partie des fonds déposés chez le banquier. S'est-il obligé lui-même ? Nous n'en doutons pas, il a garanti l'exactitude des indications de son livret de compte, l'existence dans la caisse d'une somme au moins égale à celle qu'il transporte ; il a promis de n'apporter aucun obstacle au paiement que le chèque est destiné à réaliser ; ces obligations découlent naturellement de l'intention certaine de procurer une somme et d'assurer un paiement.

« M. Alauzet trouve téméraire de faire découler des obligations d'un écrit qui mentionne uniquement une quittance ; un exemple démontrera qu'un titre entraîne non seulement ce qu'il exprime, mais encore ce que les parties ont implicitement entendu. La lettre de change s'adresse au tiré en ces termes : Payez, et elle signifie : « je promets de faire payer ou de payer. »

« Il y a ici mandat, continue M. Labbé, mais un mandat donné dans l'intérêt du mandataire, une *procuratio in rem procuratoris*, un mandat qui voile une cession. Une opposition de la part du souscripteur qui n'obtiendrait pas ce qui lui a été promis ne saurait être admise qu'à l'égard du preneur en faute, et non à l'égard des porteurs ultérieurs.

« Pour qu'un titre soit légitimement au porteur, il faut que le titre en fasse mention, ou tout au moins que la forme du titre révèle à cet égard une intention positive de son auteur. Or, nous pensons que le chèque par sa forme. est un titre au porteur, une valeur destinée à circuler, une sorte dé papiér-monnaie ; c'est le but de l'institution, c'est pour cela que le chèque a été substitué avec des garanties particulières aux anciens bons ou reçus qui de tout temps ont pu être employés. Quiconque délivre un chèque doit savoir que son reçu passera de main en main ; que plus il sera transmis de fois , plus il rendra de services ; que dans son intérêt même il est à souhaiter qu'il soit accepté comme de l'argent comptant ; on ne peut prouver contre cette interprétation ; celui qui se sert d'un moyen , d'un instrument doit en connaître la portée.

« Ceci constaté et admis rend applicable une règle importante : le souscripteur du titre doit y mentionner tout ce qu'il prétend opposer aux tiers ; un porteur de bonne foi n'a rien à redouter de conventions et de conditions spéciales que le titre ne lui faisait pas connaître. Donc si le chèque est pur et simple et qu'il ait circulé , le souscripteur ne saurait exciper contre un tiers porteur de bonne foi de ce que le preneur immédiat ne lui aurait pas fourni une garantie promise ou une valeur en échange ; celui qui ne veut pas se dessaisir irrévocablement de la somme portée au chèque ne doit pas délivrer un reçu pur et simple de façon à tromper les tiers. Le souscripteur doit donc garantir au porteur que la somme existe chez le banquier, et qu'aucun obstacle au paiement ne surgira. Le porteur qui rencontre une opposition a le droit d'agir contre celui duquel il tient le titre , et contre le souscripteur du récépissé du chef duquel l'opposition existe. Sans doute il y a des dangers attachés à la nature d'un titre au porteur : c'est pour cela qu'on a inventé le chèque barré qui ne peut être touché que par un banquier ; et si les chèques devenaient par leur teneur des titres à ordre , les solutions consacrées dans notre arrêt seraient irréfragables. Dans tous les cas les tempéraments cherchés à la facilité dangereuse de la transmission du titre de la main à la main , révèlent cette intention constante , universelle, de créer par les chèques des titres négociables, une sorte de papier de confiance circulant comme la monnaie et se prêtant à une multiplicité d'opérations rapides. La circulation est donc de l'essence du chèque. (1) »

Un chèque libellé sous la forme d'un reçu constitue non un mandat, mais une cession : toutefois il serait plus exact de dire que c'est une cession entre le souscripteur, le preneur et les porteurs

____

(1) Labbé *Journal du Palais*. 1864 , p. 337.

successifs , et un mandat entre le titulaire du compte et le banquier dépositaire de ses fonds.

La question s'est présentée de nouveau en novembre 1866 devant le Tribunal de Commerce de la Seine , et a été déférée ensuite à la Cour d'appel de Paris qui n'a pas démenti, dans cette nouvelle occasion la jurisprudence qu'elle s'était fixée par son arrêt de 1864

Voyons d'abord succinctement les faits de cette affaire, et, passant sur le jugement du Tribunal de Commerce de la Seine dont l'intérêt n'est ici que très sommaire, arrivons de suite aux motifs qui ont servi de base à notre arrêt. (1)

« Le 12 avril 1863 le sieur Ghesquière-Grimonprez a fait l'acquisition d'un fonds de café tenu par Mademoiselle Perrin, rue Beaubourg , moyennant le prix de 4,800 francs, payables 2,000 francs en espèces et 2,800 francs en un reçu sous forme de chèque remis à Mademoiselle Perrin et ainsi conçu :

x Reçu de M. Lefebvre la somme de 2,800 francs valeur en espèces ; signé : Ghesquière-Grimonprez. Roubaix 1ᵉʳ octobre 1865 et plus bas, rue Poissonnière , indication de la demeure du tiré.

A cette échéance du 1ᵉʳ octobre 1865 , ce titre se trouvant entre les mains d'un sieur Barrois , ne fut pas payé par le sieur Lefebvre, qui n'avait pas provision. Le sieur Barrois fit assigner en paiement le sieur Ghesquière-Grimonprez, souscripteur, devant le Tribunal de Commerce de Paris, qui rendit successivement plusieurs jugements dont le dernier à la date du 9 novembre 1866, rappelle les involutions de la procédure.

Appel fut interjeté de ce jugement par Barrois, qui soutint devant la Cour, par l'organe de Mᵉ Trollez de Rocques, que comme souscripteur, M. Ghesquière-Grimonprez était obligé au paiement dans les mains du porteur du titre, nanti par une simple transmission, et que le débiteur ne pouvait exciper des saisies-arrêts faites entre ses mains, par des tiers, se prétendant créanciers de made-

(1) Cour d'Appel de Paris. Arrêt du 2 décembre 1867.
Gazette des Tribunaux du 10 janvier 1868.

moiselle Perrin, saisies-arrêts qui même aux mains du sieur Lefebvre tiré, n'auraient pu faire obstacle au paiement réclamé par le porteur.

Mᵉ Bournat, pour M. Ghesquière Grimonprez, a combattu la prétention de M. Barrois.

La Cour :

Considérant qu'il est constant en fait, et non contesté que Ghesquière Grimonprez, en achetant le 12 avril 1865 à la fille Perrin, son fonds de commerce, s'est engagé à lui remettre en paiement de partie du prix un reçu de 2,800 francs, payable à Paris chez Lefebvre ;

Considérant qu'il est constant que, en exécution de cet engagement, Ghesquière a remis à la fille Perrin ledit reçu payable le 1ᵉʳ décembre 1865, et qu'il résulte des documents produits et de la correspondance, que ce reçu a été remis à la fille Perrin dans le courant du même mois d'avril, ou tout au moins avant la loi du 23 mai 1865 qui, dès lors, ne lui est pas applicable ;

Considérant que l'émission de ce reçu, plusieurs mois avant la date de son échéance et sa forme indiquent que, dans l'intention des parties et conformément aux usages constants du commerce, il devait être négocié et transmis par son bénéficiaire; qu'il constituait une valeur au porteur destiné à circuler de main en main, et pouvant être transmise par simple tradition ; qu'il résulte de la correspondance de Ghesquière qu'il a reconnu la validité d'une transmission ainsi opérée ;

Considérant que celui qui est porteur au jour de l'échéance d'une valeur de cette nature échappe à toutes les exceptions qui auraient pu être opposées aux porteurs antérieurs, et, par conséquent, aux oppositions formées du chef des précédents porteurs ; et que si ce reçu n'est pas payé à l'échéance par celui qui y est énoncé comme devant le payer, le porteur a un recours contre le souscripteur, de la même manière que contre le souscripteur de tout effet de commerce ; que dans l'espèce Ghesquière peut d'autant moins échapper à ce recours que c'est par son fait et faute par lui d'avoir remis les fonds à Lefebvre, que celui-ci n'a pas payé ;

Que dans ces circonstances Ghesquière ne saurait se refuser au paiement qui lui est demandé par Barrois, porteur du reçu par lui écrit et du chef duquel aucune opposition n'a été formée entre ses mains ;

Condamne Ghesquière à payer à Barrois la somme de 2,800 francs, avec les intérêts tels que de droit, etc.

La Cour de Paris a donc, à deux reprises, reconnu formellement que les reçus ou récépissés délivrés à un créancier pour toucher des fonds sur un tiers, peuvent être considérés comme transmissibles de la main à la main, conformément aux usages du commerce, sans qu'il soit besoin d'endossement, ni de transport, et que par cette transmission les tiers porteurs sont investis, à l'égard du signataire ou souscripteur, des mêmes droits que ceux résultant de tout effet de commerce, en sorte que, en cas de non paiement à l'échéance à défaut de provision entre les mains du tiré, le souscripteur est tenu au remboursement du récépissé envers le dernier porteur, sans pouvoir lui opposer les exceptions qui auraient été opposables aux porteurs précédents.

Il nous faut maintenant, à côté de ces arrêts, citer les autres monuments de jurisprudence qui ont peut-être modifié ou tenté toutefois, de modifier les principes que la Cour de Paris a proclamés sur la matière.

D'après la Cour de Paris, le chèque récépissé est assimilé à un titre au porteur ; sa transmission de la main à la main transfère donc avec elle la propriété de la valeur qu'elle renferme et qui se trouve dans la caisse du banquier.

Nous allons voir dans le cours de nos explorations que les avis se sont partagés davantage encore après la loi de 1865, sur le véritable caractère du chèque récépissé et que les raisons émises à l'appui de l'arrêt de 1864 par de savants jurisconsultes, raisons que nous avons étudiées, ont été méconnues dans quelques circonstances, malgré la force des arguments qui sont venus étayer la jurisprudence de la Cour de Paris.

Il a été soutenu, avant même que la loi de 1865 ait été présentée, que la faillite du souscripteur du reçu-chèque faisait obstacle au paiement, parce qu'il ne saurait y avoir d'assimilation entre le reçu et les titres essentiellement négociables de leur nature, (art. 136, 137, et 138 C. Com.) (1)

C'est cette théorie que nous trouvons reproduite dans un jugement du Tribunal de commerce de Nantes, du 6 juillet 1867. (Lefebvre-Grandmaison c. syndics Ed. Gouin père et fils.) (2)

La rubrique de ce jugement est ainsi conçue :

Le mandat-chèque est la seule forme légale du chèque et a seul l'avantage de transférer au moment même de sa remise par le signataire, la propriété de la somme dont il a pour objet de procurer l'encaissement ; il n'en est pas de même du reçu-chèque qui ne procure au porteur avant le paiement par le dépositaire aucun droit sur la somme à encaisser.

Par suite , la faillite du souscripteur d'un reçu-chèque, survenue depuis la remise du titre et avant sa présentation à l'encaissement , fait obstacle à ce que les fonds déposés devenus l'un des éléments de la masse active à partager entre les créanciers soient employés au paiement réclamé par le porteur.

Il est inutile de séjourner plus longtemps sur ce jugement et d'en reproduire *in extenso* les motifs qui se trouvent parfaitement résumés dans la rubrique dont nous venons de donner la teneur.

Nous retrouvons les mêmes principes dans un arrêt de la cour d'Orléans du 30 août 1871 (3) :

L'écrit sous forme de récépissé remis à un tiers pour toucher à

---

(1) Michaux-Bellaire. *Revue de Droit commercial*, année 1864, t. 1, p. 32.

(2) *Jurisprudence commerciale et maritime*, 49 - 1871. 2. 15 et D. P. 1868. 3.46.

(3) *Journal du Palais*, 1872. 595.

un jour fixe le montant de ce récépissé chez un négociant débiteur du remettant, n'a les caractères ni du chèque, ni de la lettre de change, ni du billet à ordre, ni du billet au porteur, et ne saurait en produire les effets légaux. En conséquence il ne confère au porteur aucun droit de propriété ou de préférence sur les sommes à recouvrer.

En supposant même qu'un pareil récépissé pût être transmis par endossement, la mention suivante mise en marge ou au bas de l'écrit : « A présenter à M. N... tel jour par M. A... ne saurait être considérée comme un endos translatif de la propriété de l'effet, mais seulement comme une simple procuration pour recevoir. (Cod. de Com., 136 et suiv.).

L'acceptation donnée par la personne à laquelle le paiement doit être réclamé n'a pas pour effet en pareil cas de l'obliger directement et personnellement envers le porteur du récépissé.

— Desforges et Comp. c. Comte. —

Un sieur Landron, négociant à Paris, transmit par correspondance, le 28 mars 1871, à Desforges et Ce, banquiers à Orléans, un récépissé ainsi conçu : « Reçu de M. Comte, négociant à Orléans, la somme de 10,000 francs, valeur en compte. (Signé) Landron. » En marge se trouvait la mention suivante : A présenter à M. Comte d'Orléans, le 10 avril, par MM. Desforges et Ce. »

Landron ayant cessé ses paiements avant cette échéance, Desforges et Ce obtinrent de Comte, une lettre par laquelle il déclarait « les dispenser de toutes diligences, à l'occasion de l'effet ci-dessus, entendant que cette dispense fût considérée de sa part comme une acceptation. » Néanmoins à l'échéance Comte, qui se voyait exposé, par suite du retour d'effets impayés par Landron, à devenir créancier de celui-ci, au lieu d'être son débiteur, refusa de verser le montant du récépissé.

Desforges et Ce l'assignèrent alors en paiement, mais leur demande fut rejetée par un jugement du tribunal de commerce d'Orléans du 19 mai 1871.

Appel par Desforges et Ce.

Arrêt :

La cour : En ce qui touche le caractère intrinsèque du titre produit dans la cause ; attendu qu'aux termes de l'art. 1er de la loi du 14 juin 1865 le chèque doit revêtir la forme d'un mandat de paiement, et que, si cet écrit se présentait sous la forme d'un récépissé, il ne saurait assumer le caractère legal du chèque et bénéficier des mêmes immunités ;

Attendu que, instrument de paiement et non de crédit, le chèque a pour effet de transférer immédiatement et par le seul effet de sa remise au porteur le domaine de la chose du tireur, tandis que le récépissé n'est qu'une simple quittance signée à l'avance par le créditeur pour le cas espéré où le débiteur en paierait le montant ès-mains de celui qu'il charge d'en faire l'encaissement, laquelle quittance projetée devient définitive, s'il y a paiement, et caduque dans le cas contraire ;

Attendu que la création d'un chèque implique la provision préalable, et que la disponibilité des fonds donnés en paiement doit être coexistante, non-seulement avec la présentation au débiteur, mais encore avec l'émission par le tireur ; que cette disponibilité des fonds est corrélative de la condition du paiement à présentation, laquelle exclut la fixation d'une date d'échéance et par conséquent la nécessité de l'acceptation ;

Attendu qu'indiquer sur un chèque une date de paiement ou une époque déterminée de présentation, c'est contrevenir au vœu de la loi, en faisant de l'écrit un véritable instrument de crédit, ce qu'elle a voulu éviter, tant dans   rêt du fisc que dans l'intérêt privé, le chèque, dans ce cas, devenant un règlement à terme au lieu d'être un règlement au comptant ;

Attendu qu'il n'est pas démontré dans l'espèce que la provision existât entre les mains du tiré au crédit du tireur à l'époque de la souscription de l'écrit, que l'on présente dans la cause comme revêtu des caractères constitutifs d'un chèque ;

Attendu d'ailleurs qu'aux termes des dispositions de l'art. 5 de loi précitée, le porteur d'un chèque tiré d'un lieu sur un autre doit le présenter au débiteur dans le délai de huit jours, y compris celui de sa date, ce qui ne pouvait avoir lieu dans l'espèce, la date de l'émission étant du 28 mars et l'époque de la présentation étant fixée au 10 avril 1870 ;

Qu'en supposant qu'un récépissé pût être transmissible par la voie de l'endossement, la mention contenue dans l'écrit dont il s'agit ; « A présenter à M. Comte d'Orléans, le 10 avril par MM. Desforges et Cᵉ » ne présente point les caractères légaux de l'endossement dont la vertu est de transmettre la propriété d'un effet de commerce, mais confère seulement à la banque Desforges et Cᵉ une simple procuration à l'effet de toucher les fonds des mains du sieur Comte ; d'où il résulte que l'écrit produit dans la cause, conçu sous la forme d'un récépissé non susceptible d'endossement, avec indication d'une échéance déterminée, impliquant un temps quelconque de vue incompatible avec l'obligation d'un paiement à présentation, et alors d'ailleurs que l'existence de la provision préalable n'est pas justifiée, est dépourvu des caractères légaux du chèque d'après la loi du 14 juin 1865, et ne saurait en conséquence bénéficier des immunités de ce genre d'opérations ; que les appelants sont donc mal fondés à invoquer un droit de propriété ou de préférence quelconque sur les fonds dont le sieur Comte pourrait être débiteur soit du sieur Landron, soit de ses créanciers ;

Attendu que l'écrit, objet du litige, ne présente pas davantage les caractères d'une lettre de change, ni d'un billet à ordre, ni d'un effet au porteur ;

En ce qui touche la valeur du document d'où les appelants prétendent faire ressortir une acceptation créant une obligation à leur profit ;

Attendu que la banque Desforges n'étant porteur que d'une procuration à l'effet de toucher des mains de Comte, n'a pu puiser un droit nouveau dans le fait de l'acceptation donnée par celui-ci sous forme de lettre à une époque où, averti du désastre des affaires de

Landron, il n'avait d'autre but que d'éviter des poursuites, et de subordonner son engagement au règlement de sa situation vis-à-vis de ce dernier ;

Que ladite acceptation pouvait tout au plus engager Comte vis-à-vis de Landron ou de ses créanciers, mais ne créait de sa part aucune obligation directe et personnelle au regard de la maison Desforges et Cie ;

Confirme le jugement dont est appel.

Les sieurs Desforges et Cie se pourvurent en cassation contre l'arrêt de la Cour d'Orléans. Ils reprochaient à cet arrêt d'avoir violé les art. 1108, 1134, 1689, 1690 du code civil et l'article 1er de la loi du 14 juin 1865 concernant les chèques, par suite d'une fausse application des art. 136, 137, 138 et 187 du code de commerce, en ce que la Cour d'appel avait dénié aux demandeurs en cassation la propriété de l'effet par eux détenu, sur le motif que cet effet ne constituait pas un chèque et qu'ils n'en étaient saisis que par un endossement irrégulier ne valant dès lors que comme procuration.

La Cour de cassation rejeta ce pourvoi en s'appuyant sur les considérations suivantes :

Sur le moyen tiré de la violation des articles sus visés ;

Attendu que l'écrit présenté par Desforges et Cie n'offre les caractères ni d'un chèque proprement dit, ni d'un billet au porteur dont la propriété peut se transférer par la simple tradition, ni d'un titre de créance transmissible par la voie, soit de l'endossement, soit du transport ordinaire ; qu'il constitue uniquement un mandat donné aux demandeurs par Landron, à l'effet de toucher une somme appartenant à ce dernier, et que ce mandat a pris fin par la cessation de paiements du mandant ;

Attendu que les demandeurs devenus non recevables à se prévaloir contre Comte du titre qui leur avait été remis, étaient par cela même sans droit pour invoquer contre lui l'acceptation qu'il avait consenti de ce titre ; que la Cour d'Orléans à laquelle il appartenait d'interpréter la convention des parties, déclare expressément que Comte n'a entendu prendre aucune obligation personnelle envers Desforges et Cⁱᵉ, que son acceptation n'a eu pour but que d'éviter des poursnites et de subordonner son engagement au règlement de la situation vis-à-vis de Landron (1) ;

Nous pensons, contrairement à la Cour de Cassation, que la Cour d'Orléans a méconnu les principes en matière de chèques-reçus, principes établis par la Cour de Paris, en conformité de l'équité et des usages du commerce. Elle s'est basée uniquement sur la loi de 1865, en faisant abstraction complète de la situation parallèle au chèque-mandat du chèque-récépissé assimilé à un titre au porteur.

Quant à la formule « à présenter par M. . . . . tel jour.. à M. . . . . » écrite en marge du récépissé, à l'occasion de laquelle la Cour d'Orléans se demande, à tort suivant nous, quels sont les caractères légaux de l'endossement et constate qu'ils n'existent pas dans l'espèce, elle ne saurait avoir d'autre but dans l'esprit des parties qui créent de semblables instruments que de faciliter, sans courir de risques, le paiement de la valeur qu'ils renferment : la question doit donc être résolue en fait.

Il en est autrement, et nous nous empressons de le reconnaître, d'un endossement réel, d'un endossement avec clause à ordre du chèque-reçu : car l'endossement ne saurait intervenir dans un semblable écrit, transmissible de la main à la main, et est spécialement réservé aux effets négociables de leur nature.

C'est ce qui a été jugé par le Tribunal de commerce de la Seine, le 15 février 1870 (affaire Lévy-Biny et Cⁱᵉ contre Mottu). (2)

MM. Lévy-Biny et Cⁱᵉ étaient porteurs d'un titre ainsi conçu :

Reçu de MM. Mottu et Cⁱᵉ la somme de 4,000 fr.

Paris, le 11 janvier 1870 (signé) de Charliére.

(1) *Journal du Palais*, 1872, 550.
(2) *Gazette des Tribunaux* du 18 mars 1870.

Au dos de ce titre se trouvait la mention suivante :

Payez à l'ordre de MM. Lévy-Biny et Cie.

Paris le 20 décembre 1869 (signé) de Charlière.

Enfin en marge du titre était une autre mention conçue en ces termes :

Vu et bon à toucher le 11 janvier prochain. (Signé) Mottu.

Le tribunal reconnaissant qu'un tel titre n'était pas transmissible par endossement, a assimilé MM. Lévy-Biny à de simples mandataires chargés de recevoir pour le compte du souscripteur le montant de la valeur y consignée.

Cette déchéance se comprend aisément si l'on se reporte à l'art. 138 du code de commerce qui déclare que tout endossement irrégulier ne vaut que comme procuration : or, dans l'espèce, l'endossement, régulier en principe quant à la forme, est intervenu à tort dans un titre qui ne le comportait pas et motive, en équité, cette déchéance qu'encourt le porteur du reçu-chèque.

Nous renvoyons au reste pour cette discussion à ce que nous avons déjà dit si longuement au sujet de l'arrêté de 1864 (affaire Lebrun contre Péléardy), et aux dissertations que nous avons résumées à la suite de cet arrêt.

Il est nécessaire, avant de finir avec le chèque-récépissé, que nous terminions sur divers autres points nos investigations dans la jurisprudence, qui remplace ici la loi et règlemente seule l'emploi de cet écrit, en s'inspirant des usages du commerce.

Un arrêt de la Cour de Paris du 8 avril 1861, avait déjà proclamé le principe de responsabilité du souscripteur vis-à-vis du porteur du reçu-chèque, principe suivi et largement exposé dans l'arrêt de la même cour du 3 mars 1864 : il apportait toutefois cette restriction que la garantie ne saurait s'étendre à la régularité du paiement. (Affaire Gilly contre Spielman.) (1)

(1) V. Dalloz, *Recueil périodique*, 1861, 5, 176.

V. aussi, sur la même question, 1864, 5, 318.

Voici dans quelles circonstances cet arrêt est intervenu :

Le sieur Gilly ayant une certaine somme à envoyer à Londres, se présenta chez MM. Spielmann et Cie, changeurs à Paris, et leur demanda sur Londres un chèque de 155 livres. Un chèque de cette valeur lui fut délivré sur la maison Spielmann de Londres. Le chèque fut présenté à cette maison par le sieur Woilley, commis de M. Gilly, qui en reçut le montant. Ce commis ayant pris la fuite quelque temps après en emportant une somme considérable, M. Gilly prétendit que la maison Spielmann de Londres avait eu tort de remettre à Woilley le montant d'un chèque qui était à son ordre, de lui Gilly, et qu'il n'avait transmis régulièrement à personne, et il assigna devant le tribunal de la Seine la maison Spielmann de Paris, comme responsable du paiement indûment fait à Londres.

Le tribunal l'ayant débouté de sa demande, Gilly interjeta appel du jugement devant la Cour de Paris, qui confirma purement et simplement la sentence des premiers juges.

Un jugement du tribunal de commerce de la Seine du 7 juin 1864 a visé les cas où le banquier, qui ouvre un compte-courant, n'encourait vis-à-vis du déposant aucune responsabilité quant au paiement effectué ès-mains d'une tierce personne qui aurait détourné ou fait un usage abusif du chèque (Affaire Tenré et Comp. contre Roulez). (1)

Voyons quels sont les principes que ce jugement met en relief :

Les chèques ou reçus préparés, remis par le banquier pour le retrait des espèces ou valeurs réalisables qui lui sont déposées en compte-courant, sont aux risques et périls du déposant.

Dès lors, en cas de détournement et d'usage abusif de ces chèques, le déposant n'est pas fondé à prétendre les faire écarter de son compte, sous prétexte qu'il ne les a pas signés, alors qu'aucune faute ne peut être reprochée au banquier relativement au

____

(1) V. Dalloz, *Recueil périodique*. 1864. 3. 93.

paiement de ces chèques et que lui, au contraire, a à s'imputer d'avoir laissé imprudemment son cahier de chèques à la disposition de ses employés, par quelques-uns desquels il faisait souvent signer ses reçus (C. N. 1383-1384).

M. Dalloz a fait suivre le jugement dont il s'agit d'observations que nous pensons devoir rapporter : « Il ne faudrait pas exagérer cette solution. Le banquier qui ouvre un compte-courant avec chèques, doit, d'après l'usage, se faire donner lors de la remise du cahier des chèques, la signature du déposant sur une fiche, afin d'avoir un terme de comparaison pour la vérification des signatures : il en résulte que, à moins d'une autorisation expresse du déposant, le banquier qui paierait des chèques préparés au nom de celui-ci sur le vu d'une signature différente de celle qui lui a été donnée, serait en faute et devrait être déclaré responsable en tout ou partie du paiement indûment fait. Mais il est vrai de dire, avec le présent jugement, qu'en principe les chèques préparés par le banquier au nom d'un déposant sont aux risques et périls de celui-ci en ce sens que, si un chèque détourné par suite de sa négligence portait une imitation de sa signature susceptible de faire illusion, le déposant à la faute duquel le détournement serait imputable, ne pourrait réclamer contre le paiement fait par le banquier ; il ne peut pas exiger que celui-ci apporte à la vérification des signatures plus de soin qu'il n'en apporte lui-même à la garde des chèques. »

Il a été jugé dans le même sens : 1º Que le commerçant ou banquier qui a laissé les vignettes, timbres, griffes ou empreintes de sa maison à la disposition d'un de ses employés, lequel s'en est servi pour fabriquer de faux mandats en contrefaisant la signature sociale, est coupable d'une négligence ou imprudence qui engage sa responsabilité, alors surtout que l'erreur de ceux qui ont payé sur la présentation des faux mandats devait raisonnablement résulter de l'abus qui a été fait des imprimés de sa maison. (Bourges, 12 décembre 1841. D. P. 1842. 2.196, et Req. 15 décembre 1845. D. P. 1846. 1.32).

2° Que l'administration d'un mont-de-piété qui a mis imprudemment à la disposition de ses employés des reconnaissances de dépôts signées en blanc, ne peut se refuser au remboursement des sommes détournées par ceux-ci au moyen d'un usage abusif de ces reconnaissances. (Nancy, 7 mars 1844, D. P. 442. 64).

Pour le cas où il y a eu imprudence de la part de celui qui a accepté les titres détournés ou falsifiés (voir même arrêt de Nancy, et Paris 19 mai 1848, D. P. 48. 2.146.), la solution doit être tout autre et la responsabilité incomber à l'accepteur négligent.

Le Tribunal de commerce de la Seine a, le 13 mars 1869, rendu dans le même ordre d'idées un jugement par lequel il a déclaré que la clause d'un compte-courant avec chèques portant que le titulaire du carnet consent à subir la conséquence de la perte ou de la soustraction des chèques qui le composent, a pour effet d'exonérer le banquier de toute responsabilité en cas de paiement d'un chèque revêtu d'une fausse signature, si ce chèque offre toutes les apparences de sincérité, et si la signature est assez bien imitée pour que le banquier ait pu s'y méprendre. (Affaire Geoffroy et Comptoir d'Escompte). (1)

Une question du même genre, intéressant également le Comptoir d'Escompte, s'est présentée en l'année 1870 devant le Tribunal civil de la Seine qui lui a donné une solution identique : « Le banquier qui ouvre à un client un compte de dépôts avec chèques peut valablement stipuler que celui-ci supportera toutes les conséquences qui pourraient résulter de la perte ou de la soustraction des formules de reçus à lui remises pour servir au retrait des sommes déposées, à moins que ledit client n'ait prévenu le caissier à temps pour empêcher tout paiement irrégulier. (C. N. 1383).

» Une telle stipulation qui doit être réputée avoir été faite en vue du cas où les reçus viendraient à être perdus ou soustraits

____

(1) V. Dalloz, *Recueil périodique*. 1871. 2.42.

étant encore en blanc, et où il en serait fait abus à l'aide d'une fausse signature, a pour effet, même dans le cas où le titulaire du compte aurait donné lors de la convention sa signature sur une fiche pour servir de moyen de vérification, d'exonérer le banquier de toute responsabilité quant au paiement des reçus remplis à l'aide de faux; sauf le cas où la signature aurait été grossièrement imitée et où il y aurait faute lourde dans le fait de l'avoir acceptée comme sérieuse et véritable. (Affaire héritiers Mertens contre Comptoir d'Escompte) (1).

Nous terminerons cette discussion de la responsabilité par un exposé succinct des faits qui ont motivé cette solution :

On se souvient de l'empoisonnement de la Dame veuve Mertens par la femme Frigard, il y a quelques années, dans la forêt de Fontainebleau : ce crime avait le vol pour mobile. La Dame Mertens avait déposé 7,500 fr. dans la caisse du Comptoir d'Escompte, et il lui avait été ouvert un compte-courant pour l'usage duquel on lui avait remis 5 reçus détachés d'un registre à souche. Lors de la remise des formules de chèques à employer pour le retrait des sommes déposées, la Dame Mertens avait donné sa signature sur une fiche, conservée par le caissier pour vérifier la signature des chèques qui seraient présentés ultérieurement, et avait en outre signé un reçu desdites formules, dans lequel elle s'engageait à « subir toutes les conséquences et tous les préjudices pouvant résulter de la perte ou de la soustraction qui pourrait lui être faite de ces formules, à moins qu'elle n'eût prévenu à temps le Comptoir d'Escompte pour empêcher tout paiement irrégulier. » Avant l'empoisonnement, la femme Frigard avait dérobé les formules de chèques conservées par la Dame Mertens. Ces reçus lui avaient servi, à l'aide d'une imitation de la signature de la bénéficiaire du compte, à retirer l'intégralité du dépôt de 7,500 fr.

(1) V. Dalloz. *Recueil périodique.* 1870, 3.54. — Voir aussi, sur la même question de faux, un jugement du Tribunal de Commerce de la Seine du 29 mai 1872, rapporté dans la *Gazette des Tribunaux* du 29 juin de la même année (affaire Gombrich contre Claude Lafontaine et fils et Cie).

Les héritiers Mertens sont venus réclamer les **7,500 fr**. payés indûment en soutenant que le Comptoir d'Escompte était responsable de l'erreur par lui commise pour n'avoir pas préalablement vérifié la sincérité de la signature des chèques, ainsi qu'il en avait le devoir et la possibilité.

Le Comptoir d'Escompte a opposé la clause transcrite plus haut.

Le Ministère public tout en reconnaissant que la clause était valable a réservé contrairement aux prétentions du Comptoir d'Escompte le cas où il y aurait eu faute lourde de la part de celui-ci. Mais en fait il lui a paru que dans la cause la signature était assez bien imitée pour que, sans conteste possible, il n'y ait pas eu faute lourde à ne pas reconnaître le faux.

Le Tribunal a consacré dans son jugement l'appréciation du ministère public.

En résumé, lorsqu'il s'agira de savoir, à qui, du souscripteur du reçu-chèque ou du dépositaire des fonds en compte-courant, incombera la perte résultant de ce qu'un chèque revêtu d'une fausse signature a été payé, il suffira de se demander s'il y a eu faute ou non de la part du banquier à qui ce chèque a été présenté : la jurisprudence ne fait que consacrer ici les principes du droit commun ; nous verrons qu'il en est de même en cas de chèque-mandat.

Il ne nous reste plus sur la matière du chèque-reçu qu'à mentionner un jugement du Tribunal de Commerce de la Seine en date du 22 octobre 1864, rendu à propos de la question du visa apposé par un banquier sur un écrit de cette nature : cette décision peut aujourd'hui encore avoir son intérêt si l'on songe que le chèque-récépissé, entré très-avant dans nos habitudes commerciales, n'a pas cessé d'exister depuis la loi de 1865 qui a créé parallèlement le chèque-mandat.

Le Tribunal a jugé que le visa opposé sur un chèque reçu par un banquier qui a des fonds en dépôt, n'équivaut pas à acceptation et ne fait pas dès lors obstacle à ce que le banquier refuse le paiement du chèque, s'il n'a pas une provision suffisante lors de

la présentation — (Analogie : C. Comm. **116. 117. 121. 122.**)
affaire Destéract contre Richard et Cie (1).

M. Dalloz a suppléé à l'insuffisance des motifs de ce jugement
par un exposé des principes qui ont dicté la solution du Tribunal :

» Le chèque est payable à vue, et c'est à raison de cette faculté
de pouvoir retirer ses fonds à volonté, que l'intérêt alloué au déposant est d'un taux inférieur. Lorsque le déposant s'engage à ne
retirer les fonds qu'à plusieurs jours de vue, l'intérêt alloué est
plus élevé, le banquier trouvant dans cette condition des facilités
plus grandes pour le service de sa caisse : le chèque reçoit donc
lors de la présentation un visa destiné à constater la date de la
mise en demeure faite au banquier de tenir les fonds à la disposition du déposant, ou de celui auquel il a cédé son droit par la
remise d'un chèque. La gêne que pourrait apporter au service de
caisse le retrait, sans avertissement, des sommes d'une certaine
importance a même fait admettre dans la pratique, l'usage que le
chèque ordinaire ayant pour objet le retrait d'une somme de plus
de 20,000 francs, ne soit payé que le lendemain du jour de la
présentation constatée par un visa du banquier. (Voir jurisprudence
générale, V° Warrants et chèques.)

» D'après les explications qui précèdent on voit que le visa n'a
d'autre objet que de constater la mise en demeure faite au banquier
de tenir les fonds à la disposition du déposant, soit le lendemain,
soit plusieurs jours après la présentation. Mais il ne peut rien
signifier de plus, et lors même qu'il constaterait l'existence d'une
provision le jour de la présentation du chèque au visa du banquier,
il ne saurait équivaloir à une acceptation par laquelle le banquier
s'engagerait à payer le chèque. En effet le chèque visé peut n'être
pas présenté au jour où le paiement est exigible, et le banquier peut
par suite être amené à employer la provision au paiement d'un
chèque créé postérieurement, ainsi que cela s'est rencontré dans
plusieurs espèces. Le visa signifie donc tout simplement que le chèque
sera payé sans nouvel avertissement au banquier, s'il y a provision.

(1) V. Dalloz. *Recueil périodique*, 1864. 3, 102.

Nous sommes arrivés au terme de nos investigations sur le chèque-récépissé. Comme nous l'avons dit dans le cours de nos explications, la jurisprudence et les usages du commerce ont ici remplacé la loi, et les monuments que nous y avons rencontrés nous ont permis de déduire les principes qui régissent la matière.

Il ne nous reste plus qu'à nous occuper du chèque-mandat, objet d'une loi spéciale, la loi des 23 mai-14 juin 1865.

CHAPITRE II.

DU CHÈQUE-MANDAT.

SECTION Ire

Du chèque et de la lettre de change.
Différences et analogies.

Il existe entre la lettre de change et le chèque, des différences essentielles que nous croyons utiles d'exposer tout d'abord, de manière à faciliter la discussion dans laquelle nous entrerons ensuite sur les véritables caractères du chèque-mandat.

Quant au fond, la lettre de change est un instrument de crédit; elle n'est qu'accidentellement un instrument de compensation. Le chèque, au contraire, est un moyen de compensation, «parce que, ainsi que le disait M. Pouyer-Quertier au Corps-législatif, c'est de l'argent comptant, c'est du numéraire immédiatement disponible, parce que c'est un moyen de créer les banques de dépôt, ces établissements si précieux, dont il faut encourager par tous les moyens le développement, en assurant leur sécurité. »

Quant à la forme, les différences sont nombreuses entre le chèque et la lettre de change.

1° La lettre de change est tirée d'un lieu sur un autre.(C. Comm., art. 110).

Le chèque peut être tiré d'un lieu sur un autre ou sur la même place. (Loi du 14 juin 1865, art. 3).

Nous verrons, plus tard, dans le commentaire que nous présenterons de cette loi, si un chèque peut être tiré de l'étranger.

2° La lettre de change est datée. Le chèque porte également la date du jour où il est tiré. La date est ici, comme en matière de lettre de change présumée exacte jusqu'à preuve contraire; mais, en ce qui concerne le chèque, l'omission ou l'inexactitude de la date est frappée d'une pénalité particulière. (Loi de 1865, art. 6, et loi du 19 février 1874, art. 6).

3° La lettre de change énonce l'époque et le lieu où le paiement doit s'effectuer, et l'acceptation peut être exigée du titre. Le chèque, au contraire, ne peut être tiré qu'à vue (Art. 1er); il est payable à présentation, et, par suite, il n'est pas susceptible d'acceptation.

4° La lettre de change énonce la valeur fournie en espèces, en marchandises, en compte ou de tout autre manière. Une énonciation semblable n'est pas exigée pour le chèque.

5° La lettre de change peut être tirée par 1re, 2e et 3e etc., l'utilité de semblables mentions ne se rencontrera dans le chèque que très-rarement.

6° La lettre de change est à l'ordre d'un tiers ou à l'ordre du tireur lui-même. Le chèque peut être payable au porteur, ou au profit d'une personne dénommée, ou à ordre, et transmissible nécessairement alors par voie d'endossement.

7° Les art. 137 et 138 du Code de commerce énumèrent les conditions que doit remplir l'endossement d'une lettre de change pour transmettre la propriété.

Le chèque à ordre et sa pleine et entière propriété se transmettent sans aucune réserve, même par voie d'endossement en blanc. (Art. 1er, § 5).

8° La loi répute actes de commerce entre toutes personnes les lettres de change. (C. Comm., art. 632).

L'émission d'un chèque ne constitue jamais, par sa nature, un acte de commerce. (Art. 4).

9° La lettre de change peut être tirée sans que la provision ait été faite : le tireur peut attendre jusqu'au jour de l'échéance et la réaliser de toute autre manière qu'en espèces ; l'acceptation seule la suppose, et elle n'en établit la preuve qu'à l'égard des tiers. (C. Comm., art. 117).

Le chèque ne peut être tiré que sur un tiers ayant provision préalable (art. 2), sous peine d'amende (art. 6, § 2) ; et cette provision doit être liquide et exigible.

10° Le porteur d'une lettre de change à vue doit en réclamer le paiement dans les trois mois de sa date, sous peine de perdre son recours contre les endosseurs, et même contre le tireur si celui-ci a fait provision. Ce délai est prolongé à raison des distances. (C. Comm., art. 160, modifié par la loi du 3 mars 1862).

Le porteur d'un chèque doit en réclamer le paiement dans un délai de 5 ou 8 jours, qui ne peut être prolongé. (Art. 5). Dans certains cas, le porteur pourrait donc avoir intérêt, pour éviter la déchéance, à soutenir que l'effet n'est pas un chèque, mais bien un mandat soumis au droit commun. Le texte étant muet sur ce point, la prétention du porteur en ce cas serait entièrement à l'appréciation des tribunaux (1).

Nous venons de voir que le chèque pouvait se réaliser au lieu même où il a été créé ou bien sur une autre place, et que par là il pouvait mettre en mouvement le contrat de change ; que dans la lettre de change devait figurer la mention de la valeur fournie en espèces, en marchandises ou de toute autre manière.

Or, d'après le rapport de M. Darimon, des doutes se seraient élevés sur l'utilité de cette mention dans la lettre de change : l'indication de cette valeur fournie n'aurait d'autre but que de constater le caractère commercial de l'opération.

---

(1) Nous examinerons à la fin de ce travail la question du timbre des lettres de change et des chèques, et les fluctuations qu'elle a éprouvées.

« Ces doutes prouvent, dit M. Nouguier, dans son commentaire de la loi de 1865 sur les chèques, que tout le monde ne sait pas exactement ce qu'est la lettre de change, et le rôle indispensable qu'y joue la valeur fournie. Qu'est-ce que la lettre de change? C'est l'instrument qui met en mouvement le contrat, contenant des conventions complexes, que l'on appelle le contrat de change. Quand ce contrat existe-t-il? Quand il y a change, c'est-à-dire remise d'argent d'un lieu sur un autre. Je verse à un individu de l'argent à Paris, et cet individu prend l'obligation de me le faire rendre à Lyon; pour cela il tire une lettre en style connu sur son correspondant de Lyon, et fait ainsi, fictivement, parvenir l'argent d'un lieu dans un autre. Au moment où je contracte, supprimez mon obligation de fournir la valeur à Paris, et, du même coup, vous supprimez et la cause du contrat et la remise d'un lieu sur un autre; puis supprimez dans la lettre la mention du fournissement de cette valeur, et, alors, vous supprimez dans le titre l'énonciation de sa cause. On pourra bien admettre qu'un individu peut, même sans avoir reçu la valeur, tirer de Paris sur son correspondant de Lyon, mais alors il y aura cédule de paiement, délégation de créance, mais nullement contrat de change. En effet, point de valeur fournie, point de cause dans le contrat, et par suite, point de lettre de change.

« Dans le chèque on n'exige pas le versement préalable, au tireur, de la valeur du titre, et l'on a raison : même lorsqu'il est payable en une autre place que celle d'où il est tiré, le chèque n'est point un instrument forcé du contrat de change ; simple mandat de paiement, il peut avoir été créé ou pour un prêt, ou pour un acte de libéralité, ou pour tout autre motif étranger au transport fictif de l'argent, et il ne repose pas virtuellement sur une cause empreinte d'un caractère commercial. Dès lors, et tandis que sans cause contractuelle, on ne peut créer une véritable lettre de change, on peut, avec une parfaite régularité donner naissance à un chèque, qui ne la renferme ni ne l'exprime. La valeur fournie substantielle là, est ici sans intérêt sérieux. »

Les points d'analogie qui existent entre le chèque et la lettre de change, sont les suivants :

1° La lettre de change est datée; de même le chèque porte la date du jour où il est tiré.

2° La lettre de change énonce la somme à payer ; le chèque, quoique la loi ne le dise pas, doit porter la même énonciation.

3° La lettre de change indique le nom de celui qui doit payer; cette indication est également essentielle pour les chèques.

4° Enfin l'art. 4 de la loi de 1865 applique aux chèques les dispositions du Code de commerce en matière de lettres de change, relatives à la garantie solidaire du tireur et des endosseurs, au protêt, et à l'exercice de l'action en garantie.

Le chèque ne peut être fait que par une personne maîtresse de ses droits, et capable d'aliéner un capital mobilier.

La femme mariée qui ne tient pas de son contrat de mariage ou d'un jugement le droit de toucher ses capitaux, n'est donc pas admise à tirer un chèque sans le concours de son mari. Marchande publique et habilitée ainsi à faire des actes de commerce, ce qui emporte capacité de payer et de recevoir, elle jouit de cette faculté.

Le mineur non commerçant ou non émancipé, et le failli, qui est dessaisi de l'administration de son actif, ne peuvent pas créer de chèques.

Nous pouvons enfin poser en principe, et comme règle qui ne rencontre aucune exception que, dans tous les cas où la loi sur les chèques est muette, il faut se reporter aux dispositions du Code de commerce qui régissent la matière de la lettre de change. Nous verrons en effet que le chèque peut être garanti par un *aval*, que des *besoins* peuvent y être indiqués, que le souscripteur peut y insérer la mention du *retour sans frais*.

Quant au mode de fonctionnement du chèque-mandat, il est des plus simples : un particulier remet à une banque de dépôt tous les capitaux qui attendent un placement et toutes les sommes d'argent qui servent à ses besoins journaliers. La banque de dépôt lui ouvre un compte-courant jusqu'à due concurrence des sommes qui lui ont été confiées, et tant qu'il les laisse en dépôt, elle lui bonifie un intérêt plus ou moins élevé.

Le déposant reçoit deux carnets, l'un appelé carnet de compte, l'autre carnet de chèque ou chéquier.

Le carnet de compte est destiné à constater jour par jour, opération par opération, le mouvement du débit et du crédit du compte-courant.

Le carnet de chèque ou chéquier se compose de feuillets divisibles en deux fractions, l'une destinée à être détachée et mise en circulation, l'autre qui doit être attachée au carnet pour former souche. C'est la fraction détachée qu'on appelle chèque.

Le déposant a-t-il un paiement à faire, il détache un feuillet du chèque ; il y inscrit la somme dont la banque aura à débiter son compte, et il remet son feuillet ou chèque à son créancier qui va le toucher à la banque de dépôts. Celle-ci remplit donc le rôle de caissier pour le compte des particuliers qui lui confient leurs capitaux et le chèque est ainsi une valeur fiduciaire que chacun se crée à soi-même (1).

(1) M. Darimon. Discussion de 1864.

TALON.

NOM DU BANQUIER (Couper en deux par moitié.)

MODÈLE D'UN CHÉQUIER OU CARNET DE CHÈQUES.

« Le chèque, même au porteur, est acquitté par celui qui le touche, l'acquit est daté. » (Art. 5 , § 2 de la loi du 19 février 1874, annexé à l'art. 1er de la loi du 14 juin 1865.)

SECTION II.

Commentaire de la loi des 23 mai-14 juin 1865.

TEXTE DE CETTE LOI.

ARTICLE PREMIER. — Le chèque est l'écrit qui, sous la forme d'un mandat de paiement, sert au tireur à effectuer le retrait à son profit ou au profit d'un tiers, de tout ou partie de fonds portés au crédit de son compte chez le tiré et disponibles.

Il est signé par le tireur et porte la date du jour où il est tiré.

Il ne peut être tiré qu'à vue.

Il peut être souscrit au porteur ou profit d'une personne dénommée.

Il peut être souscrit à ordre et transmis même par voie d'endossement en blanc.

ART. 2. — Le chèque ne peut être tiré que sur un tiers ayant provision préalable ; il est payable à présentation.

ART. 3. — Le chèque peut être tiré d'un lieu un sur autre, ou sur la même place.

ART. 4. — L'émission d'un chèque, même lorsqu'il est tiré d'un lieu sur un autre, ne constitue pas, par sa nature, un acte de commerce.

Toutefois, les dispositions du Code de commerce relatives à la garantie solidaire des tireurs et des endosseurs, au protêt et à l'exercice de l'action en garantie, en matière de lettres de change sont applicables aux chèques.

ART 5. — Le porteur d'un chèque doit en réclamer le paiement dans le délai de cinq jours, y compris le jour de la date, si le chèque est tiré de la place sur laquelle il est payable, et dans le délai de huit jours, y compris le jour de la date, s'il est tiré d'un autre lieu.

Le porteur d'un chèque qui n'en réclame pas le paiement dans les délais ci-dessus, perd son recours contre les endosseurs ; il perd son recours contre le tireur, si la provision a péri par le fait du tiré, après lesdits délais.

Art. 6. — Le tireur qui émet un chèque sans date ou qui le revêt d'une fausse date, est passible d'une amende égale à six pour cent de la somme pour laquelle le chèque est tiré.

L'émission d'un chèque sans provision préalable, est passible de la même amende, sans préjudice de l'application des lois pénales, s'il y a lieu.

Art. 7. — Les chèques sont exempts de tous droit de timbre pendant dix ans, à partir de la promulgation de la présente loi (1).

Article premier (2).

Cet article comporte plusieurs paragraphes que nous étudierons successivement :

Le paragraphe 1er définit le chèque ;

Le paragraphe 2 indique les conditions de sa forme matérielle ;

Le paragraphe 3 énonce à quelle échéance il est payable ;

Le paragraphe 4 dit quel peut en être le bénéficiaire ;

Enfin le paragraphe 5 détermine comment il peut être cédé.

§ Ier. DÉFINITION DU CHÈQUE.

Le chèque est un écrit qui, sous la forme d'un mandat de paie-

(1) La loi du 25 août 1871 a assujetti les chèques à un droit de timbre de dix centimes ; celle du 19 février 1874 a porté à vingt centimes le droit de timbre sur les chèques de place en place et édicté certaines dispositions nouvelles destinées à empêcher les fraudes ; nous les examinerons dans un appendice.

(2) Cet article est aujourd'hui complété de dispositions nouvelles que nous présenterons en appendice avec la discussion de la loi du 19 février 1874, dont l'élaboration a été la cause de très-longs débats au sein de l'Assemblée Nationale.

ment sert au tireur à effectuer le retrait à son profit ou au profit d'un tiers, de tout ou partie de fonds portés au crédit de son compte et disponibles.

Il a été reconnu par tout le monde que l'écrit dont parle la loi, quelque vague que soit cette expression, que le chèque auquel elle s'applique, ne pouvait revêtir qu'une seule forme, celle du mandat de paiement.

Quant à la restriction apportée par la loi à cette forme du mandat, nous en avons déjà donné le motif : le législateur a pensé, en présence des inconvénients du chèque-reçu, que ce dernier disparaîtrait à la longue de nos habitudes commerciales, et que la nouvelle forme se substituerait définitivement à l'ancienne ; nous savons que ces prévisions sont loin de s'être réalisées, et que le chèque-reçu existe parallèlement au chèque-mandat.

A fortiori les dispositions de la loi de 1865 ne sauraient-elles s'appliquer aux chèques conçus sous forme de lettres pas plus qu'aux effets de commerce connus sous le nom de *mandats*. Le *mandat* que nous opposons ici au chèque n'est autre qu'une lettre de change que les usages du commerce ont affranchie de la formalité de l'acceptation. Il y a entre ces deux valeurs cette différence capitale que le chèque suppose une provision disponible au profit du tireur entre les mains du tiré, et peut être considéré comme une monnaie conventionnelle : le mandat de paiement, au contraire, peut être tiré sans qu'au préalable la provision ait été fournie ; le premier est essentiellement un instrument de liquidation, le second est un instrument de crédit, et comme tel, soumis à l'impôt établi sur les papiers de circulation et de commerce. Si donc le chèque est un mandat de paiement, la réciproque n'est pas vraie, et il s'en faut de beaucoup que tout mandat de paiement soit un chèque. Le mot *retrait* que nous rencontrons dans notre article caractérise d'ailleurs suffisamment l'opération qui intervient ; on ne retire en effet que ce que l'on a déjà remis, et, quand on parle ainsi, c'est un ordre que l'on donne. La lettre de change et le mandat qui lui est assimilable impliquent généralement une prière de payer adressée à un correspondant qui n'a point reçu de couverture : c'est un acte de confiance qu'on lui demande.

Le résultat dont nous venons de parler peut s'effectuer au profit du tireur ou au profit d'un tiers : nous retrouverons cette idée reproduite dans les paragraphes suivants (4 et 5) et lui consacrerons les développements qu'elle comporte.

Le législateur a voulu faciliter la circulation du chèque, espérant qu'il entrerait dans nos mœurs, et serait considéré comme une monnaie fiduciaire, à l'aide de laquelle un débiteur pourrait éteindre ses propres dettes et payer ses divers créanciers ; mais il s'en faut de beaucoup que les simples particuliers se servent chez nous de cet instrument de paiement et que les fournisseurs veuillent accepter ce mode de liquidation à la fois si simple et si utile ; nos commerçants et nos industriels sont presque les seuls en France qui aient réellement compris toute l'importance de cette institution.

En Angleterre, ainsi que nous avons déjà eu l'occasion de le dire, un négociant peut offrir un chèque en paiement d'un effet de commerce échu ; il ne rend l'effet acquitté que lorsque le chèque a été payé par le banquier. Si le porteur abandonnait le billet avant l'annulation du chèque, il serait considéré comme ayant fait novation, et privé de tout recours pour son billet dans le cas où le chèque serait impayé : nous sommes bien loin en France de semblables agissements et de ce progrès aussi sensible que facile.

Il nous reste sur le paragraphe 1er à donner l'explication de ces mots : *portés au crédit de son compte et disponibles.*

Ces deux énonciations ont soulevé au Corps législatif de vives critiques, et la définition du chèque a été violemment attaquée sur ce point. Quelques députés ont prétendu qu'elle était embarrassée, et semblait ne s'appliquer qu'à l'hypothèse de compte courant et d'écriture passée, ce qui supposait une opération entre commerçants, et exclure cette autre où le tireur est crédité chez le tiré d'une somme disponible sans qu'une pièce rédigée dans une certaine forme le constatât. Fallait-il restreindre ces mots, compte, fonds disponibles au seul cas où des fonds ont été matériellement déposés en compte ? Ne devait-on pas les appliquer au cas où par suite d'une opération quelconque celui qui veut tirer un chèque est créancier incontestable et reconnu de celui à qui il donne l'ordre de l'acquitter ? Ne devait-on pas les étendre aussi au cas où le banquier a écrit à son correspondant : je vous ouvre un crédit dont vous pouvez dès à présent faire usage ? En un mot ne pouvait-il pas se présenter une foule d'hypothèses dans lesquelles les fonds deviennent disponibles sans qu'il y ait eu dépôt préalable ? Voila toutes les questions qui se sont croisées lors de la discussion de notre article 1er et auxquelles ont eu à répondre les orateurs chargés par le gouvernement de soutenir le projet de la loi de 1865. M. Darimon, dans son rapport au Corps législatif avait déclaré que ces questions s'étaient déjà présentées lors du travail auquel la Commission eut à procéder ; que cette dernière comprenant que si le chèque ne devait jamais se substituer aux valeurs de crédit, il pouvait arriver que par suite d'une opération de change et d'escompte, d'une vente d'immeubles, etc, un particulier eût à sa disposition des sommes qu'il pût transférer immédiatement à un tiers, avait résolu toutes ces questions dans le sens de l'affirmative. Il lui avait paru en effet qu'une définition du chèque restrictive aux seules banques de dépôt serait un obstacle à ce que l'usage s'en répandît rapidement. Les banques de dépôt retireraient elles-mêmes un sérieux avantage d'une définition plus large ; les fonds en compte courant pouvant provenir, non seulement des dépôts, mais encore des recouvrements et des opérations faites par elles aux lieu et place de leurs clients.

Il n'y avait donc qu'à se reporter aux explications données par la Commission pour se convaincre du véritable sens attaché à ces mots de l'article 1er : « *portés au crédit de son compte.* »

C'est ce qu'a fait observer M. de Lavenay, conseiller d'État, commissaire du Gouvernement, qui s'est empressé de dissiper les doutes qu'une rédaction peut être un peu restrictive avait fait naître dans certains esprits.

La nature du compte dont il s'agit n'a donc pas de forme sacramentelle et l'article doit être entendu *lato sensu* : il suffit que le tireur soit crédité chez le tiré d'une somme disponible.

Le mandat doit donc être considéré comme un chèque dans les hypothèses suivantes : lorsque les fonds ont été déposés chez le tiré par le tireur lui-même ; lorsqu'ils ont été recouvrés par le premier pour le compte du second ; lorsqu'ils ont été fournis par un tiers qui consent à les prêter au tireur, enfin même lorsque le tiré a pris l'engagement d'en faire l'avance ; la loi de 1867 n'a pas exclu les opérations qui pouvaient intervenir entre particuliers. (1)

M. Morin (de la Drôme) qui avait suscité le débat déclara s'en tenir aux explications données par l'orateur du gouvernement, tout en reconnaissant qu'il eût mieux valu apporter plus de clarté dans la rédaction de l'art. 1ᵉʳ. Les exposés des motifs s'oublient plus ou moins, le texte reste : aussi ne pouvons-nous que nous associer à cette remarque judicieuse de l'honorable député, et trouver avec lui qu'il est étrange qu'une loi, qui à pour but de réglementer en détail une matière nouvelle, ne parle pas plus clairement, et qu'il faille en rechercher le véritable sens dans la discussion qui a précédé le vote, pour saisir le but du législateur qui l'a édictée. L'explication donnée par l'orateur du gouvernement, quoique conforme à l'esprit de la loi est certainement contraire à la rédaction de l'article 1ᵉʳ, § 1 ; il était donc utile d'apporter à cet article une simple modification qui eût évité le commentaire que l'ambiguité du texte rend indispensable.

Voyons maintenant quelle est l'étendue de ces mots « *fonds disponibles* », quelles sont les conditions essentielles de cette disponibilité.

Il faut que le tireur soit créancier du tiré, que la créance soit

---

(1) Nous avons à mentionner ici une solution de l'Administration de l'Enregistrement, du 17 décembre 1867, qui a décidé que les reconnaissances que les Trésoriers-Payeurs généraux délivrent aux particuliers qui déposent des fonds à leur caisse, sont soumises au timbre de dimension, mais que le retrait de ces fonds peut être effectué par les déposants à l'aide de chèques exempts de l'impôt du timbre. (Voir Dalloz, *Recueil périodique*, année 1868, 3ᵉ partie, page 73.)

certaine, liquide et exigible, enfin que le tiré se soit volontaire-
ment placé dans une situation telle que la justice puisse reconnaître
qu'il a accepté cette condition de disponibilité. La disponibilité n'a
lieu que lorsque le tireur a été avisé que les fonds sont à sa disposition, et l'avis consiste ici dans une convention préalable intervenue
entre le tireur et le tiré : il faut que le tiré ayant entre les mains
une provision ait été prévenu de la disposition qui serait faite sur
lui et l'ait autorisée par une convention expresse ou tacite, et de
plus que cette provision demeure entre ses mains intacte et disponible jusqu'au jour de la présentation de l'effet au paiement. C'est
au reste le principe admis par la législation anglaise qui pousse le
rigorisme jusqu'à décider qu'un banquier serait en droit de ne pas
solder le chèque lorsque la provision n'aura été fournie que quelques instants avant son émission.

Ce fut à l'occasion d'un paragraphe de l'art. 4 du projet, article
qui fut renvoyé à un nouvel examen de la Commission par suite
d'une difficulté qui n'avait point trait à celle qui nous occupe, que
la discussion s'éleva au sein du Corps législatif, et que quelques
orateurs se trouvèrent ramenés sur le terrain de l'art. 1er pour
l'interprétation du mot « *disponibilité* » qui avait échappé à leur
attention lors du vote de cet article.

Nous rappellerons sommairement ces débats qui ne laissent pas
d'avoir un intérêt pratique considérable et qui jettent le jour le plus
complet sur la matière.

M. Louvet, au nom de quelques-uns de ses collègues, fit remarquer que le texte de l'art 1er était incomplet, qu'il était nécessaire pour autoriser l'émission d'un chèque d'y insérer les trois
conditions suivantes : 1° dépôt de fonds chez le tiré, sous quelque
forme que le dépôt fût fait, 2° disponibilité, 3° convention préalable, et conclut en demandant que cette troisième condition fût
inscrite dans la loi.

M. Darimon rapporteur de la Commission l'interrompit en disant
que la convention préalable était de droit , que son insertion dans
l'article était une superfluité.

D'autres orateurs et notamment M. Gressier ayant formulé la même demande, M. de Lavenay la repoussa avec énergie, alléguant que l'esprit de la loi rendait cette exigence parfaitement inutile.

« Je voudrais, dit M. le commissaire du gouvernement, rassurer l'honorable M. Gressier sur les inquiétudes qu'il a éprouvées pour lui-même et essayé de faire naître dans les esprits sur les conséquences que l'article pourrait avoir.

« M. Gressier a exprimé cette idée que tous nos créanciers, tous nos fournisseurs, toutes les personnes à qui nous devons des sommes plus ou moins considérables, à raison des circonstances habituelles de notre vie privée, au lieu de nous présenter des factures, pourraient tirer des chèques sur notre caisse.

« C'est une erreur qu'exclut de la façon la plus complète la rédaction de l'art. 1er : en effet, autre chose est une créance même exigible et susceptible d'être demandée immédiatement en justice, autre chose un fonds disponible.

« Quand on parle d'une provision préalable de fonds portés au compte créditeur du tireur et de fonds disponibles, on fait nécessairement allusion à une convention préalable, en vertu de laquelle le dépositaire s'est engagé à tenir à la disposition du déposant les sommes nécessaires pour payer ses ordres à présentation. Voilà ce que veut dire le mot disponible.

Un membre. — Nous prenons acte de l'explication.

M. le Commissaire du Gouvernement. — Permettez! Je reconnais qu'il n'est pas nécessaire que cette obligation soit contractée par une caisse publique, il n'est pas même nécessaire qu'elle le soit par un banquier; il n'est pas nécessaire non plus que ce soit un commerçant, mais il faut que le particulier quelconque entre les mains duquel vous voulez constater la disponibilité, se soit placé dans une situation telle que la raison et au besoin la justice puissent reconnaître qu'il a accepté cette condition de disponibilité. »

M. Darimon, au nom de la commission, acheva de convaincre les auteurs de l'amendement, en leur prouvant par des explications catégoriques que la convention expresse ou tacite est sous entendue dans les termes mêmes de l'art. 1er.

« Je demande, dit M. le rapporteur, le maintien de la rédaction de la commission et je le demande par ce motif que les mots que l'honorable M. Louvet voudrait introduire dans la loi sont absolument inutiles.

« Qu'est-ce que l'art. 1er ? Il dit qu'il n'y a chèque que quand les fonds sont disponibles.

« Quand est-ce que les fonds sont disponibles ? Quand j'ai été avisé que les fonds sont à ma disposition. Qu'est-ce que c'est que cet avis ? C'est évidemment une convention qui s'établit entre le tiré et le tireur.

« Donc ce qu'on demande est dans la loi. Il est évident que, quand il n'y aura pas eu de convention de la part du tiré vis-à-vis du tireur, il n'y aura pas de disponibilité.

« On craint que s'il n'y a pas dans la loi, sous entendue ou exprimée, cette convention, il n'y ait danger pour certains établissements de crédit. Je répondrai que non et que, dans la pratique, les choses ne se passent pas d'une façon autre que celle que veut M. Louvet.

« Qu'est-ce qui se passe habituellement ? Les banques de dépôt reçoivent des fonds en compte-courant : elles stipulent avec les déposants qu'une partie des fonds déposés seront à leur disposition, c'est-à-dire qu'on pourra tirer à vue sur cette partie des fonds, lesquels sont toujours disponibles ; elles stipulent d'autre part que, pour une portion des fonds déposés, on sera obligé ou d'aviser à l'avance ou bien de tirer à plusieurs jours de vue.

« Je me demande ce que le mot « convention » viendrait ajouter à la pratique ordinaire. Je me demande, d'autre part, si la loi, telle qu'elle est rédigée, empêche ou interdit ces conventions ? Elle ne les interdit nullement et voici ce qui passera dans la pratique : toutes les fois qu'un banquier recevra un dépôt, il ne manquera jamais, la loi des chèques étant votée, de stipuler que le

déposant ne pourra tirer que pour une somme qu'il aura déterminée à l'avance.

« Donc, à tous les points de vue, je crois qu'il n'y a pas lieu
d'introduire le mot convention dans l'art. 1er et que satisfaction
complète est donnée aux désirs de M. Louvet par la rédaction
adoptée par la commission. » (Séance du 5 mai 1865.)

§ 2. Forme matérielle du Chèque.

« *Le chèque est signé par le tireur et porte la date du jour où il
est tiré.* »

1° Le chèque contenant mandat de paiement et ne pouvant être
donné que par écrit, ne se comprendrait pas sans la signature du
souscripteur : cette signature donne au titre toute sa force vis-à-
vis de celui auquel on le délivre ; elle permet de plus au dépositaire des fonds de vérifier si l'ordre de paiement émane bien de
celui à l'égard duquel les fonds sont disponibles. Mais le tireur
n'est pas absolument obligé de signer lui-même : pour le chèque,
comme pour tout autre engagement, un tiers muni d'une procuration en règle pourrait signer au lieu et place du tireur, en faisant
toutefois précéder sa signature de ces mots : *par procuration de.*

Nous avons à voir, comme nous l'avons fait dans la discussion
du reçu-chèque, ce qu'il adviendra d'un chèque-mandat revêtu
d'une fausse signature.

La loi de 1865 édicte dans l'art. 6 une sanction contre le tireur
qui émet un chèque sans date, ou qui le revêt d'une fausse date :
de même elle a visé le cas où le chèque est émis sans provision
préalable, mais a complètement passé sous silence notre hypothèse d'un chèque revêtu d'une fausse signature.

Nous devons donc, en l'absence de toute disposition spéciale,
appliquer ici les principes du droit commun en matière de mandat :
l'article 1992 du code civil qui forme le droit commun sur la matière et auquel il nous faut en conséquence nous référer est ainsi
conçu :

« Le mandataire [répond , non seulement du dol , mais encore des fautes qu'il commet dans sa gestion. — Néanmoins la responsabilité relative aux fautes est appliquée moins rigoureusement à celui dont le mandat est gratuit qu'à celui qui reçoit un salaire. »

Nous retenons de cet article que le mandataire qui rend un service gratuit ne répond que de sa faute lourde , soit d'une faute assimilable au dol ; qu'au contraire celui dont le mandat est salarié est responsable de sa faute légère. Il faudra rechercher si de la part du tiré il y a faute , faute lourde dans le premier cas , celui du mandat gratuit; faute légère dans le deuxième , celui du mandat salarié , et en tirer les conséquences qui découlent naturellement de ces principes du droit commun et que nous avons déjà rencontrées dans le cours de nos explorations dans la jurisprudence.

Consacrés pour le chèque-reçu dans plusieurs jugements fortement motivés que nous avons cru devoir rapporter en examinant cette matière , ces principes l'ont été également pour le chèque-mandat , dans un jugement du Tribunal civil de la Seine , en date du 10 juillet 1868 (1), lequel a décidé que le banquier qui ayant ouvert à un particulier un compte de dépôt paye un chèque à ordre portant la signature de celui-ci , sans aucune interpellation au prétendu destinataire sur son identité , est responsable , alors que des grattages et surchages existant sur le titre étaient de nature à éveiller sa défiance , de la perte résultant de ce que le paiement a été fait à un autre qu'au véritable destinataire (C. N. 1992).

Voici au reste la teneur exacte de cette décision :

B.... c. Crédit Foncier.

Attendu qu'au mois dernier B.... a mis à la poste sous un pli cacheté , mais non chargé , un chèque de fr. 300 sur le Crédit foncier , au nom de mademoiselle Betsy X....; que ce chèque n'est pas arrivé à sa destination et s'est retrouvé entre les mains d'un tiers à qui il n'était pas destiné et qui en a réclamé le paiement.

Attendu que ce paiement a été effectué sans obstacle et sans

(1) V. Dalloz. *Recueil périodique.* 1868. 8. 88.

qu'aucune interpellation ait été faite au prétendu destinataire sur son identité ;

Attendu que si en principe général celui qui paie à son échéance sans opposition un billet à ordre ou une lettre de change est présumé valablement libéré, cette présomption ne peut prévaloir contre la preuve acquise d'une imprudence ou d'un défaut de précaution de la part du payeur ;

Attendu qu'indépendamment de cet autre principe général qui impose à tout mandataire le devoir de veiller à ce que les intentions de son mandant soient fidèlement exécutées, l'état matériel du titre présenté à la caisse suffisait pour éveiller les soupçons ;

Attendu en effet que le titre en question a été l'objet d'altérations sensibles ; que le signe abréviatif « Melle » a été en partie gratté et remplacé par cet autre signe abréviatif « M. » ; que le prénom féminin Betsy a été transformé en Bitsy ; que pour donner à l'écriture ainsi altérée une apparence uniforme, on a grossi en les surchargeant plusieurs autres lettres de l'endos ; qu'enfin ces altérations sont suffisamment apparentes pour être avec un peu d'attention facilement constatées ;

Attendu en outre que pour souscrire le titre présenté à la caisse, B... a fait usage de la formule imprimée et du papier de couleur spéciale affecté par le Crédit foncier aux chèques au porteur ; qu'il l'a transformé en titre nominatif à l'aide d'un simple endossement, après avoir substitué au moyen d'une rature les mots « à mon ordre » à ceux-ci « au porteur » de la formule imprimée ; que cette transformation insolite et même jusqu'à un certain point irrégulière dans l'espèce, devait attirer l'attention de celui à qui le paiement était demandé et provoquer de sa part une demande d'explications ;

Attendu que le Crédit foncier en payant le chèque présenté à sa caisse sans se préoccuper des surcharges qui en altéraient la partie la plus essentielle et sans se renseigner sur l'identité du porteur, a commis une imprudence qui engage sa responsabilité et a causé à B.... un préjudice dont il doit la réparation ;

Le Tribunal condamne le défendeur ès-noms à payer à B....la somme de fr. 300 , montant dudit chèque, etc.

Quant aux peines à prononcer contre le faussaire , ce sontles dispositions du Code pénal en matière de faux qui seront pleine ment applicables dans l'espèce.

2° Le chèque doit être daté : dans tout acte la date est de la plus grande importance , quoiqu'en général elle ne soit pas exigée à peine de nullité. C'est à elle qu'on a recours pour savoir si au moment où l'acte a été passé, le contractant en était capable ; si une personne en état de minorité ou d'interdiction a souscrit une obligation , la nullité de cette obligation irrégulièrement consentie pourra être provoquée ; de même si un commerçant en état de faillite ou dans les dix jours qui ont précédé l'ouverture de sa fail-fite , a diverti au profit de quelques-uns de ses créanciers une par-tie de son actif, la masse créancière est fondée à exiger la restitu-tion des sommes distraites à son détriment.

Dans la lettre de change la date est indispensable , puisqu'un pareil acte peut être stipulée payable à une ou plusieurs usances , à un ou plusieurs mois , à un ou plusieurs jours de date.

Mais indépendamment des raisons générales qui rendent dans toutes les conventions la date nécessaire , nous rencontrons pour le chèque une raison toute spéciale. La loi de **1865** veut en effet, comme nous le verrons sous l'art. 5 , que le chèque soit payable dans un délai de **5** ou de **8** jours suivant qu'il est tiré ou non de la place sur laquelle il est payable. Il est donc inutile d'insister davantage sur la nécessité qu'il y a à dater le chèque.

L'article **1328** du Code civil veut que les actes sous seing privé ne fassent foi de leur date à l'égard des tiers que du jour où ils ont acquis date certaine : cette disposition ne saurait être suivie en ce qui touche le chèque, pas plus qu'elle n'est la règle en matière d'effets de commerce. Comme ces derniers les chèques , rédigés dans des formes spéciales , placés dans une catégorie exception-nelle , destinés à une rapide circulation , doivent jouir de cette immunité de porter en eux-mêmes la preuve de l'époque de leur confection. Mais ce privilége rendu nécessaire par la force des choses ne saurait être poussé à l'extrême et le chèque ne saurait être assimilé, quant à la preuve, aux actes authentiques : en effet, supposons que le chèque soit daté, mais que la date soit fausse, la preuve de la fausseté de la date se fera par voie ordinaire sans employer l'inscription de faux. Le chèque comme la lettre de change n'est qu'un acte sous seing privé. La Cour de Rennes l'avait contesté pour la lettre de change (arrêt du 6 février 1822) ; la Cour de cassation par arrêt du 7 mars 1849 a décidé le contraire.

La date, en matière de lettres de change, est exigée à peine de nullité, parce qu'ici l'indication de la date est le complément de l'indication du lieu ; la nullité résultant du défaut de date est apparente et par conséquent opposable par tous. Pothier enseignait pour la lettre de change que le tireur ne pouvait se prévaloir de cette nullité (1). Cette théorie de Pothier est aujourd'hui présqu'universellement rejetée et la lettre de change non datée est considérée comme un acte nul *erga omnes*.

En est-il de même du chèque sans date ? C'est une question que nous réservons pour la discuter sous l'art. 6 de la loi du 19 février 1867, complété des dispositions de la loi du 19 février 1874 relatives aux chèques.

Nous savons que dans une lettre de change la date doit comprendre outre l'indication du jour, du mois et de l'année, l'indication du lieu d'où elle est tirée et cette exigence se comprend facilement si l'on se rappelle que la condition essentielle du contrat de change dont la lettre de change est l'instrument, consiste dans une remise d'argent de place en place. Le chèque au contraire pouvant être tiré d'un lieu sur un autre ou sur la même place, l'énonciation du lieu d'où il est émis semblerait ne point devoir être utile à sa création : sous la loi de 1865, en effet, cette mention n'a pas été jugée nécessaire. Il n'en est plus de même aujourd'hui : la loi du 19 février 1854, portant augmentation du timbre des effets de commerce et des chèques, exige formellement dans son

(1) Pothier, *Contrat de change*, N° 36.

art. 5 dont les dispositions sont annexées à l'article 1ᵉʳ de la loi du 14 juin 1865, que le chèque indique le lieu d'où il est émis.

La loi de 1865 n'a pas parlé du lieu où le chèque doit être payé : ce ne peut être que par suite d'un oubli du législateur et il est certain que mention doit en être faite dans le titre. Cette énonciation nécessaire à l'émission du chèque nous permet d'établir à sa suite les principes suivants : la mention dans une facture de marchandises vendues que le paiement aura lieu au domicile du vendeur n'emporte attribution de compétence qu'autant qu'il n'est point établi que d'après la commune intention des parties, le paiement doit être effectué dans un autre lieu (C. Pr. 420); et lorsque le paiement a été réglé par la remise au domicile du vendeur, d'un chèque accepté par *celui-ci*, ce n'est pas le tribunal du lieu de la remise, mais celui du lieu où le chèque doit être acquitté, qui est compétent pour connaître des contestations élevées à l'occasion du marché.

Ces principes résultent d'un arrêt de la cour de Toulouse en date du 11 mars 1868, rendu à l'occasion d'une affaire Lefebvre contre sieurs Gary et Combes (1) : les motifs de cet arrêt sont ainsi conçus :

Attendu que les sieurs Gary et Combes ne contestent pas que traitant à Paris, avec Lefebvre et Cⁱᵉ, ils n'ont fait aucune stipulation sur le lieu de paiement des marchandises qu'ils devaient leur fournir; qu'ils se bornent à soutenir que leurs deux premières expéditions étaient accompagnées de deux factures portant que le prix en serait payable à Castres, et que les sieurs Lefebvre et Cⁱᵉ n'ont pas protesté contre cette énonciation qui les soumettait à la compétence du tribunal de Castres;

Attendu qu'après avoir reçu à Paris les marchandises qui font l'objet de deux expéditions susmentionnées, les sieurs Lefebvre

(1) V. Dalloz. *Recueil périodique*, année 1868, 2ᵉ partie, p. 81. — V. aussi arrêt de la Chambre des requêtes du 16 juin 1856. — Le chèque à ordre a été considéré avec raison par la Cour comme constituant un véritable effet de commerce.

jeune et Cie en ont effectué le paiement en envoyant à Castres,
aux sieurs Gary et Combes un chèque à leur ordre, tiré de Paris
sur le sieur Fontaine, domicilié dans la même ville;

Attendu que par l'envoi de ce chèque les sieurs Lefebvre et
Cie ont clairement averti les sieurs Gary et Combes qu'ils enten-
daient les payer à Paris et non à Castres; qu'il est évident que de
leur côté ces derniers ont renoncé à recevoir leur paiement à
Castres, puisqu'ils ont accepté le chèque dont la provision avait
été faite à Paris;

Qu'il est de jurisprudence que tout paiement effectué à l'aide
d'une valeur négociable et réputé fait au lieu où cette valeur est
payable, et non pas à celui où elle a été remise; qu'on ne saurait
dire qu'un chèque transmis par la voie de l'endossement n'est pas
une valeur négociable qui tombe sous l'application de ce principe;
d'où il suit qu'aux termes de l'art. 420 du Code de procédure civile,
Gary et Combes étaient tenus de porter leur demande devant le
Tribunal de commerce de Paris et non devant celui de Castres;

Annule pour cause d'incompétence le jugement du Tribunal de
commerce de Castres du 13 décembre 1867.

Quant à la question de savoir si la date doit être inscrite en
chiffres ou en toutes lettres et quelle est la place qu'elle doit occuper dans le titre, avant la loi nouvelle que nous venons de mentionner, on s'en référait aux usages. Aujourd'hui la date du jour
où le chèque est tiré (c'est-à-dire le quantième du mois) doit être
inscrite en toutes lettres et de la main de celui qui a écrit le chèque;
mais cette dernière exigence n'a été édictée qu'à l'égard des
chèques tirés de place en place: le chèque tiré de la place sur
laquelle il est payable est régi par le droit commn;

« En général, dit M. Nouguier, dans le actes qui affectent la
forme commerciale, la date est apposée au haut du titre et comme
une sorte d'épigraphe; cette forme a l'avantage de frapper les
yeux, ce qui n'est pas sans utilité dans un mandat dont l'exécution
doit avoir lieu à bref délai. Toutefois comme les chiffres sont facilement susceptibles d'altération les gens prudents feront bien de

répéter la date en toutes lettres immédiatement au-dessus de leur signature. Si l'on employait cumulativement les deux procédés, et s'il y avait différence entre la date en chiffres et la date en toutes lettres, cette dernière mention devrait, à moins de circonstances contraires, faire foi de la date véritable. »

Nous disons plus loin, avec l'art. 6 de la loi du 14 juin 1865, les effets que peuvent produire l'absence de date ou la fausse date, ce que deviendra le titre dans ces hypothèses, si la sanction édictée par cet article est encourue par celui qui par erreur et involontairement a revêtu le chèque d'une fausse date, enfin quelle sera la peine prononcée contre le souscripteur qui aura sciemment trompé le public : nous verrons ensuite le complément qu'a subi cet article 6, et les garanties nouvelles exigées par la loi du 19 février 1874, dont la discussion toute récente mérite par suite de l'intérêt qu'elle comporte que nous lui consacrions un chapitre spécial.

Parmi les autres énonciations nécessaires pour l'émission d'un chèque, nous trouvons les indications suivantes : *la somme à payer, le nom de celui qui doit payer, le nom de celui à qui ou à l'ordre duquel le chèque est payable.*

Il nous faut ici, pour compléter ce qui constitue la forme matérielle du chèque, mentionner, sans nous y arrêter actuellement, les dispositions de la loi nouvelle du 19 février 1874 (art. 5), annexées à l'art. 1er de la loi de 1865 :

« *Le chèque indique le lieu d'où il est émis. La date du jour où il est tiré est inscrite en toutes lettres et de la main de celui qui a écrit le chèque.*

« *Le chèque, même au porteur, est acquitté par celui qui le touche ; l'acquit est daté.* »

La sanction de cette dernière disposition se trouve dans l'art. 7 de la nouvelle loi : « Celui qui paie un chèque sans exiger qu'il soit acquitté, est passible personnellement et sans recours d'une amende de 50 francs. »

Si le tireur du chèque ou souscripteur n'écrit pas lui-même la formule, sa signature ne devra pas être nécessairement précédée du *bon* ou *approuvé* prescrit par la l'art. 1326 du Code civil. Le chèque, pas plus que la lettre de change, ne saurait être compris dans les termes *billets* ou simples promesses.

§ 3. Échéance du chèque.

« *Le chèque ne peut être tiré qu'à vue.*

» *Toutes stipulations entre le tireur, le bénéficiaire et le tiré ayant pour objet de rendre le chèque payable autrement qu'à vue et à première réquisition sont nulles de plein droit.* (Annexé à l'art. 1er de la loi du 14 juin 1865.) (1) »

La lettre de change peut être stipulée payable à vue, à un ou plusieurs jours, à un ou plusieurs mois, à une ou plusieurs usances de vue, à un ou plusieurs jours, à un ou plusieurs mois, à une ou plusieurs usances de date, à jour fixe ou à jour déterminé, en foire (art. 129 C. comm.).

Nous trouvons dans l'exposé des motifs, annexé au proès-verbal de la séance du Corps législatif du 16 février 1865, l'explication de cette différence, dictée d'ailleurs par la force des choses.

« Cette disposition est essentielle pour sauvegarder les droits du Trésor. Si le chèque négociable par voie d'endossement, et particulièrement le chèque tiré d'un lieu sur un autre, pouvait encore être payable à une échéance plus ou moins éloignée, ou à un cer'ai nombre de jours de vue, il est évident qu'il ne différerait presque plus de la lettre de change, se substituerait à elle dans la plupart des cas, et que le produit de l'impôt du timbre souffrirait de cette substitution une diminution notable qui ne serait entrée dans les prévisions ni dans les vœux du législateur. L'obligation du paiement à vue ne peut avoir rien d'excessif quand il s'agit d'un chèque ; elle est tout à fait en harmonie avec la nature de ce papier. Le

____

(1) Art. 5, § 3 de la loi du 19 février 1874.

chèque suppose la provision préalable, les caisses de dépôts préalablement nanties de fonds, ne doivent les employer qu'en placements sûrs et à courte échéance. Il a été déclaré à l'enquête qu'il en était toujours ainsi ; par conséquent le roulement des opérations doit toujours laisser à la disposition des caisses dépositaires les ressources suffisantes pour faire face à leurs engagements sur la présentation du titre. Même avec cette condition, il ne faut pas se dissimuler, qu'un certain nombre de lettres de change, celles qui, dans l'état actuel des choses, se tirent à vue ou à de si courtes échéances, qu'il leur sera facile de se transformer en lettres à vue, pourront bien emprunter la forme du chèque et se dérober à l'impôt ; mais il semble établi par l'enquête que cette catégorie de lettres de change est peu nombreuse et n'a pour objet que des sommes de peu d'importance ; la perte du Trésor sera donc peu considérable, et dès lors l'État peut l'accepter dans un intérêt économique qui paraît actuellement supérieur. »

Comme l'a fait remarquer M. Rouher, ministre d'État, cette condition que le chèque doit être payable à vue ressort de la nature de ce papier ; s'il est payable à présentation, c'est que sa valeur ne peut reposer que sur une disponibilité conventionnelle de la somme qu'il représente.

La lettre de change au contraire peut être stipulée payable à différents délais, parce qu'étant essentiellement un instrument de crédit, elle donnera le plus souvent au tireur le moyen de mener à exécution, dans l'intervalle de sa souscription à son échéance, une affaire dont les résultats lui permettront de réaliser le bénéfice sur lequel il a compté, et de faire alors entre les mains du tiré la provision ou valeur nécessaire au paiement de la lettre.

Diverses objections furent présentées par plusieurs chefs d'établissements de crédit recevant des fonds en compte courant, qui, étant, par suite de leur situation, à même de donner sur la question quelques éclaircissements utiles, furent entendus dans la commission. L'obligation imposée au chèque d'être énoncé toujours à vue et d'être payable à présentation leur paraissait trop rigoureuse ; une loi sur les chèques devait selon eux consacrer la faculté d'émettre des chèques *à échéance graduée*, et le délai de la présentation être étendu à quinze jours.

Pour justifier la consécration du chèque *à échéance graduée*, on invoqua l'exemple de l'Angleterre et les usages en vigueur chez nous. En Angleterre, a-t-on dit, il existe trois sortes de chèques, l'un payable à vue, un autre dont l'échéance varie de 7 à 10 jours, et le troisième dont l'échéance est à un mois. Cette allégation était une erreur reposant sur une confusion. Il n'y a en Angleterre qu'une seule espèce de chèque, le chèque à vue, toutes les autres valeurs rentrent dans la catégorie des effets de commerce ordinaires et sont frappées du timbre proportionnel. Ce qui a produit l'erreur, c'est une pratique que, par une convention spéciale, les banques de dépôt imposent à leurs correspondants ; elles ont établi trois espèces de compte, savoir : le compte N° 1 auquel on n'attribue aucun intérêt ou un intérêt minime, et sur lequel on tire à vue, c'est à ce compte que s'appliquent les chèques proprement dits ; le compte N° 2, produisant un intérêt plus fort et sur lequel on ne peut disposer qu'à dix ou quinze jours, enfin le compte N° 3, auquel on attribue un intérêt plus élevé et qui n'est disponible qu'à un mois ou même davantage.

Quant aux usages français, voici quelle était la portée de l'objection : dans son essence le chèque est à vue, mais, par des conventions particulières proposées et librement acceptées, certains établissements financiers imposent à leurs clients leurs règlements intérieurs. Pour les sommes qui ne dépassent pas un certain chiffre ils acceptent l'obligation de payer à présentation les chèques tirés à vue ; pour les sommes plus considérables et qui excèdent le chiffre connu, ces établissements exigent qu'avant de tirer le chèque, on les avise plusieurs jours à l'avance (1) ; quelquefois aussi

(1) Aujourd'hui, la Société générale pour favoriser le développement du commerce et de l'industrie en France, société anonyme au capital de 120 millions, a établi dans toutes les villes importantes, une agence où se fait le service des chèques ; le déposant a le droit de tirer à vue jusqu'à concurrence de 10,000 fr. en un jour. Pour tout prélèvement au-dessus de cette somme, la Société doit être avertie deux jours à l'avance. Cette opération de retrait, effectuée par chèque-mandat, est contraire à la loi spéciale de 1865 ; effectuée par chèque-reçu, elle est pleinement valable.

et suivant les règlements, le chèque quoique payable à vue n'est acquitté que deux ou trois jours après un visa. En agissant ainsi, les banques de dépôt ont voulu éviter l'obligation de conserver toujours dans leur caisse des capitaux improductifs, ce qui est un inconvénient.

Ces usages ont été signalés au législateur, qui, après avoir pesé leurs avantages et leurs dangers, a déclaré que le chèque ne pouvait être tiré qu'à vue. Comme l'a très-bien dit M. Darimon dans son rapport au Corps législatif, « ce ne sont pas seulement les intérêts du Trésor qui sont sauvegardés, ce sont ceux du porteur des chèques. Le chèque est un paiement ; or, quand on veut faire un paiement, il ne suffit pas de le promettre. Le chèque à date suppose que les fonds dont on dispose ne sont pas libres au moment où il est émis. Il rentre alors dans la catégorie des titres de crédit auxquels s'attache un certain risque.

« Ainsi que le faisait remarquer, d'ailleurs, M. Pouyer-Quertier dans sa séance du 25 mai 1864, le chèque doit être considéré comme un moyen de compensation ; or, comment serait-il possible de compenser entr'eux des chèques qui auraient des échéances différentes ? Le chèque doit être à vue, si l'on veut qu'il remplisse son offre dans une chambre de liquidation (*Clearing-House*). »

A côté de l'exemple de l'Angleterre invoqué à tort, ainsi que nous l'avons démontré, on a présenté les objections suivantes : 1° le point essentiel pour ceux qui confient leurs fonds aux banques de dépôt, c'est de retirer de leurs capitaux un intérêt élevé ; la faculté de disposer à tout instant de leur argent n'est que secondaire. Or, comment cet intérêt pourrait-il être élevé si les banques dépositaires des fonds étaient astreintes à conserver en caisse des capitaux considérables, constamment disponibles pour faire face aux paiements à vue.

2° Il faut prévoir les moments de crise : si dans ces situations difficiles on ne laisse pas aux banques de dépôt le temps de faire face aux demandes d'argent qui leur sont adressées, et s'il leur faut payer à présentation tous les chèques qui sont émis sur elles, on met leur existence en péril, et on arrive ainsi à la contre-partie de ce que le législateur doit se proposer , c'est-à-dire à la chute des banques de dépôt.

Il était facile de réfuter victorieusement ces deux raisonnements d'ailleurs peu fondés. A la première objection on fit la réponse suivante : Si les déposants placent le désir de faire produire à leur argent un intérêt élevé au-dessus de le faculté de retirer cet argent quand ils en ont besoin, et pour ainsi dire le jour même et sur l'heure, qu'ils renoncent à l'emploi du chèque et qu'ils déposent leur fonds en compte courant ordinaire, en faisant à son égard telle convention qu'il leur plaira.

Quant à la deuxième objection présentée à la Commission dans cet ordre d'idées, elle allait tout droit à l'interdiction du chèque à vue et aussi à la suppression de tout autre titre ainsi payable. Ou il faut supprimer la faculté de tirer à vue, ou il faut se résigner à subir en cas de panique l'inconvénient de ces titres qui emportent l'obligation d'un paiement à présentation. D'ailleurs, le danger que ferait courir aux banques de dépôt en cas de panique le paiement à présentation des chèques tirés sur elles est peut-être chimérique; car toute émission de chèque n'est pas suivie d'un retrait d'argent, et le plus souvent le chèque peut s'exécuter au moyen d'un virement d'un compte à un autre. Plus il entrera dans la pratique de nos affaires, plus son extension sera devenue considérable, et moins il y aura pour les banques de dépôt à redouter cette émission énorme de chèques, parce que la plupart des opérations se liquideront par voie de compensation.

En Angleterre, où les criseses, se sont souvent répétées, cette clause *« que le chèque est payable à vue »* n'a pas entravé l'admirable développement des banques de dépôt, et pendant l'année 1873 il s'est échangé, sur la seule place de Londres, pour plus de 150 milliards de chèques entre les vingt-six *Clearing-Bankers*.

La disposition de la loi de 1865 (art. 1er, § 3) , *« que le chèque ne peut être tiré qu'à vue »* est impérative.

La législation de 1874 a cru devoir , dans l'art. 5 § 3 , de la loi du 19 février , portant augmentation des droits d'enregistrement et de timbre , la corroborer de la disposition suivante dont les termes formels excluent désormais tout commentaire.

« *Toutes stipulations entre le tireur , le bénéficiaire ou le tiré , ayant pour objet de rendre le chèque payable autrement qu'à vue et à première réquisition , sont nulles de plein droit.* »

Que résulte-t-il de ces dispositions ? Interdisent-elles d'une manière absolue aux établissements de crédit de stipuler qu'ils ne paieront les mandats tirés sur eux qu'après visa , ou qu'un certain nombre de jours après l'avis qui leur aura été donné par correspondance ? Non ! Ces stipulations, qui ne violent aucune loi d'ordre public , sont parfaitement licites et doivent recevoir tous leurs effets. Mais , et c'est ici qu'il faut se le rappeler , le chèque *ne pouvant être tiré qu'à vue* , tous les titres qui par des conventions entre les parties , se soustrairont à cette obligation d'un paiement à présentation , ne seront plus des chèques. Ils seront comme en Angleterre des mandats ordinaires, des effets négociables et, par conséquent , ils ne jouiront pas de l'exemption fiscale décrétée en faveur des chèques. — Ou bien encore les banquiers auxquels cela conviendra conserveront l'ancienne forme des récépissés.

Si le chèque devait toujours être présenté par le tireur et à lui payé , la banque de dépôt qui reçoit les fonds pourrait , en contractant avec lui , faire les stipulations accessoires dont nous venons de parler ; mais, le plus souvent, il y aura d'autres intéressés ; le chèque peut être souscrit au porteur ou endossé au profit d'un tiers, et ce porteur ou ce tiers , n'ayant nullement participé aux conventions particulières que feraient entre eux le déposant et le dépositaire, ne sauraient souffrir de ces pactes intimes. (M. Nougier).

Malgré cet axiome légal , « *les conventions légalement formées sont la loi des parties qui les ont faites ,* » le chèque, en tant que chèque , n'existera que lorsque le mandat de paiement sera payable à vue.

Nous pouvons citer à l'appui de la théorie que nous venons de présenter , un jugement du tribunal civil de la Seine du 26 avril

1869, confirmé par arrêt de la Cour de Paris en date du 11 avril 1870, rendu au profit de la Société générale contre un sieur Delore; nous nous contenterons de donner ici la rubrique de ce jugement qui a fait une saine application du texte et de l'esprit de la loi de 1865, et renvoyons, pour de plus amples détails sur ce point, à la *Gazette des tribunaux* du 3 juin 1869 et au recueil périodique de M. Dalloz, année 1870, 2ᵉ partie, page 141.

» Le chèque constitue non pas un instrument de crédit, mais un titre tiré comme mode de paiement sur un tiers ayant provision préalable et payable à présentation, sans acceptation, au moyen de fonds disponibles portés au crédit du tireur; un effet tiré à échéance déterminée et revêtu d'une acceptation, a les caractères d'un mandat à ordre, et non ceux d'un chèque proprement dit : en conséqnence, ce mandat à ordre n'oblige pas la Société au nom de laquelle il a été accepté par un préposé exclusivement chargé d'ouvrir dans son bureau des comptes-courants de dépôt, et de viser les chèques signés par les déposants pour être remboursés dans un autre bureau, un tel droit n'emportant pas celui d'accepter des effets de commerce.

» Et le porteur du mandat n'a pas d'action en responsabilité contre la Société à raison du fait illicite de son préposé, si la publicité donnée aux statuts de cette Société et à son organisation ne lui permettait pas de se tromper sur la nullité de l'acceptation de l'effet, et si, d'ailleurs, le titre qui en est revêtu, detaché d'un carnet de chéques, a été l'objet, dans ses énonciations imprimées, de modifications révélant clairement que les énonciations étaient exclusives du mandat à échéance fixe. »

Ce jugement du Tribunal civil de la Seine, complété de l'arrêt de la Cour de Paris, précise les caractères distinctifs du chèque, simple mode de paiement, et de la lettre de change instrument de crédit; il en résulte: 1° que le chèque ne peut être émis qu'avec provision préalable; 2° qu'il ne peut être tiré qu'à vue, et est payable à présentation sans qu'il soit besoin d'acceptation; c'est ce que dit en termes très-nets l'exposé des motifs de la loi du 14 juin 1865. En effet, le chèque ne doit être qu'un moyen de paiement;

s'il devenait un instrument de crédit il perdrait son caractère ; il usurperait une immunité fiscale à laquelle il n'aurait plus droit et tromperait la confiance des tiers qui doivent y voir l'équivalent d'une monnaie réelle. Dès que le chèque suppose l'existence d'une provision préalable, l'obligation du paiement à vue sans nécessité d'acceptation est tout à fait en harmonie avec la nature de ce papier. V. D. P. 1865, 4.-47. Nᵒˢ 12 et 13 et Vᵒ Chèques, Nᵒ 75.

Le chèque-récépissé, à la différence d'un chèque proprement dit, peut à la vérité n'être payable qu'après apposition du visa du banquier, visa attestant qu'il y a provision, et que le porteur du chèque peut le présenter à la caisse. Mais ce visa ne saurait être confondu avec une acceptation ; il laisse au banquier le droit de ne pas payer, s'il n'a pas provision suffisante lors de la présentation. Voir, D. P. 1864, 3.-202.

Dans l'espèce ci-dessus, un simple visa n'eût donc pas lié, à défaut de provision, la maison sur laquelle le chèque était tiré. L'acceptation formelle dont ce chèque était revêtu n'avait pas plus d'efficacité parce que, émanée de l'employé chargé simplement du visa, elle avait été consentie par ce préposé, sans pouvoirs.

Il est donc constant que le mandant n'est pas obligé par les actes du mandataire qui excèdent les pouvoirs de ce dernier, et que c'est au tiers à s'assurer de la limite de ces pouvoirs.

Pour nous résumer sur ce point et afin d'aborder de suite le paragraphe 4 de l'art. 1ᵉʳ, nous pouvons dire que le paiement à vue est une condition essentielle de l'émission d'un chèque pour les quatre motifs suivants :

1ᵒ Motif tiré de l'intérêt du Trésor ;

2ᵒ Motif puisé dans la nature du titre ;

3ᵒ Motif pris dans l'intérêt du tiers porteur ;

Et 4ᵒ Motif ressortant du fonctionnement des chèques et du rôle compensateur qu'ils peuvent jouer.

§ 4. — Bénéficiaire du chèque

« *Le chèque peut être souscrit au porteur ou au profit d'une personne dénommée.* »

Le paragraphe 5 ajoute que le chèque peut encore être souscrit à ordre : donc, trois formes de chèques, chèque au porteur, chèque à personne dénommée, et chèque à ordre.

Le législateur a voulu favoriser autant que possible l'émission et la circulation du chèque.

Le tireur qui a l'intention d'aller toucher lui-même le montant du chèque peut le souscrire à son profit ; s'il prévoit qu'il aura l'occasion de le transmettre à un tiers, il insèrera dans le chèque la formule : « *payez à moi-même ou à mon ordre.* »

Si le chèque est souscrit à personne dénommée, le tireur à la faculté de lui opposer la compensation avant le paiement du titre ; pour faciliter à la personne dénommée au titre le moyen de le céder elle-même, le souscripteur ou tireur peut y mentionner la clause à ordre.

Le chèque souscrit au porteur présente de grands avantages au point de vue de la rapidité de la circulation sur le chèque uniquement à personne dénommée ; ce dernier ne peut en effet être cédé qu'en recourant à certaines formalités, tandis que le chèque sous forme au porteur passe de main en main comme de l'argent. Le bénéficiaire de ce chèque peut le céder à un tiers, ou bien charger un correspondant d'en toucher la valeur, ce qui lui évite tout retard et tout dérangement : mais la forme au porteur rend impossible les comptoirs de compensation. La compensation ne peut avoir lieu, en effet, que lorsque débiteur d'une somme liquide et exigible, un individu est en même temps créancier de pareille somme liquide et exigible. Or, le chèque au porteur est la propriété de tous et de chacun sans que cette propriété puisse être nominativement attribuée à l'un plutôt qu'à l'autre. Si je ne suis pas débiteur nominal et certain, et si le titre que je possède n'est pas souscrit en mon nom, il me sera impossible d'établir mon droit à la compensation. Donc le chèque au porteur, titre commode pour le paiement et le renouvellement, a le grand désavantage de ne pouvoir servir de base à la compensation, et de plus nécessite, lorsqu'on veut le faire circuler par la poste, la précaution du chargement, pour que l'on soit certain qu'il ne sera pas perdu ou volé et parviendra à destination.

Enfin le chèque peut être souscrit à ordre : les représentants de la banque et du commerce, consultés à cet égard par la Commission spéciale, réclamèrent avec instance cette facilité de la souscription à ordre comme étant un moyen de circulation à la fois sûr et rapide du nouvel instrument dont l'usage allait être règlementé par une loi.

Nous avons vu que le chèque pouvait être souscrit à personne dénommée, sans qu'il y fût fait mention de l'ordre, que le contrat restait alors concentré entre le tireur et le bénéficiaire et que le titre ne pouvait être transmis par un endossement donnant au tiers porteur des droits particuliers ; de plus, le souscripteur du titre conserve en ce cas le droit de faire opposition au paiement du chèque tant qu'il n'a pas été effectué, s'il a des compensations à opposer au bénéficiaire, ou si ce dernier n'a pas rempli les engagements en considération desquels le chèque a été créé. Ces principes ont été sanctionnés par un jugement du Tribunal de commerce de la Seine, en date du 31 janvier 1862, et cette décision du tribunal, bien qu'antérieure à la loi qui a réglementé l'usage du chèque-mandat, est un monument de jurisprudence dont l'importance actuelle est incontestable et qui s'applique parfaitement à notre hypothèse.

Voici le texte de ce jugement :

« Attendu que vers la fin de novembre dernier, Dalsau frères, en relations d'affaires avec un sieur Haliday, qui s'était engagé à leur remettre sous peu de jours une certaine quantité de marchandises qu'ils avaient commissionnée, ont consenti à lui délivrer sur la caisse du Comptoir d'escompte de Paris, deux mandats s'élevant ensemble à la somme de fr. 16,000 aux échéances des 14 et 15 décembre suivants :

Attendu que, dans cet intervalle, Haliday devait avoir livré les marchandises, représentation de la somme ainsi délivrée ; que la remise qui lui était faite était donc, de la part de Dalsau frères, conditionnelle ; qu'en fait, il semble ressortir des explications fournies devant le Tribunal qu'Haliday a méconnu ses obligations et n'a accompli aucune des livraisons auxquelles il s'était obligé, et a simplement négocié au demandeur actuel le titre auquel Dalsau frères ont formé opposition entre les mains du Comptoir d'Escompte ;

» Attendu que ce titre, qui n'est autre qu'un simple reçu signé « Dalsau frères » et délivré à un mandataire pour toucher en leur nom la somme qu'il représente, dont le compte-courant devait être débité, ne saurait être assimilé à un billet susceptible d'être transmis par voie d'endossement, ni à une valeur au porteur contre laquelle aucune opposition ne devrait être recevable ; qu'il s'ensuit que les fonds déposés à la caisse sur laquelle il est délivré, doivent toujours être considérés comme restant la propriété du signataire du mandat, jusqu'au moment où ils ont été payés en échange de son reçu ; que dès lors, en raison des faits précédemment exposés, Dalsau frères n'ayant pas reçu la contre-partie des sommes qu'ils consentaient à payer au sieur Haliday, étaient fondés à refuser tout paiement, et, comme conséquence, à mettre opposition entre les mains du Comptoir d'Escompte ; que Sébastien de Neufville ne saurait avoir plus de droits que le mandataire de Dalsau frères, et qu'ainsi il doit être déclaré mal fondé en sa prétention ;

» Déclare le demandeur mal fondé dans sa demande, l'en déboute, etc. » (1).

§ 5. TRANSMISSIBILITÉ DU CHÈQUE.

« Le chèque peut être souscrit à ordre et transmis même par voie d'endossement en blanc. »

(1) Tribunal de Commerce de la Seine, 31 janvier 1862. V° Warrants et Chèques, N° 85.

Les règles sur la transmissibilité du chèque varient selon qu'il est souscrit : 1° à personne dénommée, 2° à ordre ou 3° au porteur.

1° Le chèque souscrit à personne dénommée peut évidemment être cédé, mais en ce cas on se trouve en présence des règles du droit civil, celles des articles 1690 et 1691 ; la cession, pour lier le débiteur du chèque et les tiers à l'égard du cessionnaire, doit être notifiée à ce débiteur, afin qu'il ne paie pas entre les mains de son ancien créancier ; ou encore le transport doit être accepté par le tiré dans un acte authentique. Ces formalités, malgré les lenteurs et les frais qu'elles entraînent, furent appliquées au contrat de change ainsi qu'aux autres conventions commerciales jusqu'au milieu du XVIIe siècle.

2° Le premier auteur qui nous parle de la clause à ordre comme étant un moyen de transférer la propriété d'une lettre de change est Etienne Cleirac, qui écrivit vers l'année 1659 son ouvrage intitulé : « Instruction sur les lettres de change. » La clause à ordre, inconnue avant Richelieu, fut mise en vigueur sous le ministère de ce cardinal ; elle eut pour but d'éviter les embarras sans nombre créés par suite des procurations qu'il fallait donner à cette époque pour parvenir à l'encaissement des lettres de change, et de plus, de faciliter, au moyen d'un simple endos, la circulation de ces instruments entravée jusqu'alors par des formalités embarrassantes.

« C'est la force des choses, dit M. Nouguier, qui a conduit à l'adoption de la transmissibilité du chèque par la voie de l'endossement. Cette forme est la seule qui donne au propriétaire et la sécurité sur laquelle il doit compter, et l'avantage de l'opération dont le chèque est le ressort principal. Sans l'endos, le paiement par chèque est un embarras pour le propriétaire des fonds déposés, qui aime mieux recevoir l'argent chez lui que d'aller le prendre chez le banquier. Avec l'endos, le chèque négociable devient véritablement le signe représentatif de la somme qui y est inscrite ; transmis à l'aide d'une simple signature, il circule avec facilité, ce qui n'est pas un de ses moindres avantages. Et, dans ce cas, devant être revêtu de l'acquit du dernier porteur, qui par sa signature offre la garantie de la régularité du paiement, il peut sans risque être envoyé d'une ville dans une autre ville. Quoique le chèque doive être acquitté dans les cinq jours de sa date, et que, par cette nécessité, il ne soit pas destiné à fournir une longue carrière et à passer en beaucoup de mains, on comprend donc que, en bien des circonstances, l'endossement offre des gages de sécurité. »

L'endossement, formalité des plus simples à remplir, permet une transmission presque aussi facile du chèque à ordre que celle du chèque au porteur, et a sur lui cet avantage qu'il accorde au preneur plus de garanties en lui donnant un recours contre les divers endosseurs.

C'est le chèque à ordre qui a rendu possible en Angleterre l'établissement des Clearing-Houses ou Chambres de liquidation. Chez nos voisins d'Outre-Manche, avant l'acte du 24 mai 1858 qui l'a confondu avec la lettre de change à vue en permettant de l'énoncer à ordre, le chèque était au porteur, « *payable sur demande (on demand)* » et pour éviter le vol facile de ce papier, on avait recours au chèque croisé (*crossed*), en inscrivant en travers du chèque le nom d'un banquier, ou entre deux lignes transversales les mots : *Et Compagnie*, ce qui pouvait être fait par le tireur ou l'un des porteurs. Le chèque croisé ne pouvait être payé qu'à un banquier.

Cet usage du chèque barré est encore en vigueur en Angleterre malgré la nouvelle forme adoptée. Les banques de dépôt en France ont essayé d'introduire l'usage du chèque barré ; notre législation ne le prescrit pas, mais la faculté de l'endossement le rend complètement inutile.

La lettre de change se transmet par voie d'endossement : nous n'entrerons point ici dans l'exposé des conditions de cet endossement, et renvoyons à cet égard aux dispositions de l'art. 137 du Code de commerce.

Quant aux propriétés de l'endossement, nous savons que c'est un contrat *sui generis* qui en renferme plusieurs autres, savoir : 1° une vente ; 2° une cession ; 3° un cautionnement : *une vente*, car la lettre de change est une espèce de marchandise que l'endosseur vend et que l'autre partie achète ; *une cession*, car l'endossement transmet avec la propriété de la lettre de change, les garanties qui y sont attachées, les actions et recours qui en dérivent, *un cautionnement*, car l'endosseur se constitue le garant de ceux qui le précèdent, leur caution même solidaire.

La forme de l'endossement est régie par la loi du lieu où il s'effectue : *locus regit actum*. Si une lettre de change était par exemple endossée à Londres, quand même elle aurait été tiré en France et serait payable en France, c'est la loi anglaise qu'il faudrait consulter pour apprécier la validité de l'endossement et pour en déterminer les effets. Ces principes sont généralement admis dans la doctrine.

L'endossement conforme aux prescriptions du Code de commerce transfère la propriété de la lettre de change, non-seulement entre l'endosseur et le cessionnaire ; mais il a encore pour effet de saisir le cessionnaire à l'égard des tiers de tous les droits et actions de l'endosseur, sans qu'il soit besoin, comme dans la cession d'une créance ordinaire, d'une notification faite au débiteur, ou d'une acceptation authentique de la part de ce dernier. D'où il résulte qu'à la différence des créanciers d'un cédant ordinaire, ceux de l'endosseur ne peuvent plus, dès que l'endossement a eu lieu, saisir ou arrêter les sommes cédées, puisque le seul fait de cet endossement vaut transmission de la propriété de la créance *erga omnes*.

Dans une lettre de change, un endossement en blanc n'opère pas le transfert de la propriété à celui au profit de qui il a eu lieu. Mais depuis longtemps on admet qu'un semblable endossement n'est *qu'une pierre d'attente*, qu'il peut être rempli après coup par toute personne, même par celui au profit duquel il a été effectué ; de sorte que comme la signature de l'endosseur n'a pas besoin d'être accompagnée du *bon* ou *approuvé*, la lacune ainsi comblée, l'endossement devient parfaitement régulier. Lorsqu'il s'agit au contraire d'un endossement auquel il manque une des énonciations prescrites par l'art. 137 (C. comm.), telle que la date ou la mention de la valeur fournie, il n'est pas permis au porteur de cet endossement d'ajouter l'énonciation qui manque. Le motif de cette différence est que celui qui donne un endossement en blanc est censé accorder une entière liberté à celui auquel il le confie, tandis que celui qui fait un endossement avec telle énonciation plutôt qu'avec telle autre, a souscrit un acte qui peut produire certains effets, ceux de l'endossement irrégulier, et que, sans doute, il ne voulait pas rédiger autrement.

Les effets de l'endossement en blanc sont, sauf ce que nous venons de dire, les mêmes que ceux de l'endossement auquel il manque l'une des énonciations exigées par l'art. 137 (C. comm.) : il est irrégulier comme ce dernier, et ne transfert point la propriété de la lettre de change, et des droits et actions qui en résultent ; il ne vaut que comme *proeuration*, d'où il faut tirer les conséquences suivantes :

1° Les créanciers de l'endosseur qui est resté propriétaire peuvent, malgré et après l'endossement, saisir-arrêter la somme portée dans la lettre de change entre les mains de celui sur qui elle est tirée, sans que celui qui est porteur de l'endossement irrégulier puisse s'y opposer ; c'était déjà la disposition de l'art. 25 de l'ordonnance de 1673. En conséquence, si celui qui a fait l'endossement irrégulier vient à être déclaré en faillite, le tiré ne doit pas payer entre les mains du porteur, sous peine d'être contraint de payer une seconde fois entre les mains du syndic (1).

2° Si celui sur qui la lettre est tirée est créancier de l'endosseur, il peut opposer au porteur de l'endossement la compensation de ce qui lui est dû par l'endosseur. L'art. 25, précité de l'ordonnance de 1873, contenait aussi sur ce point une disposition formelle.

3° L'endosseur, qui n'est considéré que comme un mandant, peut, avant que le porteur de l'endossement ait touché le montant de la lettre de change, révoquer le mandat et l'empêcher de recevoir, en notifiant au tiré cette révocation.

Et 4° Si le porteur de l'endossement a touché, il est obligé,

(1) Voir Cass. 17 décembre 1856.

comme tout mandataire , de rendre compte à l'endosseur son commettant. Toutefois , il faut décider que quand le porteur de l'endossement irrégulier a réellement fourni à l'endosseur la valeur moyennant laquelle l'endossement lui a été passé , il peut prouver, mais seulement vis-à-vis de l'endosseur, (1) qu'il l'a fournie , par toute espèce de preuves en dehors de l'endossement , et établir que si l'endossement est irrégulier en sa forme , il n'en est pas moins, au fond, translatif de propriété à l'égard de cet endosseur, auquel l'équité ne doit pas permettre d'exciper de l'irrégularité de l'endossement , pour retenir la propriété de la lettre dont il a touché le prix.

De ce que l'endossement irrégulier ne transfère pas la propriété de la lettre à celui au profit duquel il est passé , Pothier (Contrat de change, N°s 41 et 89) , en tirait encore cette conséquence que le porteur de cet endossement ne pouvait pas faire un endossement régulier et translatif de propriété ; car , la propriété de la lettre ne lui ayant pas été transférée par l'endossement défectueux fait à son profit, comment pourrait-il transmettre ce qu'il n'a pas : Savary (Parère 41) , émettait la même opinion. Cependant , la doctrine et la jurisprudence modernes décident que celui auquel le porteur de l'endossement irrégulier a transmis la lettre par un endossement régulier est devenu propriétaire , et que l'endossement irrégulier donne à celui qui en est porteur , non-seulement le pouvoir de recevoir le montant de la lettre à l'échéance , mais encore celui de la négocier avant cette époque (2). Ce n'est pas comme propriétaire qu'on lui accorde ce droit, puisqu'il ne l'est pas , mais comme fondé de pouvoirs du véritable propriétaire auquel il devra rendre compte, s'il y a lieu. Le mandat de recevoir renferme , en effet, le pouvoir

---

(1) A l'égard des tiers, aucune preuve de ce genre ne serait admise. — Voyez Req. 25 janvier 1832 , 31 juillet 1833 ; Cass., 30 décembre 1840 ; Req. 5 juillet 1843 ; Cass., 25 juillet 1845, 20 août 1845.

(2) V. Pardessus , N° 354 ; Dalloz, V° Effet de commerce, N° 451; Nouguier t. 1er, p. 420 ; Req. 20 janvier 1814 , 20 février 1816 , 12 août 1817. — V. Cass 6 janvier 1845.

de négocier ; la négociation est un moyen de recouvrement ; cette décision est favorable à la circulation des lettres de change.

Après cet aperçu général de l'endossement en matière de lettre change, voyons comment la loi de 1865 a règlementé l'endossement du chèque : la législation n'a voulu soumettre cet endossement à aucune formalité ; un endossement en blanc est suffisant, et avec raison, puisque, d'une part, il peut être cédé en paiement par pure libéralité, pour prêt ou pour toute au cause; il vaut translation de propriété et a toute la puissance d'un endossement régulier.

Dans la lettre de change, la mention de la valeur fournie n'a d'autre but que de constater le caractère commercial de l'opération, caractère qui n'accompagne pas toujours l'émission d'un chèque ; et, du reste, des doutes se sont élevés dans beaucoup d'esprits sur l'utilité de cette mention : par l'endossement en blanc, toutes ces formalités sont évitées au chèque qui doit être avant tout un instrument simple et rapide, et qui ne se propagera qu'à la condition d'offrir aux porteurs une sécurité sans réserve.

Le porteur d'un chèque, en vertu d'un endossement en blanc peut, s'il le juge à propos, remplir le blanc et y inscrire son nom : cette précaution le mettra à l'abri de toute fraude et constatera sa propriété personnelle; elle aura, de plus, une très grande utilité, si l'on songe que le chèque endossé en blanc est assimilable au chèque au porteur, et, par conséquent, n'est susceptible de compensation que dans le cas où l'endos a été rempli. Car, comment le cessionnaire pourrait-il établir son droit à la compensation, si le titre qu'il a en main ne porte pas son nom.

Nous savons que dans une lettre de change, l'endossement en blanc ne pouvait plus être converti en endossement régulier, une fois que l'endosseur ou cédant avait perdu par sa mort ou sa faillite la capacité de régulariser la négociation. En matière de chèque, le cessionnaire peut toujours remplir l'endossement en blanc, ce qui se comprend aisément, si l'on songe que dans la lettre de change le porteur, en vertu d'un semblable endos, est assimilable au simple mandataire dont la procuration se trouve révoquée par la faillite ou le décès du cédant, et que dans le chèque, l'endossement en blanc étant suffisant pour opérer la transmission de la propriété, une incapacité survenue dans la personne du cédant ne saurait diminuer en rien le droit du bénéficiaire qui agit en vertu d'une faculté qui lui est propre.

3° Le chèque peut être souscrit au porteur. Tout chèque au porteur est transmissible de la main à la main et ce genre de cession exclut toute garantie contre les diverses personnes entre les mains desquelles le chèque a passé : le tireur seul, qui a apposé sa signature sur le titre reste garant vis-à-vis du bénéficiaire.

Nous n'avons sur ce point que cette seule question à examiner : à qui incombera la responsabilité, si le chèque au portéur a été payé à celui qui n'en était pas le légitime propriétaire? Le tiré qui a payé et qui n'a aucune faute à se reprocher, qui a eu soin d'exiger l'acquit du porteur et dont la vigilance ne peut être mise en doute, sera à l'abri de tout recours ; mais il devra tout au moins fournir son concours au véritable propriétaire de l'effet, pour que celui-ci puisse, en remontant d'un porteur à l'autre, arriver à découvrir celui qui a reçu à tort le paiement du chèque.

Aux termes de l'art. 136 (C. Comm.) la propriété de la lettre de change se transmet par voie d'endossement : nous savons maintenant qu'un ¡endossement en blanc suffit pour opérer la translation de la propriété d'un chèque. Ici se présente une question qui a soulevé de graves discussions et a donné lieu à plusieurs systèmes, celle de savoir à qui appartient la propriété de la provision, ou valeur destinée au paiement d'une lettre de change ; nous l'examinerons sous l'article suivant qui traite de la provision du chèque et nous nous placerons pour cet examen sur le terrain propre à chacun de ces deux effets.

Article deux.

« Le chèque ne peut être tiré que sur un tiers ayant provision préalable ; il est payable à présentation. »

L'art. 116 (C. Comm.), qui vise la provision en matière de lettre de change, dispose ainsi qu'il suit : « Il y a provision, si à l'échéance de la lettre de change celui sur qui elle est fournie, est redevable au tireur ou à celui pour compte de qui elle est tirée, d'une somme au moins égale au montant de la lettre de change. »

La provision doit donc exister pour le chèque aux mains du tiré avant la souscription du titre : pour la lettre de change au contraire, elle peut n'être faite qu'à l'époque de l'échéance. Cette différence se comprend facilement, si l'on songe que la lettre de change est essentiellement un instrument de crédit qui repose sur la confiance qu'inspire la solvabilité bien connue du tiré et que le chèque est un instrument de paiement, l'équivalent d'une monnaie réelle : la disposition de notre article est empruntée à la législation anglaise qui n'admet pas qu'un chèque puisse être valablement souscrit lorsque la provision fait défaut au moment de sa création.

L'article 2, en exprimant que le tiers sur lequel on peut tirer doit être nécessairement nanti de la provision préalable, ne fait que répéter la disposition de l'article 1er, à savoir que, pour qu'il y ait chèque, il faut qu'il y ait des fonds portés au crédit du compte du tireur et disponibles. Par tiers, il entend également les sociétes, êtres moraux distincts des individus qui en font partie : toute personne intéressée dans une société de commerce, et même le gérant, agissant alors comme simple particulier, peut tirer un chèque sur sa maison, parce que en souscrivant ce chèque, on ne tire pas sur soi-même, mais bien sur un tiers.

En matière de lettre de change la provision consiste ordinairement en une somme d'argent remise par le tireur au tiré : elle peut aussi se composer de marchandises ou de valeurs envoyées au tiré, parfois de créances qu'a sur lui le souscripteur de la lettre. Mais il n'est pas nécessaire pour qu'il y ait provision que les fonds, marchandises ou autres valeurs remis au tiré aient été affectés par le tireur, par une destination spéciale, à servir de provision. Pour le chèque, au contraire, il existe une condition supplémentaire qui est de toute nécessité, la *disponibilité*. Nous avons vu avec l'explication de ces mots de l'art. 1er, § 1, *in fine, portés au crédit du compte et disponibles*, la discussion qu'ils ont motivée au Corps législatif et les explications données à cet égard par le Commissaire du gouvernement, M. de Lavenay : il ne suffit pas pour que cette disponibilité existe dans l'acception voulue par la loi que le ouscripteur du titre soit créancier d'une somme liquide ; une telle créance ne constitue en effet qu'une dette de la part du tiré et non pas cette provision préalable qui est le trait caractéristique du chèque ; il faut qu'une convention exprimée ou sous-entendue, intervenant entre le tiré et le tireur ait autorisé ce dernier à considérer les fonds comme libres et à créer le chèque.

Le tireur d'un chèque est obligé, sous la sanction édictée par l'article 6 de la loi de 1865, de fournir provision préalable ; quant à la question de savoir si cette sanction est applicable dans l'hypothèse du retrait de la provision constituée aux mains du tiré par le souscripteur du titre, elle se placera beaucoup mieux dans la discussion que nous présenterons de cet article 6 dont la rédaction a subi diverses modifications.

Il peut se faire qu'un chèque soit émis sans qu'il y ait provision préalable et que cependant il soit payé sans retard à présentation, parce que la provision nécessaire aura été faite dans l'intervalle de la souscription à son acquittement. Le tireur sera-t-il en ce cas passible de l'amende prononcée par l'article 6 ? Nous répondrons, sans hésiter, affirmativement parce que la loi de 1865 est formelle et se complète aujourd'hui à cet égard des dispositions de l'article 6, § 3 de la loi du 19 février 1874, lesquelles sont ainsi conçues : « Celui qui émet un chèque sans provision préalable et *disponible*, est passible d'une amende de 6 %₀ de la somme pour laquelle le chèque est tiré, sans que cette demande puisse être inférieure à cent francs. » Le mot « *disponible* » qui ne se rencontre pas dans l'article 6 de la loi du 14 juin 1865 ne saurait plus laisser de doute quant aux hypothèses où la sanction pénale sera applicable : c'est une nouvelle précaution prise par le législateur de 1874 contre les fraudes qui permettraient au chèque d'envahir le terrain de la lettre de change. A la vérité il n'y a point eu de préjudice dans notre espèce , puisque le chèque a été soldé par le tiré à présentation ; mais accorder une immunité complète à un effet souscrit dans de pareilles conditions serait un encouragement donné à la fraude et une quasi-assimilation du chèque avec les valeurs de crédit.

La loi de 1865 n'a pas tranché, en ce qui concerne les chèques, une question controversée en matière de lettre de change, celle de savoir si, dans le cas où le tireur tombe en faillite avant l'échéance ou avant l'acceptation de la traite, le porteur a un droit de propriété sur la provision à l'exclusion des créanciers du tireur, ou si cette provision entre dans la caisse de la faillite pour être distribuée à la masse des créanciers.

Cette question a soulevé de longues controverses et donné naissance à de nombreux procès : nous l'examinerons d'abord pour la lettre de change, et la solution que nous adopterons nous permettra de la résoudre en matière de chèque. La Cour de cassation a reconnu par plusieurs arrêts le droit du porteur sur la provision à l'encontre des créanciers du tireur, et déclaré que les syndics de la faillite de ce dernier n'avaient nullement le droit de réclamer le montant de cette provision qui ne faisait plus partie de ses biens. Cette doctrine de la Cour suprême, favorable au porteur, tend aujourd'hui à devenir universelle : nous la trouvons parfaitement juridique, et pensons que les raisons fournies en faveur des créanciers, ne peuvent résister à un examen approfondi, en un mot, qu'elles sont purement spécieuses.

La solution, selon nous, se trouve tout entière dans la combinaison des articles 115, 136 et 149 du code de commerce. La provision, dit l'art. 115, doit être faite par le tireur : elle doit donc exister à l'échéance. Le contrat de change a pour objet la cession d'une somme que le tireur s'engage à faire trouver à jour fixe dans un autre lieu, chez le tiré ; et cette somme représente la valeur que le tireur a reçue pour prix de la cession de la lettre de change. Si le tireur est libre d'en jouir, de retirer la provision jusqu'au jour de l'échéance des mains du tiré, à moins que celui-ci n'ait accepté, et s'il est considéré au point de vue des risques comme le véritable propriétaire de la lettre, c'est pour un motif bien simple : la tradition réelle ou la réalisation de la condition sous laquelle la lettre de change a été créée ne s'opérant qu'à l'époque du paiement de la traite, il est juste et nécessaire que cette provision soit jusqu'à cette époque aux risques et périls du tireur. De son côté, le porteur n'a compté son argent au souscripteur que sur l'assurance que son titre serait valable et ne subirait point de déchéance par suite de la faillite de ce dernier.

L'article 136 (C. com.) parlant de l'endossement, dispose que la propriété de la lettre de change se transmet par cette simple formalité. Qu'est-ce à dire s'il ne signifie qu'il y a là non-seulement la propriété du papier de alettre, mais encore de la valeur qu'il représente : le lettre de change, comme on l'a très-bien dit, est une monnaie factice : quand on l'achète ou quand on se la fait transporter, on achète ou on se fait transporter sa valeur qui n'est autre que la provision. D'ailleurs, l'endossement n'est-il pas le mode commercial de cession : celui à qui est fait un transport d'après les règles du droit civil devient propriétaire à l'exclusion de tous autres de la somme ainsi cédée ; or, l'endossement remplace, pour les titres ainsi négociables, le transport signifié dont il a toute la puissance.

Le droit de propriété du porteur est conditionnel, il est vrai, en ce que le tireur peut, jusqu'à l'échéance ou l'acceptation de la part du tiré, retirer la provision des mains de ce mandataire : mais ce droit de propriété existe quand même, basé sur l'éventualité de l'existence à l'échéance de la lettre de la provision aux mains du tiré. Il y a lieu d'appliquer la règle que la condition accomplie a un effet rétroactif.

Nous pouvons encore invoquer l'article 149 (C. com.) qui semble trancher la difficulté : au lieu de dire qu'il sera admis opposition au paiement de la lettre de change en cas de faillite du tireur, cet article veut « qu'il ne soit admis d'opposition au paiement qu'en cas de perte du titre ou de faillite du porteur. »

Si le législateur avait voulu assimiler le porteur aux autres créanciers du tireur, il n'eût certes pas manqué de le faire dans

cet article **149**, en y édictant une troisième restriction ; la question
était trop importante pour qu'elle n'eût été prévue. Le silence de
la loi s'interprête donc favorablement au système de l'affirmative. (1)

Nous appliquerons *a fortiori* la même solution au chèque :
aucune raison sérieuse ne justifierait une distinction entre ces deux
titres qui jouissent des immunités et des priviléges attachés à
l'endossement. Si le porteur d'un chèque n'était pas propriétaire
de la provision, quelle valeur aurait donc pour lui l'effet qu'il
aurait en sa possession. La solution contraire serait peu faite pour
permettre la confiance que doit inspirer un semblable papier.

Les partisans du système adverse s'appuient sur la discussion
qui eut lieu à cet égard dans la séance du Corps législatif du
6 mai 1865 : Plusieurs orateurs discutant la question de propriété
de la provision, prétendirent en effet que rien dans la loi de 1865
ne prouvait l'intention du législateur de donner au chèque la
puissance de transférer la propriété à l'égard des tiers, qu'une
disposition positive sur ce point serait nécessaire. M. Emile
Ollivier demanda qu'on écrivît tout au moins dans la loi que la
conséquence de l'émission du chèque fût de transporter à l'instant
même la valeur de la provision du tireur à celui à qui il a souscrit
le chèque : Cette addition n'ayant point été faite, on peut augurer,
continuent nos adversaires, que l'assimilation du chèque à la lettre
de change n'existe point dans l'espèce. « Quant à nous, dit M.
Alauzet, nous avons pensé que si la provision, en matière de lettre
de change, doit être attribuée au porteur à l'exclusion des autres
créanciers du tireur, c'est en vertu de cette règle désormais consacrée par la loi, que ce preneur a droit à autre chose qu'au

(1) Cass., 18 juin 1825, 22 nov. 1830. — Req., 15 février 1832. — Cass.,
3 février 1835. — La Cour de cassation a donné la même solution au cas où, au
moment de l'échéance de la lettre, la dette du tiré envers le tireur n'est pas
encore exigible. — Voyez notamment Req., 20 juin 1854. — Pardessus, t. 2,
N° 392 ; Nouguier, des lettres de change, t. 1, p. 260 et suiv.; — Contra
Bravard, p. 236 ; Bécane, *Questions sur la lettre de change*, p 51; Delamarre
et Lepoitevin, t. 5, append., N°s 7 et suiv.

simple engagement du tireur et qu'il peut exiger ou l'acceptation du tiré ou une caution ; nous avons dit que d'autres règles devaient être suivies si la lettre de change était créée *non acceptable.* C'est ce qui a lieu en matière de chèque ; il est, par sa nature même, non acceptable et ne constitue qu'un simple mandat. Nous ne pouvons donc qu'enseigner une règle contraire à celle que nous avons soutenue pour la lettre de change, puisque les circonstances ne sont pas les mêmes. »

M. Nouguier, dans son commentaire de la loi de 1865, propose la distinction suivante : « en régle générale le tiers-porteur du titre est propriétaire de la provision ; mais ce principe absolu en matière de lettre de change comporte une distinction quand il s'agit d'un chèque. Dans la lettre de change, le porteur du titre en a nécessairement compté la valeur : il a acheté et payé, si l'on peut s'exprimer ainsi, cette sorte de marchandise qu'on lui a livrée; puisqu'il a traité à titre onéreux, il est souverainement juste qu'on lui laisse ce qu'on lui a donné ; donner et retenir ne vaut. Dans le chèque, il peut en être de même, mais aussi il peut en être autrement. Le chèque peut être le prix d'une créance antérieure ou d'une somme versée, mais il peut aussi être remis au bénéficiaire pour prêt, par libéralité ou pour toute autre cause gratuite. En ce dernier cas, la survenance de la faillite, dans les dix jours qui suivent la transmission du chèque, ouvre à la masse les droits que lui confèrent les articles 446 et 447 du Code de Commerce.»

Nous ne pouvons admettre cette distinction que nous considérons comme arbitraire et sommes d'avis que si le législateur de 1865 ne s'est pas expressément prononcé sur la question, c'est qu'il a voulu lui appliquer la solution admise par la Cour de cassation en matière de lettres de change ; et cette solution est d'autant plus acceptable dans l'espèce que l'on ne peut invoquer pour le chèque l'argument que l'on fait valoir ponr soutenir que la provision de la lettre de change n'appartient pas au porteur, et qui consiste à dire que la preuve que le contrat de change ne contient ni vente ni cession, c'est que la provision peut n'être faite qu'à l'échéance du titre.

A l'objection présentée dans la même séance du 6 mai 1865 , que
le chèque ne pouvait transporter la propriété de la provision à
l'égard des tiers parce qu'il n'avait pas de date certaine, qu'un
transport et une notification étaient nécessaires pour lui faire produire cet effet, nous répondrons que le chèque, instrument destiné à circuler rapidement , doit porter en lui-même la preuve de
l'époque de sa confection et ne saurait être soumis aux prescriptions de l'article 1328 du Code civil pour faire foi de sa date à
l'égard des tiers.

Un jugement du tribunal de Nantes du 6 juillet 1867 que nous
avons rapporté déjà au sujet du chèque-récépissé , a décidé que
le reçu-chèque ne transportait pas au porteur à l'instant de sa
remise par le signataire , comme le fait un mandat de paiement ,
la propriété de la somme dont il est destiné à procurer l'encaissement chez le débiteur , et n'est qu'une simple quittance , signée
à l'avance par le créditeur pour le cas espéré où ce débiteur en
paierait le montant. Cette décision du tribunal de Nantes est
restrictive au chèque-récépissé et implique la solution contraire
dans le cas de chèque-mandat (Affaire Lefèvre-Grandmaison contre
syndics Gouin, père et fils (1).

Si c'est au contraire le tiré qui tombe en faillite avant l'échéance
de la lettre, la provision continue-t-elle à exister , appartient-elle
au porteur, ou , au contraire forme-t-elle le gage et doit-elle être
attribué à la masse des créanciers du tiré ? Une distinction est nécessaire : la provision peut avoir été envoyée par le tireur au tiré
avec destination spéciale pour l'acquit de la lettre de change ; si
un individu envoie à son correspondant des valeurs à recouvrer, en
lui mandant de les appliquer au paiement de la lettre de change,
et que le correspondant soit déclaré en faillite avant d'avoir en-
caissé les valeurs, le tiré n'est qu'un dépositaire quant à ces valeurs ; ses créanciers n'ont pas de droit sur une chose qui n'appartient pas à leur débiteur et par conséquent ils ne peuvent venir sur

(1) Voir *Jurisprudence commerciale et maritime*, 49 , 1871. 2. 15, et Dalloz,
Recueil périodique, 1868. 3. 46.

cette espèce de provision en concours avec le porteur auquel elle sera attribuée. (V. art. 574. C. comm). Si la provision, au contraire, se compose de sommes dues par le tiré au tireur, ce dernier ne figure dans la masse de la faillite que comme un créancier ordinaire, et le porteur qui n'a pas plus de droits que lui, viendra par contribution avec les autres créanciers de la faillite.

Il nous reste à examiner une dernière question sur le terrain de l'article deux : comment se fera la preuve de l'existence de la provision ? La loi de 1865 étant muette à cet égard, il nous faut nous reporter aux règles admises en ce qui concerne la lettre de change. « Nous croyons, dit M. Nouguier, qu'il est bien difficile d'admettre une règle absolue pour prouver la provision en matière de chèques : des distinctions sont nécessaires. S'agit-il d'une demande du tireur contre le tiré, c'est-à-dire d'un compte de mandat commercial ? Nous serions disposé à admettre tous les moyens de preuve, les livres, la correspondance et même la voie d'une enquête. S'agit-il entre le porteur et la masse du tireur tombé en faillite de la question de savoir, si en fait, la provision existait ou n'existait pas au moment de l'échéance, et était par conséquent la propriété ou du porteur ou de la faillite ? Nous accepterions la même solution. S'agit-il d'une déchéance que le tireur peut invoquer contre le porteur qui n'a pas fait protester alors que la provision a été faite ? Oh ! alors comme il s'agit de détruire la foi due au titre et d'appliquer une véritable peine, nous croyons que la preuve littérale serait seule admissible. S'agit-il enfin de soumettre à l'amende le tireur qui a contrevenu à l'obligation de ne tirer le chèque qu'après le versement préalable de la provision ? Nous voudrions aussi des preuves écrites et positives ».

Il nous est impossible de croire que cette solution soit conforme au vœu du législateur de 1865, et réellement en harmonie avec l'esprit de la loi. Comme les effets de commerce, les chèques rédigés sous une forme spéciale, placés dans une catégorie exceptionnelle, doivent jouir des mêmes priviléges, des mêmes immunités. La preuve de l'existence de la provision pourra en conséquence être établie par les moyens usités en matière commerciale :

la rapidité des opérations qui se font par l'entremise du chèque, et surtout la confiance qui doit y présider sont inconciliables avec les formalités minutieuses qu'exige le droit civil,

« *Le chèque est payable à présentation.* »

Cette formule est la consécration de cette autre que nous avons déjà rencontrée et longuement discutée, art. 1ᵉʳ § 3 : « *et ne peut être tiré qu'à vue.* » Avant la loi de 1865, les établissements financiers avaient l'habitude de viser les chèques quelques jours avant de les acquitter. Aujourd'hui le chèque étant payable à présentation, ne comporte plus cette formalité du visa qui peut toutefois encore être apposé sur le reçu-chèque, instrument de retrait parallèle au chèque-mandat, mais que le législateur de 1865 dans son mutisme à son égard a laissé sous l'empire des anciens usages.

Article trois.

« *Le chèque peut être tiré d'un lieu sur un autre ou sur la même place.* »

Aux termes de l'article 110. C. comm. « la lettre de change est tirée d'un lieu sur un autre. » La remise d'argent de place en place est essentielle à la création d'une lettre de change : nous savons en effet que la lettre de change est le moyen d'exécution du contrat de change et que par ce contrat on donne une valeur *dans un lieu* pour recevoir une somme *dans un autre.*

Cette différence entre le chèque et la lettre de change est d'une explication toute simple : le législateur a voulu donner à l'émission et à la transmission des chèques toutes les facilités possibles, cette faveur de la loi permet à toute personne, qui a un compte-courant chez un banquier, de payer en quelque lieu qu'elle se trouve avec des chèques tirés sur ce banquier. « On ne peut qu'applaudir, dit le rapport, à la disposition qui permettra aux virements et aux compensations de s'accomplir de place à place, et diminuera ainsi la nécessité des transports de numéraire. On peut se faire une idée de la monnaie métallique qui voyage par le tribut payé aux compagnies de chemins de fer pour transports d'espèces ; ce tribut s'élève à deux millions, ce qui représente un capital de trois milliards. »

Lorsque la question d'utilité de cette latitude à accorder au chèque de pouvoir être tiré non seulement sur la même place, mais encore d'un lieu sur un autre fut agitée au Corps législatif, M. Rouher la présenta en ces termes : « Il fallait bien que la loi s'expliquât sur ce point : il fallait bien qu'elle déterminât le caractère du chèque. Cette question a été résolue en Angleterre. Après l'avoir d'abord passée sous silence, le Parlement a fait une loi spéciale pour déclarer que le chèque pourrait être tiré de place en place. En quoi cette faculté est-elle un inconvénirnt ? En quoi est-elle un désavantage ? En quoi la prévision de cette latitude, dans l'émission du chèque, paralyse-t-elle l'émission elle-même ? Il est avantageux que le chèque puisse être tiré de place en place, qu'un particulier qui a entre ses mains les chéques qui lui ont été délivrés par sa maison de banque, puisse, *en quelque lieu de la France* qu'il se trouve, délivrer un chèque sur sa maison de banque. Il a donc fallu prévoir cette hypothèse. Nous l'avons prévue et résolue. » — (Séance du 23 mai 1865.)

Ces paroles de M. Rouher « en quelque lieu de la France qu'il se trouve ». pouvaient faire croire que la loi de 1865 avait entendu exclure tous les chèques autres que ceux tirés d'un point de la France sur un autre, qu'elle ne s'appliquait pas aux chèques tirés de l'étranger.

Le langage du Commissaire du gouvernement, répondant à une interpellation que lui avait adressée à cet égard M. Ernest Picard avait été précédemment plus exclusif encore : « Quant aux chèques tirés de l'étranger ou des colonies le caractère de déplacement fictif, de remise d'argent, y est tellement prédominant, tellement important, qu'il n'était pas possible d'étendre les bénéfices de la loi jusque-là.

« Je reconnais que c'est l'intérêt du Trésor qui a mis là une barrière. Le Trésor fait un sacrifice pour les chèques tirés de l'intérieur. Il consent à ne pas y voir le caractère de change, qui cependant s'y trouve, pour n'envisager que le caractère d'instrument de liquidation : mais quand il s'agit de chèques tirés, soit de l'étranger, soit des colonies, le caractère de change devient tellement prépondérant, que le Trésor ne peut plus ne pas en tenir compte et fermer les yeux sur le signe qui les rend passibles de l'impôt. » — (Séance du 6 mai 1865.)

Cependant il n'en a pas été ainsi : les chèques tirés de l'étranger ont toujours été considérés comme valables ; ils le sont encore aujourd'hui, pourvu bien entendu qu'ils ne soient pas créés à une distance telle qu'il soit impossible de les présenter au paiement dans le délai de huit jours. La solution contraire aurait eu pour résultat d'apporter un obstacle à ce mode facile de paiement qu'on devait, dans l'intérêt du commerce et de l'industrie, favoriser par tous les moyens possibles. Aussi fallait-il pour cette exclusion que notre loi spéciale de 1865 s'exprimât formellement.

Quant aux chèques tirés des colonies sur la France (par colonies nous entendons naturellement nos possessions qui sont comprises dans l'acception propre du mot), les paroles de M. de Lavenay étaient inutiles puisqu'il était matériellement impossible qu'un chèque tiré de ces colonies fût présenté au paiement en France dans les huit jours, y compris le jour de sa création.

La loi de 1865 a gardé le silence sur une question qui pouvait présenter déjà à cette époque un certain intérêt ; celle de savoir si le bénéfice de cette loi s'étendait aux chèques créés dans l'intérieur des colonies : mais un décret en date du 9 janvier-13 février 1867 est venu trancher la difficulté.

« Napoléon....., et sur le rapport de notre ministre de la marine et des colonies, vu le sénatus-consulte du 3 mai 1854, vu l'avis du comité consultatif des colonies, avons décrété et décretons ce qui suit :

Art. 1er. — La loi du 14 juin 1865 sur les chèques est applicable aux colonies.

Art. 2. — Notre ministre de la marine et des colonies est chargé de l'exécution du présent décret.

Les habitants de nos colonies peuvent donc créer des chèques circulant dans la colonie même : il est regrettable toutefois que la loi de 1865 ne leur ait pas donné la faculté de tirer des chèques des colonies sur la métropole et réciproqucment, en accordant en ce cas à ce mode de paiement et de compensation un délai de cours raisonnable, c'est-à-dire proportionné à la distance ; un amendement, parmi tant d'autres présentés lors de la discnssion de la loi du 19 février 1874, aurait eu au moins cct heureux résultat de faire combler cette lacune fâcheuse qui existe encore aujourd'hui dans notre législation sur les chèques.

Voici quant aux chèques tirés de l'étranger et payables en France les dispositions que nous rencontrons dans cette loi de 1874, portant augmentation des droits d'enregistrement et de timbre, dispositions qui ne soulèvent aucune difficulté.

Art. 9. — Toutes les dispostions législatives relatives aux chèques tirés de France sont applicables aux chèques tirés hors de France et payables en France.

Les chèques pourront avant tout endossement en France être timbrés avec des timbres mobiles.

Si le chèque tiré hors de France n'a pas été timbré conformément aux dispositions ci-dessus, le bénéficiaire, le premier endosseur, le porteur ou le tiré, sont tenus, sous peine de l'amende de six pour cent, de le faire timbrer aux droits fixés par l'article précédent (0. 20 cent.), avant tout usage en France.

Si le chèque tiré hors de France n'est pas souscrit conformément aux prescriptions de l'art. 1ᵉʳ de la loi du 14 juin 1865 et de l'art. 5 ci-dessus, il est assujetti aux droits de timbre des effets de commerce. Dans ce cas le bénéficiaire, le premier endosseur, le porteur ou le tiré sont tenus de le faire timbrer avant tout usage en France, sous peine d'une amende de 6 p. 100.

Toutes les parties sont solidaires pour le recouvrement des droits et amendes.

Article quatre.

« L'émission d'un chèque, même lorsqu'il est tiré d'un lieu sur un autre ne constitue pas par sa nature un acte de commerce.

« Toutefois les dispositions du Code de commerce relatives à la garantie solidaire du tireur et des endosseurs, au protêt et à l'exercice de l'action en garantie en matière de lettres de change, sont applicables au chèque. »

Avant d'aborder la discussion de cet article, il est bon de mettre en relief, d'indiquer ici les dispositions du Code de commerce, qui en matière de lettres de change, se réfèrent à la compétence des tribunaux consulaires.

L'article 631 (C. comm.) est ainsi conçu : « Les tribunaux de commerce connaîtront : 1° de toutes contestations relatives aux engagements et transactions entre négociants, marchands et banquiers, 2°...... ..., 3° entre toutes personnes des contestations relatives aux actes de commerce. »

La compétence commerciale est donc fondée en premier lieu sur la qualité des personnes litigantes, qualité qui imprime aux actes une présomption de commercialité ; en deuxième lieu sur la nature même des actes.

L'article 632, énumérant ensuite les actes commerciaux par leur nature, comprend dans cette énumération, les lettres de change ou remises de place en place.

Nous pouvons maintenant présenter la physionomie générale de l'art. 4, telle qu'elle apparaît dans l'exposé des motifs et dans le rapport de M. Darimon ; ce qui nous permettra de résoudre plus facilement les difficultés qui, de prime abord, résultent de la simple lecture du texte.

« Le chèque peut être tiré, dit l'exposé des motifs, soit de la même place, soit d'un lieu sur un autre, sans être *par sa nature* dans l'un ou l'autre cas un acte de commerce. Le projet dit *par sa nature*, parce que le chèque doit être considéré comme un acte de commerce ou comme un acte civil suivant la qualité des parties et les causes à raison desquelles il a été souscrit. La compétence sera réglée par les tribunaux suivant les principes du droit commun. La faveur du projet consiste en ceci : que même, d'un lieu sur un autre, l'émission d'un chèque ne constituera pas un acte de commerce comme celle d'une lettre de change ; cette faveur s'explique par cette considération, qu'en fait, la fonction du chèque est très-souvent, et peut-être, le plus souvent, de liquider des obligations contractées par des particuliers non négociants, et qui ne présentent aucun caractère commercial dans leurs causes. »

Voici encore comment s'exprimait à cet égard au Corps législatif M. Darimon, rapporteur de la commission : « Deux questions avaient été soulevées l'année dernière dans la discussion sur les chèques : le chèque devait-il être considéré comme un acte de commerce, et les contestations qui naîtraient à son sujet ressortir toujours des tribunaux consulaires ? La faculté d'endossement, si elle était accordée au chèque, devait-elle entraîner la solidarité du tireur et des endosseurs, comme elle a lieu en matière de lettre de change ? Ce sont là des questions délicates sans doute, mais il ne faut pas s'en exagérer l'importance, et la solution à laquelle se sont arrêtés la commission spéciale et le Conseil-d'État nous paraît devoir résoudre toutes les difficultés.

« Au premier abord il semble que, pour empêcher tout conflit entre les compétences, il soit nécessaire de stipuler que les contestations relatives aux chèques dirigées contre le tireur ne seront du ressort du Tribunal de commerce, que si celui-ci est un commerçant. Mais, en examinant les choses d'un peu plus près, on voit bien vite que cette disposition augmenterait les complications. Que déciderait-on, en effet, dans le cas où, le tireur étant non-commerçant, le chèque serait endossé par un ou plusieurs commerçants ? Les mots, *par sa nature*, introduits dans le projet enlèvent toutes les équivoques ; ils indiquent nettement que le chèque sera considéré comme un acte de commerce ou comme un acte civil, suivant la qualité des parties et les causes à raison desquelles il aura été souscrit. La compétence sera réglée par les Tribunaux, suivant les règles ordinaires du droit commun. Mais le projet de loi

va plus loin : quoique le chèque émis d'un lieu sur un autre ait l
cachet extérieur d'une lettre de change, il n'est point, néanmoins
nécessairement assimilé à cette dernière en ce qui concerne la compétence. Il eût été difficile, du reste, de faire une pareille assimilation : en fait, le chèque tiré d'un lieu sur un autre servira, le
plus souvent, à liquider des obligations contractées par des particuliers non commerçants, obligations qui n'auront aucun caractère
commercial dans leurs causes.

« Une assimilation plus naturelle est celle qui est relative à la
garantie solidaire du tireur et des endosseurs, au protêt et à l'exercice de l'action en garantie. Ici on comprend que les dispositions
du Code de commerce en matière de lettre de change, reçoivent
leur application. Au point de vue économique, une telle solidarité
est nécessaire au succès des chèques et à leur adoption générale.
Le porteur du chèque doit avoir une sécurité complète : la nécessité
de la provision lui garantit que le tireur ne peut abuser de sa bonne
foi ; la solidarité des endosseurs lui garantit, en outre, le paiement
de son chèque. Si l'on repoussait cette solidarité, on aboutirait à
des conséquences absurdes. Faudrait-il n'admettre dans aucune
hypothèse le recours du porteur du chèque contre celui qui le lui a
remis ? Mais en considérant le chèque comme une monnaie, on ne
peut arriver à une conclusion aussi radicale, le porteur d'une pièce
fausse ayant parfaitement un recours contre celui de qui il la tient.
La solidarité est indispensable ; elle résulte de la nature même des
choses. »

Sur le 1ᵉʳ alinéa de notre article 4, aucune difficulté ne pouvait
s'élever quant au chèque tiré de la place sur laquelle il est payable :
mais il en fut autrement du chèque tiré d'une place sur une autre.

Plusieurs orateurs, et notamment MM. Ernest Picard et Berryer
partant du principe élémentaire que la loi répute acte de commerce la remise d'argent de place en place, firent remarquer que
le chèque, tiré d'un lieu sur un autre, contenait cette remise aussi
bien que la lettre de change, qu'il était donc comme elle, par sa
nature, un acte de commerce et que l'article 4 du projet de loi était
en contradiction formelle avec les vrais principes.

M. de Lavenay se chargea de répondre à cette objection qui semblait tout d'abord justifiée, mais qui ne pouvait résister à un examen approfondi, et il le fit en ces termes : « C'est précisément pour cela que nous avons raisonné ainsi : Si la loi est muette, — et je dis en passant que c'est un des nombreux motifs de faire une loi spéciale, de ne pas s'en tenir, comme on l'a proposé, à un simple article de la loi de finance portant exemption d'impôt, — nous avons, dis-je, raisonné ainsi : Si la loi est muette sur ce point, lorsque le chèque sera tiré de la même place, il y aura ou il n'y aura pas acte de commerce, suivant la qualité du tireur ou les circonstances ; mais s'il est tiré d'une place sur une autre, il y aura toujours acte de commerce, et le souscripteur, quel qu'il soit, sera toujours tenu de la juridiction commerciale.

« On avait déjà fait remarquer, dès l'année dernière, et le gouvernement comme le conseil d'État et votre commission ont partagé cet avis, que ce résultat, dans certains cas, serait exorbitant.

« En effet, le chèque est un instrument de liquidation, qui n'est pas seulement employé dans les habitudes du commerçant ; il est employé aussi comme mode de paiement dans les habitudes des simples particuliers : toute personne peut payer un fournisseur, pour une livraison quelconque avec un chèque. Dans l'état actuel des choses, quand on donne ces récépissés dont on s'est servi jusqu'à présent, on ne dénature pas cette obligation ; elle reste, après la délivrance du récépissé, civile ou commerciale, comme elle était auparavant.

« On a donc pensé qu'on ferait une chose utile à la propagation des chèques, utile à cette habitude qu'on veut développer, de déposer les fonds disponibles en comptes-courants, en permettant aux particuliers non-commerçants de payer avec un chèque, même d'une place sur une autre, les livraisons qui leur auraient été faites, et cela, sans changer de juridiction et sans qu'ils deviennent, eux qui ne sont point commerçants, qui n'ont aucune affaire de commerce, justiciables de la juridiction des tribunaux de commerce.

« *Je le répète, c'est, il est vrai, une dérogation à la présomption qui fait considérer comme opération de commerce toute remise d'argent de place en place*; *mais c'est une dérogation qui a été faite intentionnellement* en faveur de l'institution des chèques , en faveur de leur prorogation, à raison de leur objet et de leurs causes habituelles ; au profit enfin des personnes non commerçantes qui veulent se servir , pour la simple liquidation de leurs obligations, de ce mode de paiement. » (Séance du 23 mai 1865).

Nous ne saurions admettre toutefois , comme l'a concédé M. de Lavenay, que le chèque tiré d'un lieu sur un autre, réalise au même degré que la lettre de change, la remise de place en place , c'est-à-dire un acte de commerce. Cette concession faite par le Commissaire du gouvernement est dangereuse ; car il existe à cet égard entre la lettre de change et le chèque une différence très-remarquable. Une lettre de change doit en effet être tirée nécessairement d'un lieu sur un autre, contenir un contrat de change, et énoncer que la valeur a été fournie au tireur en espèces, en marchandises , en compte , ou de toute autre manière , et cette mention est si bien considérée comme faisant partie des caractères essentiels de la lettre, que la jurisprudence annule le titre lorsqu'il renferme seulement cette formule : *Valeur reçue ou entendue.* C'est dans la combinaison de ces deux choses : 1° La valeur fournie en un lieu et exprimé dans le titre, 2° Son équivalent restitué dans un autre lieu que réside le contrat de change , et par suite la lettre de change qui en est l'instrument. Si nous rencontrons dans le chèque tiré de place en place le mandat donné à un tiers , de payer en un autre lieu, nous n'y trouvons pas nécessairement l'autre caractère essentiel à la lettre de change, la valeur fournie dans un lieu différent de celui du paiement : en supposant même que cette valeur ait été fournie, le titre ne l'énonce pas.

C'est ce que fit très-bien comprendre M. Rouher qui prit la parole après le Commissaire du gouvernement : « je n'hésite pas à l'affirmer, dans l'émission et l'acceptation d'un chèque, il n'y a pas, à proprement parler, un contrat de change ; il n'y a pas ce qui est le caractère fondamental et essentiel de la lettre de change et de la juridiction commerciale, l'émission d'un chèque est une simple liquidation, un simple règlement opéré sur des fonds disponibles, au moyen d'un instrument de crédit spécial, opération très-différente du contrat de change, tel que le définit le Code de Commerce. Il ne saurait y avoir par conséquent, ni doute, ni hésitation, ni difficulté dans l'application de l'article 4. »

D'autres raisons s'opposaient à ce que l'on pût regarder le chèque comme un acte de commerce ; la lettre de change est un instrument de crédit qui peut être créé, nous l'avons dit, sans provision préalable ; elle puise sa force dans la confiance accordée à la personne ; il fallait donc que le tireur ou l'endosseur d'un pareil titre fussent soumis à une juridiction et à des voies d'exécution exceptionnelles. Le chèque, au contraire, ne peut être souscrit qu'autant que la provision existe préalablement à la création du titre et sous peine d'encourir une lourde amende et de s'exposer à l'application des dispositions pénales en cas de manœuvres frauduleuses. Dans l'espèce, la foi repose sur l'argent déposé, et la confiance en la personne n'est qu'accessoire. D'ailleurs l'assimilation quant à la juridiction, du chèque à la lettre de change eût peut-être entraîné la ruine complète de cet instrument dont nous espérons avoir démontré déjà toute l'utilité. Quel serait en effet en ce cas le particulier qui n'aimerait mieux se priver de ce mode facile de paiement que de se rendre justiciable des tribunaux consulaires. Cette disposition de l'article 4, « que le chèque même lorsqu'il est tiré d'un lieu sur un autre, ne constitue pas par sa nature un acte de commerce, » est donc parfaitement dans la nature des choses, et à l'abri de toute critique.

Il nous reste sur ce point à passer en revue les différentes espèces qui peuvent se présenter et auxquelles nous appliquerons les principes que nous avons à déduire des explications qui précèdent, principes que nous formulerons ainsi : A l'égard du non commerçant, la commercialité de la cause du chèque peut seule l'entraîner devant le tribunal d'exception, et si la commercialité du fait n'est pas établie, la qualité civile de la personne le laisse sous l'empire de la juridiction commune. — A l'égard du commerçant, au contraire, la nature purement civile du fait le replace seule sous la juridiction commune : s'il ne prouve pas cette cause étrangère au commerce, sa qualité de commerçant le maintient de droit sous la juridiction consulaire.

Supposons que l'action née à l'occasion d'un chèque soit intentée contre un commerçant : cette action devra être portée devant les tribunaux de commerce, aux termes des articles 631-1°, 632,6° alinéa, et 638, § 2 lesquels disposent ainsi qu'il suit :

Art. 631-1°. — Les tribunaux de commerce connaîtront des contestations relatives aux engagements et transactions entre négociants, marchands et banquiers.

Art. 632, 6° alinéa. — La loi répute actes de commerce toutes obligations entre négociants, marchands et banquiers.

Et art. 638, § 2. — Néanmoins les billets souscrits par un commerçant seront censés faits pour son commerce...... lorsqu'une autre cause n'y sera pas énoncée.

A ne consulter que les termes des articles 631-1° et 632, 6° alinéa, il semblerait que la juridiction commerciale dût nécessairement connaître de toute contestation entre négociants, marchands et banquiers par suite de leur seule qualité de commerçants, même quand cette contestation serait relative à des actes étrangers au commerce : toutefois, il est constant que pour les actes qui n'ont point une cause commerciale, et qui dérivent d'un fait purement civil, les commerçants restent régis par la loi civile et sont justiciables des tribunaux ordinaires. Mais si la cause de l'engagement est inconnue, comme tous les engagements passés par des commerçants sont présumés, jusqu'à preuve contraire, avoir pour objet plutôt l'exercice du commerce auquel ils se livrent que les actes de la vie civile, cette cause est réputée commerciale et la compétence attribuée aux tribunaux consulaires.

Il faut donc reconnaître qu'en thèse générale et, *à moins de preuve contraire*, les engagements d'un commerçant, lors même qu'ils auraient eu lieu au profit d'un non-commerçant, sont présumés contractés pour son commerce.

Cette distinction entre les actes relatifs au négoce et ceux qui y sont étrangers ressort du § 1er de l'article 638, emprunté à l'art, 6 de l'ordonnance de 1673 : « *Ne seront point de la compétence des tribunaux de commerce les actions intentées contre un propriétaire, cultivateur ou vigneron pour vente de denrées provenant de son crú, les actions intentées contre un commerçant pour paiement de denrées et marchandises achetées pour son usage particulier* ».

Si donc le commerçant souscrit un effet pour une cause étrangère à son commerce, et s'il a soin d'énoncer cette cause dans le titre même, alors ce n'est point comme commerçant, c'est comme simple particulier qu'il a contracté : il ne doit pas être, il n'est plus justiciable des tribunaux consulaires.

Voici, à l'égard des chèques, la déclaration que fit dans cet ordre d'idées M. de Lavenay dans la séance du 23 mai 1865 : « Lorsque le chèque sera souscrit par un commerçant, à l'occasion d'une affaire de commerce, ce commerçant, en vertu des prescriptions du Code de commerce, sera justiciable du tribunal de commerce. *Autrement le souscripteur sera justiciable des tribunaux civils* ».

Il peut arriver qu'un contrat synallagmatique constitue pour l'une des parties contractantes un acte de commerce sans produire le même effet à l'égard de l'autre. Un propriétaire, par exemple, vend les denrées que produit son domaine; il n'y a pas de sa part acte de commerce. L'acheteur a-t-il, lui, l'intention de revendre, il se livre alors au trafic prévu par l'art. 632 (C. comm.), et se rend justiciable des tribunaux consulaires. C'est en effet à cette intention qu'il est nécessaire de s'attacher pour déterminer la commercialité de l'acte. Nous nous trouvons donc en présence d'un contrat civil d'un côté et commercial de l'autre, civil quant au propriétaire vendeur, commercial quant à l'acheteur. Le propriétaire qui ne pourra être attrait devant la juridiction consulaire aura le choix d'y appeler l'acheteur, ou de porter sa demande devant les tribunaux civils. La partie à l'égard de laquelle l'acte n'est pas commercial a en effet le choix de la juridiction : elle est libre de traduire son adversaire devant les Tribunaux de Commerce ou devant les Tribunaux civils. C'est ce que plusieurs arrêts ont décidé (1). Le défendeur a, dit-on, dû s'attendre à être soumis à la juridiction commerciale et ne pouvait compter, que celui avec qui il traitait, entendît le rendre justiciable du tribunal de commerce pour un engagement qui de sa part n'était pas commercial.

Mais si ce simple particulier s'est engagé pour une opération commerciale, la juridiction consulaire qui, aux termes de l'article 631, connaît entre toutes personnes des contestations relatives aux actes de commerce, devient la seule compétente dans cette hypothèse.

Il en est de même des chèques. Ainsi, une personne souscrit un chèque pour une cause étrangère au commerce ; elle fait un acte purement civil : ce chèque est tiré sur une banque de dépôt ; la banque de dépôt est engagée à raison de son commerce qui consiste à spéculer sur les fonds déposés. Le souscripteur aura dans l'espèce le choix de la juridiction civile ou de la juridiction commerciale.

En résumé le caractère commercial de la cause du chèque est seul susceptible d'entraîner un non-commerçant devant les tribunaux consulaires, si la commercialité de l'acte n'est pas démontrée, on rentre sous l'empire du droit commun (2). Un commerçant au contraire est justiciable des tribunaux de commerce, à moins qu'il ne prouve que l'effet qu'il a souscrit ou l'engagement qu'il a contracté ont une cause étrangère au commerce.

A cette règle, qui ne permet pas aux tribunaux de commerce de connaître des contestations soulevées contre un simple particulier

---

(1) Bourges, 17 juillet 1837 ; Montpellier, 31 mars 1841. — Req., 12 décembre 1836 ; Cass, 6 novembre 1843. — V. cependant Bastia, 10 août 1831 ; Orléans, 5 mars 1842 ; jugement du tribunal d'Amiens du 29 mars 1841.

(2) L'incompétence doit être opposée *in limine litis*, parce qu'il ne s'agit ici que d'une incompétence *ratione personæ*, et non de celle *ratione materiæ* ; c'est une incompétence qui ne touche en rien à l'ordre public et qui, par conséquent, serait couverte par le silence du défendeur. (V. art. 636 C. comm.)

il existe une exception que nous trouvons écrite dans l'art. 637 (C. comm), lequel est ainsi conçu :

« Lorsque ces billets à ordre porteront en même temps des
« signatures d'individus négociants et d'individus non--négociants,
« le tribunal de commerce en connaîtra ; mais il ne pourra pro-
« noncer la contrainte par corps contre les individus non-négo-
« ciants à moins qu'ils ne soient engagés à l'occasion d'opérations
« de commerce, trafic, change, banque ou courtage ».

Cet article est d'une interprétation difficile et mérite que nous nous y arrêtions, avant de présenter la question similaire en matière de chèque. Certains auteurs motivent cette disposition en disant que le tribunal de commerce est compétent dans ce cas, même à l'égard des non-négociants, parce que la nature du titre se combine avec la qualité des signataires ; d'autres en donnent pour raison que les effets à ordre sont des papiers négociables, des actes à demi commerciaux, qui ne peuvent être bien appréciés que par les tribunaux de commerce, d'autres enfin, que ces dispositions sont fondées sur l'inconvénient qu'il y aurait à diviser les actions.

« Quand le billet à ordre, dit M. Delpierre, dans le rapport qu'il fit au nom du Tribunat à la séance du Corps législatif du 14 septembre 1807, sera souscrit alternativement d'individus négociants et d'individus non-négociants, tous les signataires indistinctement, en cas de contestations, ressortiront des tribunaux de commerce, qui prononceront contre les uns la contrainte par corps, et ordonneront sur les autres l'exécution mobilière. Il fallait donner à la même autorité le droit de rendre ces deux espèces de jugements sur une matière indivisible de sa nature. Et comme dans les causes mixtes, c'est l'objet le plus grave qui entraîne celui qui l'est moins, il était juste de déférer aux tribunaux de commerce la connaissance de ce genre de différends ».

Depuis la suppression de la contrainte par corps, (loi du 22 juillet 1867), les raisonnements de M. Delpierre n'ont plus aucune valeur. Aussi la disposition de l'art. 637 ne saurait-elle être étendue au-delà de ses termes. Quoi qu'il en soit, le texte de l'art. 637

est formel quant aux lettres de change réputées simples promesses et aux billets à ordre renfermant des signatures de commerçants ou de non-commerçants ; la juridiction consulaire est seule compétente dans l'espèce. Cet article s'applique également aux chèques, ainsi que l'a déclaré M. Rouher dans la séance du Corps législatif du 23 mai 1867 : « Les règles de juridiction tracées par l'art. 636 du Code de commerce, lorsque le billet à ordre n'est revêtu que de signatures d'individus non-négociants, et aussi celles tracées par l'article 637, lorsque le titre porte à la fois des signatures de négociants et de non-négociants demeurent d'ailleurs complètement applicables au chèque ».

Une question d'une solution très-controversée peut se présenter à l'occasion des chèques dans l'application de l'art. 637 : on s'est demandé si le Tribunal de commerce demeurait compétent à l'égard du non-négociant lorsque, sur le titre qu'il a signé, figuraient des signatures de commerçants libérés. Cette question a divisé la doctrine et la jurisprudence. Le système de la négative prétend, pour enlever aux tribunaux consulaires la connaissance du litige, que l'article 637 prévoie le cas où les signataires, commerçants ou non, sont cumulativement poursuivis ; que cela s'induit du texte, et de l'esprit de la loi ; du texte qui autorise la contrainte par corps contre les commerçants, ce qui les suppose en cause, de l'esprit, car l'article 637 n'a pour but que d'éviter la multiplicité de procès, et la contrariété de jugements qui pourrait se réaliser, si les uns étaient traduits devant le Tribunal civil; que cette contrariété n'est plus à craindre lorsque, les signataires commerçants étant désintéressés, il n'y a plus à poursuivre que les non-commerçants ; qu'il faut dès lors revenir aux règles de la compétence du droit commun.

L'opinion contraire se trouve formulée dans un arrêt de la Cour d'Amiens du 7 mars 1837 (1), dont voici les principaux considérants :

(1) V. *Journal du Palais*, V° Comp. comm. N° 300 et suiv.

Attendu que l'art. 637 conçu en termes généraux attribue aux tribunaux de commerce par opposition au cas prévu par l'art. 636 du même code la connaissance de tous effets qui, étant revêtus de la forme commerciale, sont susceptibles d'en conserver d'une manière immuable le privilége ;

Que dès lors il est indifférent que l'individu non négociant, signataire du billet, soit seul actionné en paiement, parce que cette circonstance n'est pas de nature à anéantir la juridiction commerciale irrévocablement acquise par le fait d'individus négociants ;

Qu'il faut reconnaître que cet individu a accepté d'avance cette juridiction, lorsque, pour satisfaire à une obligation purement civile il a eu recours aux formes commerciales, et notamment au billet à ordre, parce que en le souscrivant il s'est soumis aux conséquences qui pourraient en résulter, si son billet mis en circulation se trouvait ensuite revêtu de la signature d'individus commerçants.

Nous pensons que la seule doctrine juridique est celle qui proclame l'incompétence du Tribunal de commerce lorsque l'obligé non négociant est seul actionné. Nous adoptons d'autant plus facilement cette solution que l'existence sur le titre de signatures de commerçants ne serait bientôt plus qu'un mensonge et qu'une ruse pour se créer l'occasion et le moyen d'inventer la juridiction exceptionnelle, que l'effet d'une complaisance sollicitée et obtenue après coup et dans ce but unique N'est-ce pas ce qu'on doit craindre lorsqu'il est allégué et acquis que tous les signataires commerçants n'ont plus aucun intérêt au litige.

La jurisprudence s'est occupée de ce danger, au point de subordonner l'application de l'art. 637 au caractère de l'engagement du signataire commerçant. Ainsi il a été jugé par la Cour de Bordeaux le 19 novembre 1828 que pour que l'attribution de juridiction de l'art. 637 sortît effet à l'égard du non commerçant, il fallait que le signataire négociant fût réellement obligé, et pût être poursuivi en paiement ; qu'en conséquence si ce négociant a seulement signé un endossement en blanc non translatif de propriété, les non-commerçants ne peuvent être poursuivis que devant la juridiction civile ;

et par la Cour de cassation, le 22 avril 1828, que le non-commerçant qui allègue à l'appui,de son déclinatoire que le billet ne porte aucune signature de négociants, est recevable et fondé à prouver que c'est à tort et faussement que l'un des endosseurs s'est attribué cette qualité en se qualifiant tel à la suite de sa signature.

Les motifs que nous venons de déduire à l'appui du système qui nous semble le plus conforme à la loi et aux intérêts des parties, s'imposent avec plus d'énergie encore dans l'hypothèse du chèque. Nous ne saurions donc admettre, dans l'espèce, ce que nous refusons d'appliquer à la lettre de change réputée simple promesse et au billet à ordre, et distraire de ses juges naturels le simple particulier, lorsqu'il doit seul figurer au procès.

Arrivons maintenant au second paragraphe de l'article 4. Y a-t-il inconséquence à décider, après avoir déclaré que le chèque même tiré d'un lieu sur un autre ne constitue pas un acte de commerce, que néanmoins, dans tous les cas, la procédure préparatoire du litige sera règlementée par le Code de commerce.

« Toutefois, dit le § 2, les dispositions du Code de commerce » relatives à la garantie solidaire du tireur et des endosseurs, au » protêt et à l'exercice de l'action en garantie, en matière de » lettres de change, sont applicables aux chèques. »

Cette disposition a subi de très-vives attaques ; on a prétendu qu'elle manquait de logique en présence du paragraphe précédent ; en effet, a-t-on dit, le chèque n'étant pas par sa nature un acte de commerce, est tantôt acte de commerce, tantôt acte civil, et la compétence qu'il entraîne change suivant la qualité des personnes et les causes en raison desquelles il a été tiré. Il serait donc naturel d'appliquer au chèque les règles du droit commercial ou celles du droit civil suivant que son émission constitue ou non un acte de commerce. On arrive, il est vrai, à ce résultat singulier que les signataires d'un chèque, quand il sera un acte purement civil, seront, dans certains cas, traités plus sévèrement que les signataires d'une lettre de change ; car, aux termes de l'article 112 du Code de commerce, toute lettre de change contenant supposition soit de nom, soit de qualité, soit de domicile, soit du lieu dans lequel elle est tirée ou dans lequel elle est payable, perd son caractère pour n'être plus réputée qu'une simple promesse ; l'article 140, relatif à la garantie solidaire du tireur et des endosseurs, cesse donc de lui être applicable. Quant au chèque, l'art. 4 § 2, ne fait aucune distinction : qu'il constitue un acte civil ou un acte commercial, l'art. 140 lui demeure applicable.

L'inconséquence que nous venons de signaler n'est cependant qu'apparente ; il n'y a nullement antagonisme entre les deux dispositions de l'article 4. Dans le 1er alinéa en effet, le législateur vise la nature de l'acte ; dans le paragraphe 2, il déclare que les recours en garantie pourront être exercés conformément aux dispositions du Code de commerce.

« Toutes les fois, a dit M. Rouher, que le chèque sera protesté, toutes les fois qu'il y aura dénonciation du protêt, les formalités seront remplies suivant les prescriptions du Code de commerce. En agissant de la sorte, on ne fait rien d'insolite et d'anormal : c'est ainsi que les choses se passent pour un billet à ordre souscrit par un simple citoyen. Dans ce cas, et alors même que ce billet à ordre, souscrit ou endossé par des individus non commerçants, est un acte purement civil, on n'en suit pas moins devant toute juridiction, les formalités prescrites par la législation commerciale. »

Quelle que soit donc la nature du chèque ; que le but de sa création ait un caractère commercial ou civil, que le litige soit porté devant les tribunaux consulaires ou devant la juridiction civile, les formalités prescrites par le Code de commerce n'en devront pas moins être exactement suivies dans l'une comme dans l'autre de ces deux hypothèses.

Nous terminerons sur l'article 4 en examinant rapidement les dispositions du Code de commerce auxquelles il renvoie :

1° L'article 140, qui vise la garantie du tireur et des endosseurs, est ainsi conçu : « Tous ceux qui ont signé, accepté ou

endossé une lettre de change sont tenus à la garantie solidaire
envers le porteur. »

Le législateur a voulu ainsi assurer davantage le paiement des
lettres de change, et favoriser leur circulation. Cette solidarité
proclamée pour le chèque par la loi de 1865, était nécessaire au
succès et à l'adoption de cet instrument nouveau : le porteur devait
jouir d'une sécurité complète; il lui fallait un gage que le chèque
ne resterait pas en souffrance ; il l'a trouvé dans la solidarité.

Mais quelle est la nature de cette solidarité ? Est-ce une solidarité parfaite ou une solidarité imparfaite ? On sait qu'une obligation est solidaire lorsqu'une même chose est due par plusieurs
débiteurs et par chacun pour le tout, de telle sorte qu'un seul paiement libère tous les débiteurs. En outre, ce qui est le caractère dis-
tinctif de la solidarité, c'est qu'en s'obligeant solidairement, il y a
mandat reçu et donné par chacun des codébiteurs de représenter
les autres vis-à-vis du créancier dans l'intérêt duquel ce mandat
réciproque est donné ; d'où il résulte entr'autres conséquences que
le créancier qui dirige des poursuites contre l'un des débiteurs
conserve ses droits, non-seulement à l'égard de celui qui est
poursuivi, mais à l'égard de tous. Dès qu'un des codébiteurs est
actionné, tous sont réputés l'être, puisqu'ils sont tous mandataires
les uns des autres à l'effet de recevoir les poursuites des créanciers.

Ce trait caractéristique de la solidarité et la conséquence qui en
résulte n'existent pas dans l'espèce de solidarité que le législateur
a imposée aux différents signataires d'une lettre de change. En effet
le porteur qui attaquerait l'un des endosseurs seulement et n'agi-
rait pas contre les autres dans le délai fixé par la loi, perdrait son
recours contre ces derniers. Aussi sommes-nous d'avis que la solidarité prononcée par la loi n'est pas une solidarité parfaite produisant tous les effets qui y sont attachés par le droit civil.

Ces mots de l'art. 140 « *envers le porteur* », doivent s'entendre,
non-seulement du porteur actuel, mais encore de tous ceux qui,
soit par négociation, soit par endossement deviendront porteurs.
Le bénéfice de l'art. 140 s'applique en conséquence à l'endosseur

qui a remboursé le propriétaire du chèque non payé par le tiré :
il s'est mis en effet en son lieu et place et a repris ainsi sa qualité
de porteur qu'il avait perdue par l'endossement.

La solidarité imposée à tous les signataires peut être atténuée
par des conventions régulièrement faites et acceptées. Ainsi tout
endosseur peut stipuler du porteur que sa garantie sera exempte de
solidarité, qu'elle ne portera que sur le capital, etc. La Cour de
cassation par arrêt du 11 décembre 1845 a même décidé que l'endosseur pouvait se soustraire à toute garantie, car dans les effets
de commerce, comme dans tous les contrats, les conventions des
parties sont valables pourvu qu'elles ne soient contraires ni à la
morale ni à l'ordre public, ni aux principes essentiels qui constituent soit le fond, soit la forme des contrats ; et que la stipulation
de non garantie insérée par le souscripteur lui-même faisait partie
du titre et étendait ses effets libératoires non-seulement au premier endosseur, mais encore à tous les endosseurs postérieurs,
bien qu'elle n'eût pas été reproduite dans l'endossement.

Certaines législations étrangères consacrent ce principe. L'article 321 du Code russe déclare que l'endossement suivi de ces
mots « *sans retour sur soi-même* », met son auteur à l'abri de tout
recours en cas de non-paiement. La loi de Francfort dit aussi que
lorsqu'une lettre de change a été protestée faute de paiement, le
créancier ou porteur a son recours en garantie contre tous les
endosseurs, excepté à l'égard de celui qui a endossé en écrivant en
toutes lettres ces mots : « *sans mon obligation.* »

2° En cas de refus de paiement par le tiré, ce refus doit être
constaté par un protêt, acte de rigueur dont l'omission entraînerait la déchéance (art. 162, C. Comm.).

La commission instituée pour préparer le projet de loi, s'est
trouvée en présence de deux systèmes : le système du protêt admis
pour la lettre de change par notre Code de commerce et le système
anglais, spécial aux chèques. En France, le refus de paiement
doit être constaté le lendemain du jour de l'échéance, par un acte
que l'on nomme protêt faute de paiement : si ce jour est un jour

férié légal , le protèt est fait le jour suivant. Le système anglais est plus expéditif : aussitôt le chèque présenté à la banque et non payé , le refus de paiement est constaté à l'instant même par le porteur ; celui-ci le rend comme un papier sans valeur à celui qui le lui a cédé et ce dernier reste débiteur du montant ; pas de protêt ni de formalités ; le chèque est dit déshonoré (dishonored). La commission administrative , après avoir longtemps hésité entre ces deux modes jugea qu'il valait mieux rester dans les termes du droit commun , elle conserva la forme ancienne du protêt, pensant avec raison que , dans des matières de cette nature , il fallait innover le moins possible et surtout ne pas déroger aux habitudes commerciales.

Mais la Commission du Corps législatif, chargée de l'examen du projet de loi, voulut environner le chèque d'une plus grande faveur en l'assimilant plus complètement à de l'argent comptant. Il lui parut que le protêt immédiat était la conséquence logique de ces deux conditions essentielles du chèque, de n'être souscrit qu'avec provision préalable et d'être payable à présentation. C'est ce que fit observer M. Darimon dans son rapport : « Cette procédure (la procédure admise pour la lettre de change impayée) a paru renfermer quelques lenteurs qui s'accordent mal avec la rapidité de transmission et de paiement des chèques Les tribunaux s'habitueront sans doute à considérer les contestations relatives aux chèques comme devant être résolues dans le plus bref délai et les rangeront parmi les matières sommaires. En attendant il était bon d'accorder au porteur du chèque la faculté de faire constater le refus de paiement *à l'instant même*, afin de lui permettre de se mettre en règle vis-à-vis du tireur. En conséquence la Commission a proposé d'ajouter à l'article 4 un troisième paragraphe ainsi conçu : « *Cependant le protêt pourra suivre immédiatement le refus de paiement* ».

Cette proposition de la Commission qui avait reçu l'assentiment du Conseil d'État fut l'objet de graves discussions dans le sein de la Chambre. On fut effrayé de la rapidité avec laquelle aurait pu se faire le protêt, et de la perturbation qu'une semblable disposition

11

insérée dans la loi eût jetée dans le monde commercial. L'un des adversaires les plus convaincus de la modification adoptée par la Commission, M. Quesné, démontra au Corps législatif par d'excellentes raisons combien en pouvait être funeste la consécration dans la loi nouvelle, et voici en quels termes il s'exprima à cet égard :

« Pourquoi cette dérogation au droit commun, qui accorde au tiré jusqu'au lendemain pour s'acquitter ? Comment constatera-t-on le refus de paiement ? Aujourd'hui, il se constate tout simplement par lui-même, c'est-à-dire par le défaut de paiement, depuis le moment où il est réclamé jusqu'au lendemain. Comment, dans le cas du projet de loi constatera-t-on le refus de paiement?... La fermeture de la caisse à une heure moins avancée de la journée que dans d'autres établissements, l'absence du tiré, le manque d'instructions données par lui à ses représentants, la demande d'un délai d'une heure pour examiner son compte avec le tireur, sont-ce là des circonstances qui pourront être regardées comme constituant des refus de paiement ?...

» Lorsqu'il s'agit d'une lettre de change, d'un effet de commerce, le tiré, le débiteur est averti ; il sait que, à tel jour, tel paiement lui sera réclamé. Ici point. Ici, il n'y a point de jour indiqué ; le solde est à la disposition du créditeur, dès qu'il a été reconnu disponible. Pendant des jours, des semaines, des mois, une année, le tiré, le débiteur est sous le coup du chèque. Un chèque, même d'un chiffre considérable, peut arriver à l'improviste. Pour éviter le grave danger du protêt, il faudra donc que le débiteur garde constamment de fortes sommes dans sa caisse. Mais, c'est justement cela que vous voulez éviter, et avec raison, car vous voulez, comme moi, la circulation de la monnaie. Que ce chèque soit présenté au tiré au moment de la fermeture des caisses ; le tiré, s'il n'a pas conservé chez lui la somme nécessaire, ne peut aller chez son banquier, il ne peut aller chez des amis, le protêt est là, menaçant, impitoyable, inévitable, et voilà un homme dont la signature est, comme vous le dites, déshonorée.

» Vous reconnaîtrez, Messieurs, qu'il y a là un grave inconvénient et qu'il est exact de dire qu'il est plus important, pour le chèque que pour la lettre de change , de donner , suivant l'expression citée par M. Darimon, de donner au tiré , au débiteur , le temps de se retourner.

» Je demande donc le renvoi à la commission du paragraphe 3 de l'article 4, afin que , non-seulement le délai du protêt ne soit pas diminué, mais qu'il soit prorogé au moins jusqu'au lendemain après-midi, pour donner au tiré le temps de se procurer des fonds ».

Le Corps législatif , prenant en considération les raisons fournies par M. Quesné , renvoya l'article 4 à un nouvel examen de la Commission, qui, tout en conservant ses convictions, consentit en présence des craintes manifestées dans la discussion à la suppression du paragraphe 3 qu'elle avait cru devoir proposer ; c'est ce qui résulte du rapport supplémentaire présenté par M. Darimon et annexé au procès-verbal de la séance du 20 mai 1867.

3° Nous appliquerons également au chèque les règles tracées par le Code de commerce sur l'exercice de l'action en garantie contre les signataires d'une lettre de change.

« Le porteur d'une lettre de change protestée, dit l'article 164, » peut exercer son action en garantie, ou individuellement contre » le tireur et chacun des endosseurs, ou collectivement contre les » endosseurs et le tireur. La même faculté existe pour chacun » des endosseurs à l'égard du tireur et des endosseurs qui le pré- » cèdent ».

Le protêt doit être notifié ensuite par exploit d'huissier aux divers obligés avec assignation en justice dans le délai de quinzaine , sauf prolongation à raison des distances. (Art. 165. C. comm.) : mais il est bon de noter en passant, que le porteur d'un effet de commerce qui peut poursuivre ainsi tous les signataires, ne peut se prévaloir vis-à-vis des uns du laps de temps que la loi accorde vis-à-vis des autres, et que tout obligé peut exciper du défaut de poursuites dans le délai spécial qui lui appartient en propre. La double formalité de la dénonciation du protêt et de l'assignation en justice est impérieusement exigée et prescrite cumulativement. La dénonciation sans assignation dans la quinzaine et réciproquement, entraînerait la déchéance, et il a été jugé que l'assignation en justice ne couvre pas le défaut de dénonciation du protêt (1).

Les maisons de commerce qui sont unies par des rapports de mutuelle confiance peuvent s'épargner les désagréments d'actes extrajudiciaires, et dans leur certitude d'un paiement amiable jouissent de la faculté de s'expédier les pièces par correspondance, c'est-à-dire le chèque et le protêt. Si le remboursement ne suit pas cet avertissement amiable, en ce cas le protêt est notifié dans les délais légaux avec citation en paiement ; cette manière de procéder se rencontre journellement dans la pratique des affaires.

L'endosseur qui a remboursé le porteur prend à son tour cette qualité à l'endroit du tireur, de l'accepteur, des cautions et des endosseurs qui le précèdent ; il jouit de tous les droits du porteur qu'il a désintéressé et peut donc attaquer les obligés soit individuellement, soit collectivement à la charge de remplir les formalités prescrites.

Au sujet du protêt en matière de chèque est intervenue à la date du 6 avril 1868, une solution de l'administration de l'enregistrement que nous croyons utile de rapporter : « Le chèque protesté doit être présenté à l'enregistrement au moins en même temps que le protêt auquel il a donné lieu, et il y a contravention dans le fait d'un huissier de dénoncer le protêt d'un chèque non encore enregistré (loi du 22 frimaire, an VII, art. 42).

Il existe donc entre la lettre de change et le chèque cette différence que l'huissier pour le premier de ces effets peut attendre, pour soumettre le protêt à l'enregistrement, jusqu'à l'assignation en paiement, ce qui lui est formellement interdit pour le chèque.

L'administration de l'enregistrement a présenté à l'appui de cette

(1) Douai, arrêt ancien, 26 janvier 1784 ; Merlin, V° Endossement N° 7, p. 612, Rép. du Palais, V° Protêt, N° 183 ; Goujet et Merger, V° Protêt, N° 115 ; Nouguier, *Traité des lettres de change*, 2° dition, N° 638.

solution les observations suivantes : « Une amende de contravention à l'art. 42 de la loi du 22 frimaire, an VII, a été relevée contre un huissier pour avoir dénoncé le protêt d'un chèque non enregistré. L'huissier a contesté l'exigibilité de cette amende en s'appuyant sur les dispositions du deuxième alinéa de l'art. 4 de la loi du 14 juin 1865, qui d'après lui assimileraient le chèque à la lettre de change. L'article 4 est ainsi conçu : l'émission d'un chèque, même lorsqu'il est tiré d'un lieu sur un autre, ne constitue pas par sa nature un acte de commerce. Toutefois les dispositions du Code de commerce relatives à la garantie solidaire du tireur et des endosseurs, au protêt et à l'exercice de l'action en garantie sont applicables au chèque.

« L'assimilation du chèque à la lettre de change est écartée en principe par le premier alinéa de cet article, et tout spécialement restreinte dans le second aux formalités relatives à la garantie, au protêt et à l'exercice de l'action en garantie, telles qu'elles sont organisées par le Code de commerce. Cette assimilation ne saurait régler l'application des lois de l'enregistrement au chèque. Or l'article 50 de la loi du 28 avril 1816, qui a édicté le droit de 0,25 p. °/₀ et qui a permis de ne présenter l'effet à la formalité de l'enregistrement qu'avec assignation ne s'applique qu'aux lettres de change et ne saurait être étendu par analogie. Aussi l'instruction 2132 porte-t-elle que le droit exigible pour l'enregistrement du chèque est celui de 0,50 p. °/₀ établi par l'article 69, § 2, N° 6, de la loi du 22 frimaire an VII, pour les effets négociables en général. Il faut également reconnaître pour la même raison que le chèque doit être présenté à l'enregistrement au moins en même temps que le protêt auquel il a donné lieu. En conséquence l'amende a été maintenue. »

Cette solution peut être contestable ; on comprend que dans le silence de la loi du 14 juin 1865 sur le droit d'enregistrement à percevoir sur les chèques, dans le cas de protêt ou de production en justice, l'administration ait soutenu que ce droit soit celui de 0,50 p. °/₀ établi par l'article 69, § 2, N° 6 de la loi du 22 frimaire, an VII, pour les effets négociables en général (circulaire du Directeur général de l'enregistrement du 6 juillet 1865). Mais relativement au protêt, il n'en est plus de même. L'article 4 de la loi précitée admet en principe que les dispositions relatives au protêt et à l'exercice de l'action en garantie en matière de lettres de change sont applicables au chèque. Dire qu'il faut entendre ici seulement les dispositions sur le protêt qui sont contenues dans le Code de commerce, cela est, nous le reconnaissons, conforme à la loi de 1865, mais s'accorde assez peu avec son esprit. Lorsque la loi du 28 avril 1816 a décidé que l'enregistrement de la lettre de change protestée pourrait être différé jusqu'à l'assignation en paiement, elle a entendu, par cette disposition qui intéresse aussi bien la formalité du protêt et l'exercice de l'action en garantie que le recouvrement des droits d'enregistrement, faciliter l'emploi d'un titre qui est d'une utilité générale : Or, personne ne contestera que la loi du 14 juin 1865 n'ait eu également en vue de favoriser dans une large mesure la vulgarisation des chèques. D'ailleurs il s'agit ici, non plus de la perception d'un impôt, mais de l'application d'une disposition répressive ; ce devrait être une raison pour adopter l'interprétation la plus libérale.

Le paragraphe 2 de notre article 4 qui applique au chèque les dispositions du Code de commerce en matière de lettre de change relatives à la garantie solidaire du tireur et des endosseurs, au protêt, à l'exercice de l'action en garantie, renferme-t-il une restriction, ou, au contraire, faut-il l'entendre d'une manière extensive, et dire que lorsque des questions se présenteront sur lesquelles la loi de 1865 ne se sera pas prononcée, on aura la faculté de recourir aux règles du Code de commerce concernant la lettre de change, lorsque ces règles ne seront pas en opposition avec les principes fondamentaux sur lesquels reposent les chèques ? Nous pensons, bien que la loi soit muette sur ce point, que tous les usages, basés sur des conventions licites des parties contractantes, peuvent être admis pour le chèque, en tant qu'ils ne sont pas contraires à la nature même de cet instrument et aux règles établies par le législateur.

Ainsi, peut-on, au moyen d'un *aval*, garantir le paiement d'un chèque ? Nous le croyons, et avec d'autant plus de raison que l'aval est, on le sait, une sorte de cautionnement donné en faveur du porteur du titre. Or, ce cautionnement ne vient nullement heurter le caractère substantiel du chèque et semble au contraire tout à fait conforme au but que s'est proposé le législateur de 1865, c'est-à-dire favoriser le commerce par la création d'un instrument, d'une émission et d'une négociation faciles, emportant avec lui cette confiance qui doit présider aux transactions commerciales. Accroître les garanties en permettant à un tiers de cautionner le chèque, de le *faire valoir* par cette solidarité accessoire qu'on appelle l'*aval*, est donc un acte parfaitement licite, puisqu'il contribue à en assurer le paiement.

Il en est de même de la mention du « *Retour sans frais* » qui a pour effet de protéger le tireur et les endosseurs contre l'insolvabilité du tiré, et de leur épargner des frais de poursuite en astreignant le porteur à faire connaître amiablement le défaut de paiement de la part du tiré et en le dispensant du protêt. Cette clause qui offre de notables avantages, puisque les droits du porteur sont maintenus et qu'il ne résulte pour lui aucun dommage, figurera en conséquence valablement dans un chèque.

Le tireur d'une lettre de change peut indiquer une personne à laquelle le porteur devra s'adresser en cas de non-paiement par le tiré à l'échéance : la personne ainsi désignée s'appelle *recommandataire*, et l'indication faite par le souscripteur de la lettre un *besoin*. Cette mention, dont l'usage ne date que du XVIIIe siècle, et dont le résultat est d'éviter au créateur du titre l'ennui de savoir sa signature en souffrance et le désagrément de subir un protêt qui entraîne généralement avec lui une sorte de suspicion à l'égard des signataires du titre, peut fonctionner régulièrement dans le chèque : il se présente en effet des cas où le chèque, quoique muni d'une provision préalable, et disponible aux mains du tiré, demeure impayé par suite de ces événements imprévus qui détruisent la solvabilité la plus notoire. L'utilité du *recommandataire* ne saurait être mise en doute en présence de cette éventualité qui est assurément dans la nature des choses. D'ailleurs l'art. 4 en renvoyant aux dispositions du Code de commerce sur le protêt en matière de lettres de change, rend applicable aux chèques l'art. 173 , en vertu duquel le refus de paiemeut doit être constaté non-seulement au domicile du tiré, mais encore à celui des recommandataires.

Lorsque le tiré a refusé de payer et que son refus a été constaté par un acte de protêt, un tiers étranger à la lettre de change peut intervenir et en acquitter le montant par honneur pour la signature de l'un des obligés. Ce remboursement officieux, régi par les art. 158 et 159 du Code de commerce, et que l'on a qualifié de *paiement sous protêt, par honneur ou par intervention* est un quasi contrat *negotiorum gestorum* dont l'objet très-licite en consacre l'admission pour le chèque.

Supposons que le chèque ait été perdu : comment le porteur pourra-t-il en obtenir le paiement de la part du tiré ? Voici à cet égard quelles sont les dispositions du Code de commerce en cas de perte d'une lettre de change : la soustraction et surtout la perte d'une lettre de change ou de tout effet de commerce était un événement trop facile à prévoir pour qu'il pût échapper à l'attention du législateur. La loi avait un double but à atteindre : d'abord empêcher le paiement entre les mains de celui qui ayant soustrait ou trouvé la lettre, serait tenté d'abuser du titre et de s'en appliquer le profit au prix d'un faux endossement ou d'un faux acquit ; consacrer ensuite les moyens pour le véritable propriétaire de conjurer les effets de la perte ou de la soustraction.

L'art. 149 permet au propriétaire de la lettre de change de faire opposition au paiement, et d'empêcher par cet avertissement au tiré la consommation de la fraude dirigée contre ses intérêts; de plus, aux termes de l'art. 152, celui qui a perdu la lettre peut, après avoir mis le tiré à couvert d'une surprise de la part d'un débiteur frauduleux, réclamer le paiement et l'obtenir par ordonnance du juge (1), en justifiant de la propriété par ses livres, et en

____

(1) Ces mots *ordonnance du juge* sont détournés de leur véritable acception ; on appelle ordinairement ordonnance , les sentences rendues en référé par les présidents des tribunaux de première instance. Cette expression ne s'applique pas aux jugements des tribunaux eux-mêmes, et cependant, dans l'article 152 , il s'agit d'un jugement du tribunal de commerce.

donnant caution. Si le tiré refuse le paiement, le propriétaire de la lettre perdue conserve tous ses droits par un acte de *protestation* qui doit être fait le lendemain de l'échéance, et doit être notifié aux tireur et endosseurs dans les formes et délais prescrits pour la notification d'un protêt. Si le paiement a été effectué en vertu des moyens de preuve dont peut disposer le réclamant, les magistrats ayant examiné les livres et tous les documents fournis, il y a quasi certitude que ce paiement a été fait entre les mains du véritable propriétaire : c'est pourquoi l'art. 155 du Code de commerce a restreint à trois ans l'engagement de la caution, qui s'éteint lorsque dans ce délai aucune poursuite n'a été exercée, ni aucune demande formée contre celui qui a ainsi établi son droit à la propriété de la lettre.

Les dispositions. dont nous venons de donner l'analyse, reçoivent également leur application en cas de perte d'un chèque.

Quid a en cas d'altérations du chèque. C'est surtout ici qu'il appartient au jurisconsulte, en présence des lacunes qui existent dans nos lois, de créer à l'aide de la jurisprudence, des principes généraux du droit et des règles d'équité, un ensemble de doctrine qui puisse servir de guide dans la matière.

Un chèque signé d'un faux nom est mis en circulation : le dernier porteur, en cas de non paiement de la part du tiré, aura un recours à exercer contre les endosseurs antérieurs, et ceux-ci après le remboursement du chèque pourront actionner à leur tour le premier endosseur qui a à se reprocher d'avoir pris un effet d'un individu dont il ne connaissait pas la moralité, ou sur le compte duquel il n'avait pas pris les renseignements qu'il lui était loisible de prendre. Si le tiré a payé le chèque faux, il est de toute évidence qu'il n'a aucun recours contre celui dont on aurait usurpé le nom, mais à l'égard du tiers porteur et des endosseurs, il peut, en se fondant sur les articles 1235-1° et 1377-1° du Code civil, exercer l'action en répétition qui compète à toute personne dont la bonne foi a été surprise. Son erreur repose sur la faute primitive de celui qui a pris le chèque, bénéficiaire ou premier endosseur, qui ne devait mettre en circulation qu'un titre ayant un caractère sérieux. Il est toutefois nécessaire de faire observer qu'en cas de paiement du chèque par le tiré, il s'élève contre lui une présomption de dette qui met à sa charge la preuve de la fausseté de la signature du ti- reur, lorsque, demandeur en cause, il veut répéter les sommes qu'il prétend avoir payées à tort.

Le tireur a réellement souscrit le chèque ; il se peut, en ce cas, qu'une altération de nature à tromper une personne intelligente ait été commise dans l'énonciation de la somme à payer. Dans cette hypothèse, le tiré qui a payé n'a aucun recours contre le porteur ; il est définitivement lié à son égard et ne saurait critiquer le paie- ent qu'il a fait entre ses mains. Le chèque a été véritable dans on origine ; il y a lien de droit, dette, mandat, et le mandataire n'a pas été trompé sur la signature du mandat. Mais à l'encontre du tireur, le tiré pourra exercer l'action en répétition, d'abord parce qu'il a souffert *ex causa mandati*, et que le mandant doit aux ter- mes de l'article 2000 du Code civil : « Indemniser le mandataire des pertes que celui-ci a essuyées à l'occasion de sa gestion, sans imprudence qui lui soit imputable, » et ensuite parce que le sous- cripteur n'a pas usé d'une prudence complète en ne mettant pas son titre à l'abri des altérations.

Il est bien entendu que le signataire du chèque, qui par suite des circonstances que nous venons de relever doit supporter le poids du faux, a le droit d'exiger de l'endosseur qui le précède la justifica- tion de l'existence et de l'individualité de son cédant, et ainsi de suite jusqu'à ce qu'il soit parvenu à la découverte du faussaire ou de la personne dont l'imprudence a motivé le dommage.

Aux termes de l'article 145 du Code de commerce, « celui qui paie une lettre de change à son échéance, et sans opposition, est présumé valablement libéré. » On s'est demandé à propos de cette disposition de loi, si le paiement d'un chèque fait sur faux acquit, libérait le tireur et le tiré. L'affirmative est admise sous la restric- tion suivante : lorsque les circonstances établissent que le tiré a eu connaissance de la perte du chèque ou de l'altération qu'il a subie, la *présomption* favorable à celui qui paie sans opposition, tirée de l'article 145, tombe devant la preuve contraire, ce qui entraîne la nullité du paiement. Admettre dans l'espèce la solution contraire serait donner une prime à la mauvaise foi. (1)

Article cinq.

« *Le porteur d'un chèque doit en réclamer le paiement dans le délai de cinq jours, y compris le jour de la date, si le chèque est tiré de la place sur laquelle il est payable, et dans le délai de huit jours, y compris le jour de la date, s'il est tiré d'un autre lieu.*

» *Le porteur d'un chèque qui n'en réclame pas le paiement dans les délais ci-dessus perd son recours contre les endosseurs; il perd aussi son recours contre le tireur si la provision a péri par le fait du tiré après lesdits délais.* »

Aux termes de l'article 160 du Code de commerce, le porteur d'une lettre de change à vue doit en exiger le paiement dans un délai de trois mois, lequel prend naissance avec la date de la lettre. Cette différence entre le chèque et la lettre de change a sa raison d'être : elle s'explique naturellement en ce qu'il était de toute nécessité de distinguer le plus possible l'un de l'autre ces deux instruments au point de vue de la perception de l'impôt ; accorder au chèque une trop longue circulation, c'eût été lui permettre de se substituer aux valeurs de crédit. Il importait d'ailleurs qu'un porteur négligent ne pût prolonger indéfiniment la garantie des endosseurs et placer le tireur dans l'éventualité de voir le montant de la provision disparaître par le fait de la faillite du banquier dépositaire.

Ces mots du paragraphe 1er de l'article 5 : « le porteur doit en réclamer le paiement » sont donc, dans la loi de 1865, la reproduction exacte du véritable caractère du chèque et écartent dans notre matière toute application de la disposition finale de l'article

---

(1) La fabrication et l'usage d'un chèque faux pour détourner une somme confiée par un tiers à une banque de dépôts, constituent le crime de faux en écriture privée, et non celui de faux en écriture de commerce. (Cour d'assises du Rhône , 22 novembre 1865.)

160 du Code de commerce qui rend valables les stipulations inter-
venues entre le preneur, le tireur et les endosseurs, stipulations
ayant pour but d'étendre les délais dans lesquels doit s'effectuer le
paiement. Cette faculté serait dangereuse si on l'appliquait au
chèque; elle donnerait ouverture à la fraude, et certes, nous
pouvons augurer que ces stipulations extensives des délais devien-
draient alors de style dans toute création de chèque : nous ne
voyons toutefois aucun inconvénient à ce que les parties abrègent
le temps de course d'un chèque ; les motifs qui exigent une solution
contraire dans l'hypothèse inverse et qui font que le délai dans
lequel le chèque doit être présenté au paiement est un délai fatal,
ne se rencontrant plus dans l'espèce.

§ Ier DÉLAIS POUR LA PRÉSENTATION AU PAIEMENT.

Nous savons que le chèque doit être présenté au paiement dans
les cinq jours, s'il est tiré de la place sur laquelle il est payable,
et dans les huit jours s'il est tiré d'un autre lieu, y compris dans
les deux cas le jour de sa date. Ce n'est qu'après bien des tâtonnements et des hésitations que l'on pût tomber d'accord sur ces deux
délais. La Commission spéciale nommée après le retrait du projet
de loi inséré dans le budget de 1865, et qui avait reçu pour
mission de procéder sur le chèque aux études réclamées par le
Corps législatif, proposa de les fixer à cinq et dix jours, suivant
que le chèque serait ou non payable sur la place même où il aurait
pris naissance. Le Conseil d'Etat, désireux de voir le chèque en
France se rapprocher le plus possible de la forme anglaise, et vou-
lant, sinon consacrer, du moins imiter les usages en vigueur chez
nos voisins (1), crut devoir réduire ces délais à trois et cinq jours.
Mais la Commission du Corps législatif chargée de présenter un
rapport sur le projet de loi soumis par le Gouvernement à la discussion de la Chambre les trouva trop rigoureux et motiva de la

---

(1) En Angleterre, le chèque doit être réalisé dans un délai convenable
(*a reasonable time*), que la jurisprudence a fixé à quarante-huit heures.

façon suivante l'avis qu'elle émit d'une fixation à cinq et huit jours, y compris le jour de la création du chèque :

« Il peut se rencontrer des cas où le fait de ne pas présenter un chèque au bout de trois jours, s'il est émis sur la même place, ne soit pas le résultat d'un oubli ou d'une négligence ; tel est le cas où celui à qui il a été remis en paiement demeure à quelque distance, ou bien le cas où l'on a été obligé d'avoir recours à la poste pour le faire parvenir ; tel est encore celui où plusieurs jours fériés se suivent et où on ne peut procéder à l'encaissement. S'il s'agit d'un chèque tiré d'un lieu sur un autre, les cas de ce genre se multiplient encore, et, pour mieux dire, ils varient suivant les temps et les lieux. Par ces motifs, la Commission a proposé de fixer les délais à cinq jours, y compris le jour de la date, si le chèque est tiré de la place sur laquelle il est payable, et à huit jours, y compris également le jour de la date, si le chèque est tiré d'un autre lieu. » Le Conseil d'Etat, prenant en considération la proposition émise par la Commission, déclara s'y rallier et l'article 5, § 1, ainsi modifié, fut ensuite soumis à la discussion de la Chambre qui en consacra la disposition nouvelle.

Quant aux motifs qui nécessitaient cette urgence dans la présentation d'un chèque au paiement, nous les tirons à la fois de la nature même de cet écrit et de l'intérêt des banques de dépôt, du trésor, du tireur et des endosseurs. Ils nous sont d'ailleurs familiers : nous avons eu l'occasion de les mentionner plusieurs fois au cours de ce travail, aussi n'entrerons-nous ici que dans quelques détails sur la situation qu'une trop longue circulation du chèque pourrait faire aux banques de dépôt. A cet égard, nous ne pouvons mieux faire que de laisser la parole à M. Pouyer-Quertier, qui, tout en demeurant dans les limites que le chèque comporte en droit comme en fait, s'est montré en toute occasion le défenseur le plus éloquent et le plus convaincu de cet instrument nouveau chez nous, dont il a su apprécier l'importance considérable et les immenses résultats chez nos voisins, les Anglais : « Comment ! dit-il, vous voudriez, vous qui paraissez prendre la défense des banques de dépôt, que ces banques consentissent à ce que l'on tirât sur elles des lettres de change à vue pour des sommes considérables ! Quand se présenteront-elles ces lettres de change ? Le banquier n'en sait rien. Il serait engagé jusqu'au dernier jour où on a le droit de présenter ces lettres de change. La Commission tout entière a voulu, au contraire, par la création du chèque, garantir la sécurité des banques de dépôt, car elles ne sont jamais engagées au delà de cinq jours, si le chèque est tiré de la place sur la place, et au delà de huit jours, s'il est tiré d'une place sur une autre. Il en résulte donc que le banquier qui prévoit une crise, que le commerçant qui aperçoit quelque circonstance extraordinaire au point de vue financier, peut défendre à l'instant même à son créancier de tirer de nouveaux chèques sur sa caisse. Il s'entendra avec lui sur la manière dont il remboursera la somme qu'il lui doit, mais il ne voudra jamais rester exposé à payer des chèques qui pourraient ne se présenter qu'au bout de un, deux ou trois mois. L'échéance de la lettre de change à vue, ou à plusieurs jours de vue est indécise. Le banquier ne peut savoir à quel moment, à quelle heure elle se présentera à sa caisse. Il ne sait s'il aura alors provision ou non pour payer cette valeur qui aura circulé pendant plusieurs mois. Si les délais légaux sont expirés, on pourra encore la faire protester.

« Vous voyez bien l'avantage de la limitation. Cette limitation, nous ne l'avons pas inventée, elle est dans la loi de la lettre de change ; mais elle y existe pour trois mois et ici nous l'avons réduite à cinq jours. Pourquoi ? Parce que le chèque n'est pas un instrument de crédit ; parce que le chèque est un instrument de liquidation ; parce que le chèque est appelé à n'avoir qu'une existence éphémère ; parce que c'est un moyen de compensation ; parce que c'est de l'argent comptant ; parce que c'est du numéraire immédiatement disponible ; parce que c'est un moyen de créer les banques de dépôt, ces établissements si précieux, dont il faut encourager, par tous les moyens, le développement, en assurant toujours leur sécurité. »

M. Emile Ollivier disait aussi dans la même séance : « Le chèque m'est délivré pour que je l'envoie à un banquier, qui le porte à mon compte comme il y portera ceux que je délivrerai moi-même ;

de façon à ce qu'il opère d'abord une compensation sur moi-même, puis, qu'il étende cette compensation à ses divers clients, puis aux maisons de banque de dépôt. Par suite de cette série d'opérations de pure comptabilité, sans qu'un centime ait été déplacé, on arrive à liquider d'immenses opérations et à épargner aux commerçants et au pays tout entier le déplacement des espèces et la perte du temps. »

Quant à l'intérêt que peut avoir le porteur à présenter le chèque dans un délai restreint et qui consiste en ce que, tant qu'il n'est pas réalisé, c'est au profit du tireur que courent les intérêts, il est tout à fait secondaire, de très-minime importance : Aussi ne faisons-nous que le mentionner pour mémoire.

Les mots de notre paragraphe 1er « *y compris le jour de la date* » forment exception à la règle générale d'après laquelle le jour de la création d'un acte (*Dies a quo*) n'est jamais compris dans le délai de l'opération qui s'y trouve consignée. C'est ce qu'exprime cette maxime de l'ancien droit : *Dies termini non computatur in termino.* Si l'on s'était conformé pour le chèque à la règle générale, le temps de course eût été véritablement de six ou neuf jours, ce que l'on voulait précisément éviter.

Le délai de circulation du chèque est un délai fatal : la non présentation au paiement par le porteur dans les limites prescrites par notre article 5, § 1er, entraîne les déchéances que nous rencontrerons dans le paragraphe suivant, et sur lesquelles nous aurons à nous expliquer très-longuement.

Nous citerons à cet égard un arrêt tout récent de la Cour de Douai en date du 22 août 1873, rendu sur appel d'un jugement du Tribunal de commerce de Dunkerque (1).

Voici quels sont les faits dont le Tribunal avait à connaître :

Le 13 juin 1872, un sieur Pingusson créait à Saint-Géraud-le-

(1) V. le journal *le Droit* du 5 octobre 1873. (Arrêt de la Cour de Douai, 2e chambre, Président, M. de Guerne ; M. P., M. Bagnéris ; Av., MM. Dubois, Legrand, Merlin, Druelle et Taisne.)

Puy (Allier), un chèque de 6,377 fr. 10 c. sur **MM.** Gustave Pommier et Ce, banquiers à Moulins. Le même jour ce chèque était transmis à l'ordre de **M.** le directeur de la Compagnie royale asturienne. Par un endos régulier, la valeur était le **14** juin **1872,** passée à l'ordre de **MM.** Pauwels et Debacker, négociants à Dunkerque, qui par un endos daté du **17** juin, la passaient à l'ordre de **MM.** Pérot et Ce, banquiers à Lille.

MM. Pérot et Ce, par endos daté de Lille du **19** juin **1873** transmettaient le chèque à **M.** Watelet, banquier à Moulins, chargé de procéder à l'encaissement. La lettre contenant la valeur arriva à Moulins le **20** juin. Elle fut distribuée vers sept heures du soir. Or, le **20** juin était le dernier jour de course du chèque créé le **13** (art. **5** de la loi des **14-20** juin **1865**).

Le tiers porteur ne fit pas présenter la valeur au paiement le **20.** Le **21,** il fit faire la présentation, et le **22** juin il fit dresser un protêt régulier. Dans ce protêt, **MM.** Gustave Pommier et Ce, répondirent que les fonds avaient été faits, mais que le chèque n'ayant été présenté que tardivement, ils avaient été rendus. Cette réponse était mensongère. Elle fut expliquée lorsqu'on connut la véritable situation de **MM.** Pommier et Ce, qui, le jour même, quittaient Moulins, et dont la faillite était déclarée peu de temps après. La cessation des paiements fut fixée au **22** juin **1872.**

Le chèque fut retourné d'endosseur à endosseur, mais quand on arriva à **M.** Pingusson, le créeur, ce dernier prétendit que sa responsabilité était dégagée parce que la provision existait à l'échéance, que le paiement de la valeur n'avait pas été réclamé dans le délai indiqué par la loi et que la provision avait péri par le fait du tiré, après l'expiration de ce même délai. (Art. **5** de la loi des **14** et **20** juin **1865**).

C'est dans ces circonstances que la Compagnie asturienne assigna le créeur, les endosseurs successifs et les syndics de la faillite Pommier et Compagnie, en paiement de l'importance du chèque, et du montant des frais, devant le Tribunal de commerce de Dunkerque, qui, à la date du **9** octobre **1872,** rendit le jugement dont la teneur suit :

Attendu que la Compagnie asturienne, bénéficiaire du chèque impayé de 6,377 fr. 10 c. a assigné le souscripteur et les endosseurs en remboursement de l'importance dudit chèque et des frais ;

Attendu que le paiement de ce chèque, souscrit à Saint-Gérard-le-Puy le 13 juin, payable à Moulins, devait aux termes de la loi, être réclamé dans les huit jours, y compris le jour de sa date, c'est-à-dire, dans l'espèce, le 20 juin, et le protêt faute de paiement, devait être fait le 21 (Art. 162 du code de commerce) ;

Attendu que si le chèque dont s'agit, endossé à Lille, le 19 juin, n'est arrivé à Moulins que le 20 au soir, il est en fait parvenu assez tôt à Watelet pour que le protêt pût être fait le 21 ;

Attendu qu'en ne faisant faire ce protêt que le 22 (jour auquel a été reportée la suspension de paiements du tiré) Watelet, qui d'ailleurs n'a fait aucune protestation contre l'envoi tardif de cette valeur, a évidemment encouru la déchéance édictée dans l'art. 5 de la loi du 14 juin 1865, et perdu son recours contre les endosseurs ainsi que contre le tireur, puisque ce dernier a établi qu'il y avait provision entre les mains du tiré ;

Attendu que les syndics provisoires à la faillite Pommier n'ont pas comparu, quoiqu'assignés en la forme ordinaire ;

Attendu que la Compagnie Asturienne ayant remboursé l'importance de ce chèque, a payé une dette qu'elle ne devait pas et peut en exiger le remboursement ;

Attendu que les engagements résultant de la souscription et de l'endos dudit chèque sont caducs, la Compagnie Asturienne n'a plus d'action que contre Watelet ;

Par ces motifs :

Le tribunal donne défaut contre les syndics provisoires à la faillite de Gustave Pommier et Cie, non comparants, ni personne pour eux, et statuant par jugement en premier ressort, condamne Watelet commercialement et par les voies de droit à payer à la

Compagnie royale Asturienne avec les intérêts judiciaires et les dépens la somme de 6,464 fr. 50 c. qu'il lui doit pour remboursement du chèque impayé et frais de protêt ;

Sous réserve de son recours contre la faillite du tiré ;

Met les autres défendeurs hors de cause sans dépens ;

Appel fut interjeté de ce jugement par M. Watelet, contre toutes les parties.

Sur cet appel, la Cour :

Attendu que le 13 juin 1872, date de la création du chèque, provision existait au comptoir d'escompte de Moulins, dont Pommier était le gérant ;

Qu'en effet, des documents du procès il ressort que cet établissement et la succursale de Cusset, dirigée par un simple fondé de pouvoirs, ne formaient qu'une seule maison de banque, à la tête de laquelle se trouvait Pommier, qui centralisait toutes les opérations à Moulins, et connaissait parfaitement la situation des deux caisses ; que la provision peut d'autant moins être mise en doute que Pommier l'a reconnue dans sa réponse au protêt, et que lui-même, huit jours auparavant, recevait à Moulins, de Pingusson, tireur du chèque, une somme de 6,000 fr. presqu'égale à son importance ;

Attendu que d'après la déclaration du directeur de la poste et l'aveu même de Watelet, la lettre renfermant le chèque lui est parvenue le 20 juin, dernier jour de course, vers sept heures du soir.

Que cette heure n'était pas trop avancée pour qu'il fût impossible de présenter le chèque le même jour ; qu'en le recevant, il contractait l'obligation d'opérer cette présentation dans le délai utile ;

Que sa négligence à cet égard lui fait encourir la responsabilité constatée à bon droit par les premiers juges ;

Attendu que d'après le certificat de l'administration des postes, le chèque envoyé à Pérot, de Dunkerque, le 17 juin, troisième levée, est arrivé à Lille à neuf heures du soir, septième levée, non pas le lendemain 18, comme le prétend Pérot, mais bien le même jour 17, et que la lettre lui a été remise le 18, à huit heures du matin ;

Attendu cependant que ce même chèque n'a été adressé par lui à Moulins que le 19, sixième levée, c'est-à-dire jeté dans la boîte à Lille après six heures 15 minutes du soir ;

Que cette négligence dans l'envoi d'une de ces valeurs à courte échéance, désignées en banque sous le nom de brûlantes, a été cause de son arrivée tardive à Moulins, presqu'au dernier moment de son existence ;

Attendu que cette circonstance qui occasionne la responsabilité de Watelet, est le fait dudit Pérot, et le constitue en faute entraînant pour lui une responsabilité qu'il paraît équitable de lui faire supporter concurremment avec Watelet dans une égale proportion ;

Attendu que la Compagnie Asturienne, Pingusson, ainsi que Pauwels et Debacker ont strictement accompli leurs obligations ;

Qu'aucune faute ne peut leur être imputée ;

Attendu que Pommier, détenteur de la provision, est représenté par ses syndics qui sont tenus de garantir et d'indemniser Watelet et Pérot des condamnations prononcées contre eux ;

Adoptant au surplus les motifs des premiers juges, en ce qu'ils n'ont rien de contraire à ce qui précède ;

Confirme le jugement attaqué ;

Émendant néanmoins, dit que Pérot sera tenu de garantir et d'indemniser Watelet de la moitié des condamnations prononcées contre lui, sauf son recours contre la faillite, le surplus du jugement ressortissant effet ;

Dit qu'il sera fait masse des dépens de première instance et d'appel qui seront supportés par Watelet et Pérot chacun pour moitié ;

Il ressort de l'arrêt que nous venons de reproduire : 1° que le banquier qui reçoit par la poste, vers sept heures du soir un chèque à encaisser, commet une faute engageant sa responsabilité, s'il ne fait pas présenter ce chèque au paiement le jour même :

Et 2° Que l'endosseur qui a transmis ce chèque au porteur chargé de l'encaisser, commet aussi une faute, lorsqu'il l'a conservé par devers lui pendant deux jours avant de l'expédier au lieu où la valeur était payable ; comme il a été ainsi cause de l'arrivée tardive du chèque, il encourt une partie de la responsabilité du protêt non fait à bonne date.

Nous reconnaissons avec le Tribunal de Dunkerque et la Cour de Douai que Watelet, porteur d'un chèque, en se montrant oublieux des exigences de la loi du 14 juin 1865, a encouru les déchéances prononcées par l'article 5, § 2 de cette loi : Mais nous nous permettrons de critiquer l'arrêt de Douai en ce qu'il fait supporter à Pérot une part de la responsabilité qui incombe tout entière au porteur.

La lettre renfermant le chèque est, en effet, parvenue à Watelet le 20 juin, dernier jour de course, vers 7 heures du soir ; la Cour reconnaît elle-même que cette heure n'était pas trop avancée pour qu'il fût impossible de le présenter le même jour à Gustave Pommier et Cie, chez lesquels le paiement devait être réclamé. En conséquence, s'il y a eu, comme on l'a prétendu, négligence de la part de Pérot et Cie dans l'envoi du chèque, cette négligence n'a pas été dommageable pour Watelet ; ce dernier devait donc seul encourir les déchéances de l'art 5, puisque c'est par son propre fait que la présentation au paiement, reconnue encore possible dans la soirée du 20 juin, n'a pas été effectuée.

Nous pouvons rappeler en terminant sur le paragraphe 1er que les chèques, n'étant pas des effets à échéance fixe et déterminée, n'ont pas été compris, par suite, au nombre des effets de commerce dont l'échéance a été prorogé à l'occasion de la guerre 1870-71 avec les intérêts à partir du jour de la 1re échéance ; que les porteurs de chèques ont été seulement comme les porteurs de lettres de change à vue, relevés de la déchéance prononcée par l'article 160 (C. Comm), ce qui n'impliquait nullement la reconnaissance du droit aux intérêts pour le temps écoulé depuis le jour indiqué par la loi, comme terme extrême où l'effet aurait dû être présenté au débiteur. (Loi du 10 mars 1871, art. 4). (1)

§ 2. — DÉCHÉANCE PRONONCÉE CONTRE LE PORTEUR NÉGLIGENT

Le paragraphe deux de notre article est ainsi conçu : « *Le por* » *teur d'un chèque qui n'en réclame pas le paiement dans les délais* » *ci-dessus perd son recours contre le tireur, si la provision a péri* » *par le fait du tiré après lesdits délais.* »

Cette rédaction que nous rencontrons dans la loi de 1865, telle qu'elle se comporte actuellement, est le résultat de la modification que la discussion au Corps-législatif a fait subir à la rédaction suivante proposée par la commission d'accord avec le gouvernement : « Si le porteur n'en réclame pas le paiement dans les délais indi» qués au paragraphe précédent, il perd son recours contre les en» dosseurs, et même contre le tireur, dans le cas où celui-ci aurait » fait provision, sauf les réserves indiquées à l'art. 171 du Code de » commerce. »

Ces derniers mots, « sauf les réserves indiquées à l'article 171 du Code de commerce, » ont été ajoutés à la fin de l'article 5 du projet de loi, sur la proposition d'un membre de la Commission. Il s'appuyait sur ce que, l'art. 4 déclarant que les règles concernant la garantie solidaire du tireur et des endosseurs en matière de lettre de change sont applicables aux chèques, on pouvait croire que l'article 5 en reproduisant une des déchéances contre le tireur, sans mentionner les réserves indiquées à l'art. 171, avait eu pour but d'écarter les dispositions de cet article, ce qui ne serait pas juste.

Avant de présenter la discussion qui eut lieu au sein du Corps-législatif, sur l'étendue de la déchéance prononcée contre le por-

---

(1) Voir jugement du Tribunal de commerce de Rouen du 3 juillet 1871. (Affaire Guibert contre Delahaye). Dalloz, *Recueil périodique*, 1871. 3. 72.

teur négligent à l'égard du tireur, discussion dont l'intérêt est d'autant plus réel que c'est à elle qu'il faut se reporter pour la compréhension exacte et l'entente parfaite de notre paragraphe, nous
croyons nécessaire d'établir les principes qui régissent la lettre de
change dans le cas où le porteur a encouru déchéance par suite de
sa négligence à réaliser le montant de son titre : ils nous serviront
de guide en ce qui concerne les déchéances prononcées contre le
porteur d'un chèque, cet instrument ne différant en rien de la lettre
de change, sous le rapport qui nous occupe actuellement, sauf bien
entendu la différence des délais, et nous fourniront la preuve de
l'intérêt que pouvaient avoir certains orateurs à ce que cette question si délicate fût complètement étudiée.

Ce sont les articles 168, 169, 170 et 171 du Code de commerce
qui régissent la matière ; les articles disposent ainsi qu'il suit :

Article 168

« Après l'expiration des délais pour la présentation de la lettre
» de change à vue, pour le protêt faute de paiement, pour l'exer-
» cice de l'action en garantie, le porteur de la lettre de change
» est déchu de tout droit contre les endosseurs. »

Article 169.

« Les endosseurs sont également déchus de toute action en
» garantie contre leurs cédants, après les délais ci-dessus pres-
» crits, chacun en ce qui les concerne. »

Article 170.

« La même déchéance a lieu contre le porteur et les endosseurs
» à l'égard du tireur lui-même, si ce dernier justifie qu'il y avait
» provision à l'échéance de la lettre de change.

» Le porteur en ce cas ne conserve d'action que contre celui sur
» qui la lettre était tirée. »

Article 171.

« Les effets de la déchéance prononcée par les trois articles pré-
» cédents cessent en faveur du porteur contre le tireur qui après

» l'expiration des délais fixés pour le protêt, la notification du
» protêt ou la citation en jugement, a reçu par compte, compen-
» sation ou autrement, les fonds destinés au paiement de la lettre
» de change. »

Nous voyons par là que le porteur n'est pas libre de s'abstenir ;
que s'il ne présente pas la lettre à vue ou à un certain temps de
vue dans un délai déterminé, il perd son recours contre les endosseurs et, selon le cas, contre le tireur lui-même. La loi suppose que
chacune des parties n'a pas entendu prolonger indéfiniment sa
responsabilité : il ne s'agit donc pas ici de l'intérêt exclusif du
porteur, mais bien de celui des endosseurs, puisque le recours de
chacun d'eux est plus restreint que celui du porteur et offre en
conséquence de bien moindres garanties ; le porteur doit rester
seul exposé aux chances préjudiciables que son inaction peut lui
avoir créées.

La déchéance résultant de cette négligence à présenter la lettre
dans le délai prescrit par la loi, est opposable à tout porteur, au
mineur lui-même, sauf recours contre son tuteur. Contrairement à
ce qu'elle est, suivant nous, dans le chèque, cette déchéance en
matière de lettre de change n'est pas d'ordre public : les parties
qui peuvent dispenser le porteur de l'accomplissement des formalités prescrites (art. 160, dernier alinéa), peuvent aussi renoncer
aux effets de leur accomplissement et relever le porteur de la
déchéance qu'il a encourue et qui est tont entière dans leur
intérêt.

Nous avons dit que les endosseurs étaient libérés de plein droit :
à leur égard le défaut d'accomplissement des prescriptions de la
loi rend inutile de leur part la preuve de la provision. Sous l'ordonnance de 1673, les endosseurs n'étaient au contraire libérés
qu'en justifiant qu'il y avait provision à l'échéance : aujourd'hui,
leur libération est absolue et sans condition aucune. Cette innova-
tion du Code à l'ancienne législation est certes une de ses amélio-
rations les plus justifiées ; elle est en harmonie avec les vrais principes et la distinction qu'elle établit aujourd'hui entre le tireur et
es endosseurs, conforme à la situation respective des parties.

En effet si chaque endosseur en négociant la lettre de change en reçoit la valeur, il n'a en réalité reçu que ce qui lui était dû ; il s'était rendu acquéreur du titre moyennant le versement de pareille somme aux mains de son cédant. Une fois l'échéance arrivée, si le paiement n'est pas effectué, comme tous les endosseurs en sont garants solidaires vis-à-vis du porteur, ce dernier pourra se faire restituer, en vertu d'une sorte de condition résolutoire, le prix qu'il a versé pour le transport qui lui a été opéré de la propriété de la lettre de change.

Mais si le porteur ne réclame pas le paiement dans le délai fixé, et ne se conforme pas aux autres prescriptions de la loi dans les diverses hypothèses qu'elle a prévues, en ce cas il n'y a aucune injustice à prononcer la libération des endosseurs qui ne s'enrichissent aux dépens de qui que ce soit. *Certant de damno vitando, non de lucro captando.*

L'intérêt du commerce, qui exigeait que la circulation des lettres de change fût protégée par des mesures spéciales, telles que la solidarité et le recours en garantie contre les divers signataires du titre, devait se concilier avec l'intérêt bien entendu des divers intéressés qui ne pouvaient ainsi demeurer à la merci du porteur dont la négligence est d'autant plus blamâble que la sollicitude dont l'a entouré le législateur a été plus grande.

La situation du porteur qui a encouru à l'égard des endosseurs la déchéance édictée par l'article 168 du Code de commerce et qui n'offre aucune difficulté sérieuse, se complique à l'égard du tireur.

Plusieurs hypothèses peuvent se présenter.

Le tireur a-t-il, ou non, fait provision ?

1° Le tireur n'a pas fait provision. En ce cas les formalités de protêt, de notification avec assignation en justice ne présentent à son égard aucune utilité et ne sont pas prescrites par la loi : le tireur est resté débiteur direct, débiteur principal et comme tel responsable à l'égard du porteur ; il s'est engagé comme souscripteur de la lettre à en faire toucher le montant ; l'inexécution de son obligation à laquelle il ne peut se soustraire le constitue en faute, de telle façon que dans l'espèce le porteur n'a aucune formalité à remplir pour sauvegarder ses droits et conserver ses garanties.

2° Si au contraire le tireur a versé aux mains du tiré le montant de la valeur de la lettre de change, s'il a, en un mot, accompli son obligation de faire toucher au porteur cette valeur dans le lieu déterminé, autre que celui où la négociation de la lettre a été effectuée, alors il a cessé d'être le débiteur principal du preneur ou de ses cessionnaires : l'exécution de son engagement ne le constitue plus que simple caution de la solvabilité du tiré. Le tiré est-il encore nanti de la provision au moment de la présentation de l'effet, il doit en payer l'importance quand bien même le délai légal serait écoulé.

Ce n'est point en effet la créance du porteur qui se trouve périmée ; c'est l'action en garantie, ce sont les recours spéciaux.

Mais si la provision n'existe plus au moment de la présentation de l'effet au paiement, présentation qui, nous le supposons toujours, n'a lieu qu'après l'échéance de la lettre, dans cette hypothèse une sous-distinction est nécessaire.

La provision a-t-elle péri par le fait du tiré, il y aura alors forclusion absolue pour le porteur de la lettre de change ; le tireur sera complètement libéré par le fait de la négligence du porteur qui seul en devra supporter toutes les conséquences. La provision a-t-elle au contraire disparu par le fait du tireur, ce dernier a-t-il reçu par compte, compensation ou autrement les fonds destinés au paiement de sa lettre, il y aura lieu en ce cas de faire application des dispositions de l'art. 171 (C. Comm.), et de relever, quant à lui, le porteur des suites de la déchéance qu'il avait encourue. Le tireur ne saurait se plaindre de ce qui est son fait personnel et réclamer sa libération. Ne serait-il pas en effet d'une iniquité flagrante de lui permettre d'exciper dans l'espèce de la non-présentation de l'effet à l'échéance ? Le législateur n'a pas voulu qu'il pût s'enrichir ainsi aux dépens du porteur, en touchant une seconde fois la valeur de la lettre, sans bourse délier.

3° Le tireur a fait provision : mais la valeur qui en forme le montant est immobilisée entre les mains du tiré par suite d'une opposition faite par ses créanciers, suivant la latitude qui, d'après certains auteurs dont nous repoussons le système, leur est accordée par l'article 149 (C. Comm.). En ce cas que faut-il décider ? Si le porteur présente le chèque dans les délais légaux, alors pas de difficulté, son recours en garantie lui est conservé contre les endosseurs et le tireur lui-même. Mais, supposons que la présentation n'ait eu lieu qu'après l'échéance du titre ; il aura encouru la déchéance à l'égard des endosseurs. Mais en sera-t-il de même vis-à-vis du tireur ? Nous pensons que dans cette hypothèse le tireur qui, par son fait, indirect, il est vrai, a empêché la réalisation du paiement de la part du tiré, demeurera responsable envers le porteur, parce qu'il serait injuste de lui permettre de bénéficier d'un événement que l'on ne peut qualifier de fortuit, mais que lui seul aura provoqué et fait naître.

Nous pouvons citer à cet égard ces paroles de M. de Lavenay, qui souvent peuvent s'appliquer aussi bien à la lettre de change qu'au chèque : « Le porteur d'un chèque n'est jamais dans une situation inique ; s'il y a eu faillite, il perd par sa faute ; s'il n'y a pas eu faillite la provision est quelque part ; il a le droit de la suivre partout où elle se trouve, entre les mains du banquier, si elle est entre les mains du banquier ; entre les mains du tireur, si le tireur l'a reprise ; entre les mains des endosseurs, si c'est un endosseur qui en a la possession. »

Quid, si la provision vient à disparaître avant l'échéance par la faillite du tiré ? En ce cas le porteur peut immédiatement protester et exercer son recours (art. 163, C. Comm.). C'est une faculté à laquelle il peut renoncer pour ne remplir les formalités qu'au moment de l'échéance. Mais à cette époque l'absence de diligence de sa part entraîne la libération des endosseurs ; que décider dans l'espèce à l'égard du tireur ? De deux choses l'une : ou le tireur n'avait pas fait provision entre les mains du failli, et alors il n'a aucune fin de non recevoir à opposer au porteur ; ou bien il avait fait provision avant la faillite, mais, dans ce cas, comme il est garant de l'existence de cette provision jusqu'au paiement, et que la faillite du tiré détruit cette provision, il en résulte qu'il ne peut opposer au porteur l'exception tirée de ce que la provision existait à l'échéance. Il suit donc de ce que nous venons de dire que le tireur est toujours responsable envers le porteur qui a négligé de faire le protêt, à moins cependant qu'il ne justifiât qu'il avait pris ses mesures pour que l'effet fût acquitté à l'échéance, nonobstant la faillite du tiré.

Une seule question nous reste pour en terminer sur ce point avec les principes de la lettre de change, celle de savoir à qui, du tireur ou du porteur, incombera la preuve, lorsque, par suite de la non présentation au paiement, ce dernier aura encouru la déchéance édictée par le Code de commerce. L'art. 170 astreint le tireur qui veut se prévaloir de l'absence des formalités prescrites par la loi, à faire la justification du versement entre les mains du tiré d'une somme suffisante pour acquitter la lettre de change ; il faut de plus qu'il établisse que le tiré la détenait encore libre et disponible au moment de l'échéance. L'attitude du porteur est donc toute passive ; il n'a qu'à attendre que le tireur lui fournisse la preuve qui lui incombe. Cette exigence est d'ailleurs parfaitement juste, si l'on songe que le refus de paiement par le tiré constitue une présomption très-forte que la provision n'existait pas ou du moins n'existait plus. En un mot, le but de la loi est celui-ci : mettre le tireur à l'abri de tout recours, lorsqu'il établit par des preuves convaincantes que le porteur eût réalisé le montant de l'effet, s'il se fût présenté en temps utile, c'est-à-dire au moment exact de l'échéance.

Ainsi que nous l'avons dit, la théorie que nous venons de présenter doit recevoir son application en matière de chèque : les principes que nous avons posés pour la lettre de change, nous permettront de soumettre actuellement la discussion dont le paragraphe deux de notre article a été l'objet au Corps législatif. On s'est demandé à la chambre, quelle pouvait être la conséquence légale de la déchéance prononcée contre le porteur négligent à l'égard du tireur. Nous reproduirons de la façon la plus succincte cette discussion qui mérite à tous égards que nous nous y arrêtions et lui consacrions une place dans notre travail.

M. Ernest Picard ne pouvait comprendre comment le recours du porteur étant perdu, le chèque n'était pas caduc. « J'ai interrogé, disait-il, M. le rapporteur et lui ai demandé si dans la pensée de la commission et dans la sienne, le chèque était considéré comme faisant novation, comme étant un paiement, et si c'était l'action seule du chèque et non pas l'action de la créance, ce qui serait alors naturel et applicable, qui serait perdue..... je demande que le texte soit clair. »

« Le chèque, lui répondit M. de Lavenay, n'opère pas de novation; la novation ne se présume pas. Il est dit, je crois, dans un article de notre Code, que la délégation n'opère pas novation. Celui qui a délivré un chèque, a délivré un instrument de paiement. Si le paiement a lieu, il est libéré; si le paiement n'a pas lieu par le fait du débiteur, ce dernier reste tenu, non pas de dommages-intérêts, si on a laissé périmer l'action en garantie, mais il reste tenu pour sa créance originelle.

« Voilà l'application de l'art. 5, et les termes de cet article, permettez-moi de le dire, me semblent répondre à cette application, car l'article ne dit nullement que, quand le chèque n'est pas présenté dans un délai de cinq ou de huit jours, la créance est éteinte. Non, c'est l'action en garantie, c'est le recours spécial, que la loi attache aux effets de commerce protesté, c'est là ce qui est perdu. Mais le titre primitif subsiste, sous les distinctions que je m'efforçais d'expliquer tout à l'heure. »

M. Émile Ollivier prit ensuite la parole pour exposer dans les limites qu'ils comportaient réellement les véritables effets de la déchéance encourue par le porteur : son discours résout parfaitement la difficulté, que l'on avait portée sur un terrain qui lui était complètement étranger, et nous indique en termes excellents le but que le législateur a eu en vue, en insérant dans la loi spéciale sur les chèques des dispositions analogues à celles que nous rencontrons dans le Code de commerce sur la matière de la lettre de change : « Dans

la théorie de la loi, dit-il, lorsque l'on donne un chèque en paiement, il n'y a pas novation. L'idée d'un chèque et l'idée d'une
novation sont deux idées incompatibles, inconciliables, impossibles
à réunir ensemble, dans le système adopté par le projet de loi
actuel.

« Si on jette quelque obscurité sur ce point, c'est qu'on ne peut
pas se familiariser avec la notion si simple du chèque. Qu'est-ce
qu'un chèque ? C'est un mode d'effectuer un paiement. Au lieu de
prendre dans ma poche cent francs, je prends un morceau de
papier qui représente cent francs. Conséquemment, lorsque vous
voulez savoir quelles sont les règles juridiques qu'il faut appliquer
ou qu'il ne faut pas appliquer au chèque, demandez-vous simplement quelles sont les règles ordinaires établies en matière de paiement ; si ces règles ordinaires sont applicables en matière de
paiement, elles seront applicables au chèque ; sinon, non !

« Or, le paiement peut se faire de deux manières : il peut se faire
par le débiteur, directement, personnellement, et il peut se faire
également par un tiers que l'on prie de payer à sa place. On appelle
cela, dans le langage juridique, « l'indication de paiement. » Le
chèque ramené à une indication de paiement, du moins sous le
rapport auquel je l'examine, il ne saurait plus exister de doute.
« La simple indication, dit la loi, faite par le débiteur d'une per-
» sonne qui doit payer à sa place, n'opère pas novation. »

« L'idée de novation est une idée parasite que l'on jette dans
toute cette discussion pour embrouiller ce qui sans cela serait bien
clair.

« Les solutions deviennent maintenant très-faciles : Pour savoir
ce qu'il faut penser d'un recours, il n'y a qu'à se demander ceci :
le paiement est-il valable ou ne l'est-il pas ? Si le paiement est
valable, la créance primitive, que le chèque n'avait ni détruite, ni
modifiée, ni novée, disparaît. Si ce paiement n'a pas été fait valablement, la créance primitive n'a pas été éteinte, attendu que le
seul fait qui puisse produire l'extinction, c'est le fait du paiement
qui ne s'est pas légalement réalisé.

« Toutes les fois que par un fait quelconque imputable au tireur, le porteur du chèque aura été mal payé, la créance primitive conservera toute son ancienne vigueur. Il se passera exactement ce qui se passerait si un de vous, mon créancier, se présentait chez moi pour me demander une somme de cent francs et que je prisse dans mon tiroir cent pièces de monnaie fausses...

« Vous me donnez un chèque ; pour une cause quelconque, soit parce que la provision n'a pas été fournie, soit parce que des créanciers du tireur ont fait opposition entre les mains du tiré, la provision disparaît : c'est absolument comme si j'avais reçu des pièces de monnaie fausses. Je reviendrai à celui qui m'avait donné le chèque, et je lui dirai : Vous m'avez mal payé, et puisque vous m'avez mal payé, payez-moi de nouveau, le chèque n'ayant pu opérer l'extinction de la créance, et je reviens, et je réclame en vertu du titre originaire. »

Il ne faudrait pas toutefois prendre à la lettre ces paroles de M. Emile Ollivier : « que le seul fait qui puisse produire extinction c'est le fait du paiement qui ne s'est pas légalement réalisé. » Nous savons en effet, qu'en cas de non-présentation de l'effet à l'échéance, la forclusion encourue par le porteur est absolue lorsque la provision a péri par le fait du tiré : dans l'espèce, l'action de la créance originelle a cessé d'exister. Cette remarque présentée par l'orateur, n'a trait qu'à ces hypothèses où aucune négligence n'est imputable au porteur, et où la provision a disparu par le fait du tireur lui-mème.

Bien que ces explications fussent de nature à convaincre et à chasser toute appréhension des esprits, l'article 5 n'en fut pas moins renvoyé à un nouvel examen de la Commission, qui, pensant que « le meilleur moyen de dissiper toutes les obscurités était de se borner à indiquer le cas où la forclusion absolue était encourue par le porteur du chèque qui ne l'aurait pas présenté dans les délais légaux, » (Rapport supplémentaire de M. Darimon), proposa une nouvelle rédaction dont le Corps législatif consacra définitivement les termes.

Il ressort de cette discussion que la délivrance du chèque comme celle d'une lettre de change, ne saurait opérer novation de la dette qu'on se propose d'éteindre. Le créancier reçoit en ce cas un paiement conditionnel, qui ne procurera au débiteur sa libération qu'au moment de la réalisation de la condition, c'est-à-dire après l'encaissement de la valeur qui lui a été transportée.

Voici comment M. Nouguier explique la déchéance absolue encourue par le porteur dans le cas où la provision a disparu par le fait du tiré après l'expiration des délais pour la présentation de l'effet :

Le porteur, par le fait de sa négligence, est responsable vis-à-vis du tireur et lui doit des dommages-intérêts aux termes du droit commun et notamment de l'article 1382 du code civil. Dans cette situation, il ne peut recourir contre lui en vertu du chèque, puisque n'ayant pas rempli les formalités, il a si mal agi que ce titre est devenu sans valeur. Il ne peut davantage l'actionner en vertu de son ancienne créance, parce que cette créance se compense avec les dommages-intérêts dûs pour la perte qu'occasionne au tireur la négligence du porteur.

Le porteur peut-il se faire relever de la déchéance prononcée par l'article 5, § 2, en invoquant comme excuse la « *force majeure.*» En thèse générale, nous ne le pensons pas. Le délai pour la présentation du chèque est un délai fatal, passé lequel les déchéances sont encourues. La solution inverse donnerait ouverture à une quantité de mauvais procès que les porteurs négligents ne manqueraient de faire, et qui enlèveraient aux signataires du chèque la sécurité dont le législateur a voulu les entourer.

Il peut cependant se présenter des cas tels que l'état de guerre, l'invasion de l'ennemi, une épidémie, un siége, où l'exception alléguée par le porteur pourra être prise en considération : les tribunaux ne devront toutefois l'accueillir qu'avec la plus extrême prudence, à cause du danger que nous avons signalé. Ce sera naturellement au porteur qu'incombera la preuve des faits qu'il aura avancés.

Article six.

« *Le tireur qui émet un chèque sans date ou qui le revêt d'une*
« *fausse date, est passible d'une amende égale à six pour cent de la*
« *somme pour laquelle le chèque est tiré.*

« *L'émission d'un chèque sans provision préalable est passible de*
« *la même amende, sans préjudice de l'application des lois pénales.*
« *s'il y a lieu.*»

Ainsi modifié : loi du 19 février 1874, art. 6. — « Le tireur
« qui émet un chèque, sans daté, ou non daté en toutes lettres,
« s'il s'agit d'un chèque de place à place ; celui qui revêt un chè-
« que d'une fausse date ou d'une fausse énonciation du lieu d'où il
« est tiré, est passible d'une amende de 6 pour 100 de la somme
« pour laquelle le chèque est tiré sans que cette amende puisse
« être inférieure à 100 francs:

« La même amende est due personnellement et sans recours,
« par le premier endosseur ou le porteur d'un chèque sans date ou
« non daté en toutes lettres, s'il est tiré de place à place, ou portant
« une date postérieure à l'époque à laquelle il est endossé ou
« présenté. Cette amende est due en outre par celui qui paie ou
« reçoit en compensation un chèque sans date ou irrégulière-
« ment daté, on présenté au paiement, avant la date d'émis-
« sion.

« Celui qui émet un chèque sans provision préalable et dispo-
« nible est passible de la même amende, sans préjudice des peines
« correctionnelles s'il y a lieu. »

Le projet de la loi de 1865 présenté par le gouvernement portait :
Article 6. — Le tireur qui revêt un chèque d'une fausse date et le
premier porteur sont punis, chacun et sans recours l'un contre
l'autre, d'une amende égale à six pour cent de la somme pour
laquelle le chèque est tiré. La même peine est applicable à l'émission d'un chèque sans date ;

Article 7. — L'émission d'un chèque sans provision préalable et

le retrait de la provision après la délivrance du chèque sont punis
en cas de mauvaise foi, des peines prononcées par l'article 405 du
Code pénal, sauf l'application, s'il y a lieu, de l'article 463 du
même Code.

La Commission du Corps législatif substitua à ces deux articles
la rédaction suivante : Article 6. — Le tireur qui revêt un chèque
d'une fausse date est puni d'une amende égale à 6 pour cent de
la somme pour laquelle le chèque est tiré : la même peine est
applicable à l'émission d'un chèque sans provision préalable.

Cet article ayant été renvoyé à la Commission, celle-ci proposa
la rédaction qui fut définitivement adoptée, et qui forma dans la loi
du 14 juin 1865 le texte de l'art. 6.

La Commission a substitué le mot *passible* au mot *puni*, et, par
les derniers mots du deuxième alinéa, a réservé en principe, d'une
manière explicite, le cas où l'émission du chèque serait accompagnée de ces circonstances qui lui donneraient le caractère d'un
délit.

La loi du 19 février 1874 a édicté des dispositions nouvelles
destinées à prévenir désormais les fraudes qui se commettaient
dans la création des chèques, et à empêcher que cet instrument
ne vît envahir le terrain de la lettre de change, en se substituant à
elle dans bien des cas ; nous verrons dans le cours de nos explications les précautions prises à cet égard par le législateur.

§ Ier. — ÉMISSION D'UN CHÈQUE SANS DATE OU AVEC UNE
FAUSSE DATE.

« *Le tireur qui émet un chèque sans date ou qui le revêt d'une*
« *fausse date, est passible d'une amende égale à six pour cent de la*
« *somme pour laquelle le chèque est tiré.*

Ainsi modifiée la loi du 19 février 1874. — Art. 6. § 1 et 2.
« Le tireur qui émet un chèque sans date, ou non daté en toutes lettres
« s'il s'agit d'un chèque de place à place : celui qui revêt un chèque
« d'une fausse date ou d'une fausse énonciation du lieu d'où il

« est tiré est passible d'une amende de six pour cent, sans que
« cette amende puisse être inférieure à cent francs.

« La même amende est due personnellement et sans recours
« par le premier endosseur ou le porteur d'un chèque sans date ou
« non daté en toutes lettres, s'il est tiré de place à place, ou por-
« tant une date postérieure à l'époque à laquelle il est endossé ou
« présenté. Cette amende est due en outre par celui qui paye ou
« reçoit en compensation un chèque sans date, ou irrégulièrement
« daté, ou présenté au paiement avant la date d'émission. »

Voici comment s'est exprimé à cet égard l'orateur du gouvernement lors de la discussion de l'article 6 de la loi du 14 juin 1865 :
« Nous voulons favoriser le chèque ; mais nous ne voulons pas
vider les caisses du Trésor. La disposition qui est édictée par l'article 6 est une garantie absolument nécessaire des perceptions
fiscales. — Tout le monde est d'accord que le chèque n'a droit à
l'immunité fiscale qu'autant qu'il est un billet à vue, qu'il se dis-
tingue de tous les effets de commerce qui sont assujettis par la loi
de 1870, à la formalité du timbre proportionnel. — Eh bien ! il
n'échappera à personne que, si on peut sans s'exposer à un risque
d'une certaine importance, post-dater un chèque, on peut lui
donner une circulation de plusieurs jours, de plusieurs semaines,
en faire un papier de crédit, un effet de circulation, et échapper
à la loi. — Ici, la faculté de post-dater un chèque revient absolument, au point de vue fiscal, à la faculté de le tirer à une époque
plus ou moins lointaine. — Il a donc fallu imposer une amende. »
(Séance du 6 mai 1865).

Il en devait être de même du chèque émis sans date. Il y a, en
effet, analogie parfaite dans les deux cas. « Car, comme le dit
avec une grande force d'expression, l'exposé des motifs, si le
chèque pouvait être émis sans date ou post-daté, il serait en vain
payable à vue dans sa formule ; il ne le serait pas en réalité. »
Dans l'hypothèse d'un chèque créé sans date, comme dans celle
d'un chèque post-daté, il était donc naturel d'édicter comme sanction la pénalité que la loi prononce, lorsqu'un effet de commerce
n'a pas été revêtu du timbre auquel il est assujetti.

M. Ernest Picard, désirant connaître quelle était la nature de cette infraction, provoqua alors les explications du gouvernement sur la question de savoir, si l'omission de la date ou la fausse date constituaient un délit ou une contravention, et s'il ne fallait pas réserver le cas où le tireur aurait agi de bonne foi. Il ajouta que l'amende lui semblait exagérée pour un fait qui serait peut-être une simple contravention et n'impliquerait pas la mauvaise foi, que cette pénalité toute draconienne pouvait avoir des conséquen- ces extrêmement graves, et demandait un adoucissement.

M. de Lavenay lui répondit, que le fait même d'avoir émis un chèque sans date ou avec une fausse date constituait à l'égard du tireur une présomption de mauvaise foi; que cette présomption suffisait pour faire édicter la peine, parce qu'en matière de contra- vention, la bonne foi ne se discutait pas.

Un député, M. Millet, fut plus explicite encore : « Il s'agit ici, dit-il, de contraventions en matière de timbre ; ces contraventions ne sont jamais subordonnées, ni à la bonne, ni à la mauvaise foi des contrevenants. Elles existent par le seul fait de l'usage du pa- pier non marqué de timbre. »

C'est à la suite de cette discussion que plusieurs membres du Corps législatif, demandèrent que la pensée du législateur se dé- gageât, sans conteste possible, des termes mêmes de l'article 6, et que le mot *passible*, plus en harmonie avec les contraventions, fût substitué au mot *puni*, qui implique plutôt la juridiction cor- rectionelle.

La Commission, ainsi que nous l'avons vu s'empressa de faire droit à cette demande, et de modifier la rédaction de notre article dans le sens réclamé. Le fait d'avoir émis un chèque sans date ou de l'avoir revêtu d'une fausse date, constitue donc en lui-même, abstraction faite de tout élément intentionnel, une simple contra- vention soumise à une amende fiscale.

Restait la question de savoir si réellement la pénalité infligée par la loi était exagérée. M. de Lavenay se chargea de justifier le taux de l'amende de six pour cent, et démontra que le reproche adressé par M. Ernest Picard, pouvait l'être également, en se plaçant à son point de vue, à toute la législation du timbre ; que du reste, l'amende infligée par l'art. 6 était bien moins considérable que celle que l'article 4 de la loi du 5 juin 1850, sur le timbre des effets de commerce, avait infligée en cas d'infraction à ses prescriptions : Aux termes de cet article, en effet, le souscripteur, l'accepteur et le bénéficiaire ou premier endosseur de l'effet non timbré ou non visé pour timbre, sont passibles d'une amende de six pour cent, ce qui élève la pénalité à dix-huit pour cent, tandis que l'amende, édictée par l'article 6, paragraphe premier, de la loi de 1865, ne peut dépasser le taux de six pour cent et s'adresse au tireur seul.

Quant à l'objection tirée de ce que, dans certains cas, le chiffre de l'amende pourrait devenir considérable, en raison de la somme pour laquelle le chèque a été souscrit, elle tombait d'elle-même devant cet argument très-simple, qu'il est tout naturel que des gens qui délivrent des chèques pour des sommes importantes, ne les émettent qu'après s'être rendu compte de la parfaite exactitude des énonciations qu'ils renferment.

L'amende de six pour cent a donc été maintenue et avec raison : de plus le chèque non daté ou revêtu d'une date inexacte, n'est plus considéré comme tel, mais bien comme simple effet négociable, soumis par conséquent au timbre proportionnel dont sont frappés les effets de commerce. C'est ce qu'a fait remarquer M. Darimon dans son rapport supplémentaire. « Le timbre, a-t-il dit, est dû toutes les fois que l'amende est encourue pour infraction aux dispositions de la loi. » C'est là un fait inutile à énoncer.

Le législateur de 1874 s'est montré plus sévère encore. Non-seulement il punit d'une amende de six pour cent, sans que cette amende puisse aujourd'hui être inférieure à cent francs, le fait d'avoir émis un chèque sans date ou avec une fausse date, mais aussi le fait d'avoir délivré un chèque dont la date (le quantième du mois) n'est pas inscrite en toutes lettres, s'il est tiré, de place en place, ou qui revêt une fausse énonciation du lieu d'où il est tiré : de plus cette pénalité n'est pas seulement édictée contre le tireur, elle est également encourue, d'après les dispositions de la nouvelle loi, personnellement et sans recours, par le premier endosseur ou le porteur du chèque sans date ou non daté en toutes lettres, s'il est tiré d'un lieu sur un autre, ou portant une date postérieure à l'époque à laquelle il a été endossé ou présenté. L'amende est due en outre par celui qui paie ou reçoit en compensation en pareil chèque.

Aux termes de l'article 139 du Code de commerce, « il est défendu d'antidater les ordres à peine de faux ». Cette défense se comprend aisément, si l'on songe que dans les dix jours qui précèdent sa faillite, un négociant peut, en souscrivant des lettres de change, se mettre à l'abri des poursuites de ses créanciers au moyen d'une antidate apposée sur la lettre elle-même, et d'un endossement antidaté passé au profit d'un compère. La loi de 1865 n'a pas reproduit cette disposition pénale : or, nous savons qu'en matière de pénalités, tout est de droit étroit et qu'une sanction ne saurait par analogie s'étendre d'un cas prévu à celui que le législateur a passé sous silence. L'antidate du chèque ne constitue donc pas, comme dans la lettre de change, le crime de faux. Toutefois il ne faudrait pas croire que la seule pénalité qui puisse être infligée en cas d'émission d'un chèque sans date ou post-daté ne soit jamais que l'amende de six pour cent que relève le paragraphe premier de l'article 6, et que l'on ne puisse atteindre le fait d'antidater un chèque. Il peut, en effet, se présenter des circonstances où le fait du tireur sera en outre passible de peines corporelles. A-t-il cherché à frustrer ses créanciers, une poursuite en banqueroute frauduleuse ou en banqueroute simple pourra être exercée contre lui ; a-t-il escroqué ou tenté d'escroquer la fortune d'autrui à l'aide de manœuvres frauduleuses, ici encore la loi pénale lui sera applicable (art. 405, C. P.).

Quant aux faux qui peuvent être commis, soit dans la confection du titre, en contrefaisant la signature d'une personne, ou en falsifiant le chèque quant à l'importance de la somme jusqu'à concurrence de laquelle il renfermait primitivement ordre de paiement,

soit dans sa circulation , en négociant à l'aide d'un faux endossement un chèque perdu ou volé , ou en se présentant comme étant
celui au profit duquel le titre a été créé, ils tombent sous le coup
de la sanction édictée par le législateur du Code pénal en matière de
faux en écriture de commerce ou en écriture privée, suivant que le
chèque est ou non , comme le billet à ordre, un acte de commerce,
à raison de la qualité du souscripteur et de la cause pour laquelle
il a été émis.

§ 2. — ÉMISSION D'UN CHÈQUE SANS PROVISION PRÉALABLE.

« *L'émission d'un chèque sans provision préalable est passible de*
la même amende, sans préjudice de l'application des lois pénales s'il
y a lieu. »

Ainsi modifié : loi du **19** février **1874** , art. **6** , § **3**. — « Celui
« qui émet un chèque sans provision préalable et disponible, est
« passible de la même amende (laquelle ne peut être inférieure à
« **100** francs) , sans préjudice des peines correctionnelles , s'il y a
« lieu. »

Le projet proposé par le gouvernement s'exprimait ainsi : « L'é-
« mission d'un chèque sans provision préalable et le retrait de la
« provision , sont punis, en cas de mauvaise foi , des peines pro-
« noncées par l'art. 405 du Code pénal, sauf l'application, s'il y a
« lieu, de l'art. 463 du même Code. »

La Commission jugea que cet article était à la fois dangereux et
inutile. « En édictant , dit M. Darimon, des pénalités sévères contre les délits qui pourraient se commettre par le moyen des chèques, on a pensé qu'on inspirerait une plus grande confiance au
public dans ce mode de paiement. Le porteur du chèque trouverait,
en effet, une certaine garantie dans cette législation rigoureuse ,
mais à quels dangers alors serait exposé le tireur ! L'émission d'un
chèque sans provision préalable peut être , de sa part , le résultat
d'une erreur de compte. Le retrait de la provision après la délivrance du chèque peut provenir d'un simpl oubli. Un négociant

n'aura pas toujours sur lui son carnet de compte ; s'il crée un chèque dépassant la provision inscrite à son crédit, ou s'il retire tout
ou partie de la provision destinée à couvrir un chèque, et cela,
parce que sa mémoire l'aura mal servi, sera-t-il l'objet de poursuites ? Il le faudra bien ; car il y a un fait matériel qui a l'apparence d'un délit. Assurément, dans la plupart des cas, la procédure n'aura pas de suites ; mais le seul fait pour un négociant d'a-
voir eu à obéir à un mandat de comparution, ne constituerait-il
pas une atteinte à son honorabilité commerciale ? Les parquets
montreraient en vain de la discrétion dans ces sortes de recherches;
elles n'en constitueraient pas moins des tracasseries intolérables, et
pour y échapper, il est certain qu'un grand nombre de commerçants
renonceraient à faire des chèques. La loi aurait ainsi manqué son
but, qui est de développer cet instrument. »

La modification proposée par la Commission reçut l'assentiment
du Conseil d'Etat : l'art. 7 qui faisait l'objet de la sanction improu-
vée fut supprimé, et une disposition spéciale frappant le fait d'é-
mission d'un chèque sans provision préalable fut annexée dans
l'article précédent, sans que cette fois mention y fût faite de l'ap
plication en cas de mauvaise foi de l'art. 405 du Code pénal.

L'article 6 ayant soulevé diverses critiques de la part de plusieurs membres du Corps-législatif, fut renvoyé à un nouvel examen de la Commission qui, en proposant la rédaction définitive,
rédaction comportant cette fois l'application des lois pénales, réclamée pour le cas d'escroquerie et autres, déclara formellement :
« qu'en soumettant à une amende l'émission d'un chèque sans provision préalable, elle n'avait voulu frapper seulement que la simple
contravention consistant à déguiser, sous la forme du chèque, une
véritable valeur de crédit ; mais qu'elle n'avait nullement innocenté
le cas où pareille émission serait accompagnée de circonstances qui
lui donneraient le caractère d'un délit.

Il ressort de ces explications que l'art. 6, § 2, prévoit bien aujourd'hui deux hypothèses différentes ; la première qui consiste
dans le fait d'avoir émis un chèque sans provision préalable, fait
constituant une simple contravention fiscale, passible d'une amende

de six pour cent de la somme formant le montant du chèque; la seconde qui a trait à cette même émission, mais cette fois accompagnée de manœuvres frauduleuses constituant le délit d'escroquerie et motivant en conséquence l'application des peines édictées par l'article 405 du Code pénal.

Comme dans le paragraphe 1er, nous nous trouvons ici en présence d'une simple contravention fiscale, qui exclut toute distinction entre la bonne ou la mauvaise foi du tireur. Pouvons-nous dire que dans l'espèce il n'y a aucune exagération dans le taux de cette amende, et que la sanction prononcée par le législateur est aussi légitime que dans le premier cas. La question nous semble plus délicate : nous avons approuvé le taux de l'amende dans l'hypothèse de l'absence de date ou de la fausse date, parce qu'ici l'incurie, la négligence du tireur sont flagrantes, et que de sa part les soins à apporter au confectionnement des chèques doivent être en raison directe de l'importance de la valeur qui y est consignée.

Dans l'espèce, au contraire, nous estimons que, bien que nous nous trouvions en présence d'une contravention, le simple fait matériel n'aurait pas dû à lui seul faire encourir l'amende qui peut, dans certains cas, s'élever à un chiffre considérable.

Le législateur eût peut-être mieux fait de laisser ici aux juges une certaine latitude d'appréciation, et de leur permettre de se départir, suivant les circonstances, de la rigueur des principes. Ne peut-il se faire en effet que le souscripteur commette une erreur dans le calcul du montant de son crédit, de son compte courant chez le banquier où il a des fonds déposés ?

Il est vrai qu'il est excessivement difficile, dans notre hypothèse, de créer ainsi des distinctions, et que restreindre l'application de la sanction au fait intentionnel eût été faciliter de la part des souscripteurs sujets à caution les contestations qu'ils ne manqueraient de soulever pour tenter d'établir que la bonne foi a présidé à l'émission du titre. Le moyen terme en ce cas eût pu consister dans une diminution du taux de l'amende dont le chiffre élevé a le tort de s'adresser bien souvent à des tireurs de bonne foi; quoi qu'il en soit, la loi est formelle : elle a voulu empêcher, à l'aide d'une pénalité rigoureuse, que l'on pût émettre , sans que la provision existât préalablement, un chèque qui ne saurait plus être considéré comme un instrument de paiement , mais comme un instrument de crédit , qui empièterait sur la lettre de change, et ferait ainsi perdre au trésor une partie des sommes sur lesquelles le timbre proportionnel des effets de commerce lui permet de compter.

La loi de 1874 n'a fait que confirmer la disposition que nous venons de mentionner ; les seules différences que nous y puissions constater sont les suivantes : le mot « disponible » fait suite aujourd'hui dans le paragraphe 3 du nouvel article 6 , à ceux de « provision préalable. »

Nous avons exposé avec assez de développements en quoi consiste la disponibilité pour y séjourner de nouveau. Qu'il nous suffise de dire qu'elle résulte d'une convention expresse ou tacite intervenue entre le tireur et le tiré, convention qui permet de considérer les fonds comme libres et de créer le chèque : Cette disponibilité de la provision est le trait caractéristique de cet instrument. Le législateur de 1874 a voulu en ajoutant le mot disponible préciser davantage les exigences auxquelles il soumettait l'émission d'un chèque.

De plus, d'après la même disposition de loi, l'amende à prononcer contre le souscripteur qui fait délivrance d'un semblable effet sans que la provision existât préalablement, ne peut désormais être inférieure à cent francs (1).

Le fait d'avoir émis un chèque sans provision préalable a été déféré dans les circonstances suivantes à la Cour de Rennes, qui, à la date du 16 juillet 1867, a rendu sur cette question importante un arrêt qui forme peut-être encore aujourd'hui le seul monument de jurisprudence à l'appui de la théorie que nous venons de présenter :

Un M. P... avait été condamné à quatre mois de prison par le

---

(1) La législation anglaise permet au juge , en cas d'émission d'un chèque sans provision préalable , de prononcer une peine qui varie suivant les circonstances et peut aller jusqu'à la déportation.

tribunal correctionnel de Brest, pour s'être fait prêter 350 livres sterling par M. S... contre des chèques dépourvus de provision.

M. P.. interjeta appel, et la Cour infirma le jugement par un arrêt que nous reproduirons *in extenso* à cause de l'intérêt qu'il présente.

La Cour, considérant que M. P... a remis à S... deux chèques sur la maison de banque anglaise W.-D., l'un de 200 livres, le 8 février 1867, l'autre de 140 livres, le 13 du même mois ;

Que le fait que ces valeurs étrangères n'étaient pas, à la connaissance de P..., représentées et assurées par des provisions aux mains du tiré, ne saurait constituer par lui seul, indépendamment de tous autres agissements particuliers, le délit d'escroquerie imputé au prévenu ; qu'il est nécessaire pour que ce délit existe légalement, qu'il soit justifié de manœuvres frauduleuses ayant eu pour objet de déterminer les prêts faits par S... ;

Considérant que le premier prêt de 200 livres avait été effectué par S..., surtout à raison de la confiance qu'il avait conçue pour P..., par suite des relations qu'il avait eues avec lui ; que les fonds avaient été versés par à compte successifs avant la remise même du chèque ;

Que ce fait ne constitue évidemment pas par lui-même une escroquerie ;

Qu'on ne saurait y voir davantage une manœuvre frauduleuse ayant eu pour but de préparer et faciliter le second prêt et l'acceptation par S... d'un second chèque ;

Que ce second fait s'est opéré dans les mêmes conditions que le premier et d'après les mêmes considérations ;

Que la garantie résultant des chèques ne paraît pas avoir été décisive et déterminante pour S..., qu'il a reconnu dans sa déposition que P..., en lui remettant le premier titre, l'avait prié de ne pas faire présenter à la maison W.-D. avant qu'il eût écrit à ses amis, et qu'il n'a pas démenti l'allégation de P... qui a prétendu l'avoir engagé, lors de la remise du second, à écrire à la maison anglaise pour s'assurer si elle avait reçu des versements sur lesquels il avait compté ;

Considérant que, même en admettant que P... ait pu supposer que de nouvelles valeurs seraient envoyées par lui dans cette maison de banque où il avait eu un compte arrêté en 1865, il a commis un acte grave d'imprudence et d'indélicatesse en ne s'assurant pas, préalablement à l'émission des chèques dont elles devaient fournir la provision, qu'elles avaient été effectivement versées ; que toutefois si répréhensible qu'ait été la conduite du prévenu, elle ne peut être considérée comme constitutive du délit d'escroquerie.

En ce qui concerne l'application de l'article 6 de la loi du 14 juin 1865 :

Considérant que si les chèques remis par P. à S., tous deux étrangers, sur une maison anglaise, étaient dépourvus de provision, ce fait, en le supposant passible de l'amende prononcée par l'article de la loi précitée, ne constituerait qu'une simple contravention fiscale, pouvant donner lieu à une perception par l'administration du timbre, mais non un délit justiciable du tribunal correctionnel ;

Par ces motifs,

Infirme le jugement dont est appel,

Renvoie le prévenu des fins de la prévention sans dépens, le décharge de l'amende prononcée contre lui, (Journal *la Finance* du 4 juillet 1867).

Il ressort de l'arrêt que nous venons de citer que les tribunaux sont appréciateurs souverains des faits qui peuvent constituer l'escroquerie et ces manœuvres frauduleuses dont la répression a été prévue par l'article 405 du Code pénal, lequel dispose ainsi qu'il suit : « Quiconque, soit en faisant usage de faux noms ou de « fausses qualités, soit en employant des manœuvres frauduleuses « pour persuader l'existence de fausses entreprises, d'un pouvoir « ou d'un crédit imaginaire, ou pour faire naître l'espérance ou la « crainte d'un succès, d'un accident ou de tout autre événement

« chimérique , se sera fait remettre ou délivrer , ou aura tenté de
« se faire remettre ou délivrer des fonds , des meubles ou des obli-
« gations , dispositions , billets , promesses , quittances ou dé-
« charges et aura par un de ces moyens escroqué ou tenté d'es-
« croquer la totalité ou partie de la fortune d'autrui , sera puni
« d'un emprisonnement d'un an au moins et de cinq ans au plus
« et d'une amende de cinquante francs au moins et de trois mille
« francs au plus.

« Le coupable pourra être , en outre , à compter du jour où il
« aura subi sa peine , interdit pendant cinq ans au moins et dix
« ans au plus , des droits mentionnés en l'article 42 du présent
« Code ; le tout , sauf les peines plus graves , s'il y a un crime de
« faux. »

Lorsque les conditions constitutives du délit se rencontreront
dans la création d'un chèque dont la provision n'existe pas , les
peines édictées dans notre article devront être appliquées et cette
fois avec une sévérité d'autant plus grande qu'il est de toute justice
de sévir énergiquement contre ceux qui jettent ainsi la perturbation dans les affaires.

Nous avons dit avec l'article deux ce qui advenait lorsque la
valeur était réalisée à l'échéance par le porteur d'un chèque tiré
sans que la provision existât préalablement à son émission : la
contravention n'en existe pas moins dans l'espèce et l'amende lui
sera par conséquent applicable.

Quant au retrait de la provision , nous rappelons que le projet
du gouvernement l'assimilait au fait d'avoir souscrit un chèque
dont la provision n'avait pas été faite et leur appliquait à tous
deux la même peine : l'article 6 , § 2 , dans sa rédaction définitive ,
n'a trait qu'au chèque émis sans provision préalable ; le retrait de
la provision est passé sous silence. Que faut-il donc décider ? Doit-
il y avoir assimilation entre les deux faits ?

M. Millet prétendit que le fait d'avoir retiré la provision après
l'émission du chèque devait être puni de la même amende civile ,
de la même amende de timbre que le fait d'émission d'un chèque
sans provision. « Le retrait de la provision , après la délivrance du

chèque, ne lui enlève-t-il pas le caractère qui avait motivé la dispense du timbre. Aujourd'hui vous créez un chèque, mais avant que ce chèque ait produit son effet, vous le dénaturez, vous lui enlevez son caractère, en lui enlevant la provision indispensable à son essence : dès lors ce n'est plus un chèque ; il ne reste plus en circulation qu'une valeur négociable à ordre ou au porteur, à laquelle l'immunité du timbre ne saurait être accordée, pas plus que si vous l'aviez émise sans provision. Si celui qui émet un chèque sans provision est passible d'une amende, on ne comprendrait pas que la même amende ne fût pas encourue par celui qui, après avoir émis le chèque, opère le retrait de la provision qui, seule, donnait existence légale à ce titre et le faisait participer au privilége de l'immunité. Le dernier ne mérite certainement pas plus de faveur que le premier ; et, au point de vue fiscal, la situation ne doit pas être différente : la même amende doit les frapper l'un et l'autre. »

Un autre député, M. Josseau, vient appuyer cette argumentation en alléguant que le fait de retirer la provision après l'émission du chèque était une chose aussi grave, sinon souvent plus délictueuse, que le fait de délivrer un chèque sans provision préalable, qu'il fallait absolument combler cette lacune qu'on voulait ainsi établir dans la loi, et édicter, comme dans la première hypothèse, une sanction pénale destinée à prévenir cet abus dont la consécration eût été autrement un fait accompli.

Ces réclamations diverses qui semblaient tout d'abord parfaitement justifiées ne purent résister aux explications que s'empressa de donner à cet égard l'orateur du gouvernement, qui exposa en ces termes, (mais seulement dans les limites de la loi fiscale, c'est-à-dire abstraction faite de tout élément pratique), le véritable caractère de la pénalité que l'on voulait infliger en cas de violation des prescriptions de la loi. « Dans le projet du gouvernement, l'émission sans provision ou le retrait de la provision étaient considérés comme des délits justiciables de la juridiction correctionnelle. On les avait mis sur la même ligne, parce qu'on trouvait dans les faits la même immoralité, que rien n'empêchait de les punir l'un comme l'autre, et de les comprendre dans l'application de la même disposition. Mais quand il s'agit d'une amende de timbre, la position n'est pas tout à fait la même. On peut bien appliquer une amende de timbre à un chèque émis alors qu'il n'y avait pas provision, *parce qu'au moment où le chèque était émis, il devait l'être sur papier timbré.* Il y a donc eu contravention. Mais nous supposons le cas où la provision, après avoir été faite , a été retirée postérieurement au moment où le chèque a été émis , et, *par conséquent, existait le droit d'inscrire le chèque sur un papier non timbré.* Voilà pourquoi, au moment où on faisait passer les pénalités de la catégorie des délits à la catégorie des contraventions fiscales , on n'a pas cru pouvoir assimiler les deux faits, parce que, au point de vue fiscal , ils ne sont pas semblables. »

Ces raisons étaient certainement péremptoires , et d'une logique qui, au point de vue fiscal, sous la physionomie théorique, ne comportait aucun commentaire. Il est bien vrai, et, à cet égard , le langage tenu par M. de Lavenay est parfaitement juridique , que l'amende ne peut s'appliquer en principe qu'au fait d'avoir émis un chèque sans provision préalable et n'est que la conséquence d'une atteinte portée aux droits du fisc , lorsque le fait répréhensible se produit ; que , si , lors de la création du titre, les prescriptions de la loi n'ont pas été violées, il ne saurait juridiquement y avoir lieu pour un fait ultérieur à l'application d'une semblable pénalité. Mais ne voit-on pas qu'en innocentant le retrait de la provision affectée après l'émission d'un chèque, on laisse carrière aux abus, et qu'on arrive ainsi au but diamétralement opposé à celui qu'a visé le législateur de 1865. Le tireur ne peut-il en effet éluder la loi en délivrant un chèque dont il retire la provision quelques moments après son émission ? Voilà la conséquence que peut avoir cette interprétation trop limitative que l'on a faite de la loi fiscale. N'eût-il pas été préférable de qualifier également de contravention le retrait de la provision , et en un mot d'assimiler les deux cas ? Cette assimilation eût été assurément une garantie de plus pour le porteur d'un chèque et un moyen efficace de favoriser la circulation de cet instrument de compensation.

Il est, dans tous les cas, de toute évidence que, dans l'hypothèse du retrait de la provision, les manœuvres frauduleuses constituant le délit d'escroquerie tomberont sous l'application de la loi
pénale.

Article sept.

« Les chéques sont exempts de tout droit de timbre pendant dix
« ans à dater de la promulgation de la présente loi. »

L'article **7** a subi une première modification : la loi du **23** août
1871, dont nous parlerons bientôt, a soumis le chèque à un droit
fixe de dix centimes, qu'il soit tiré de la place sur laquelle il est
payable. ou qu'il soit tiré d'un lieu sur un autre.

Enfin la loi nouvelle du **19** février **1874**, dont nous avons déjà
mentionné la plupart des dispositions qui concernent notre
matière, est encore venue y apporter un changement notable.
L'article **8** de cette loi qui a trait au timbre dont le chèque doit
être désormais revêtu, est conçu en ces termes : « Les chèques de
« place à place sont assujettis à un droit de timbre fixe de 20 cen
« times. Les chèques sur place continueront à être timbrés à **10**
« centimes. Sont applicables aux chèques de place en place non
« timbrés conformément au présent article, les dispositions
« pénales des articles **4**, **5**, **6**, **7** et **8** de la loi du **5** juin **1850**. Le
« droit de timbre additionnel peut être acquitté au moyen d'un
« timbre mobile de **10** centimes. »

Nous avons dit, dans le cours de nos explications, qu'avant la
loi de **1865** qui a règlementé le chèque-mandat, la forme du reçu
était à peu près la seule usitée. En voici le motif : la loi de brumaire
an VII a soumis à un droit fixe tout acte ayant pour but de faire
foi d'un engagement ou d'une libération. En droit rigoureux,
les quittances ont été, sauf certaines exceptions, assujetties sous
peine de **50** francs d'amende à un timbre de dimension qui s'élevait à 0 fr. 50 c. pour tout reçu de somme dépassant dix francs.
En fait cependant, la loi de brumaire n'a pas été suivie : on préférait s'exposer à l'amende qui frappe les quittances non timbrées,

lorsqu'elles arrivent par les voies légales à la connaissance de l'administration. Le mandat, et par conséquent le chèque revêtant cette forme, ont été au contraire affectés par la loi du 5 juin 1850 d'un droit de timbre proportionnel de 0 fr. 50 c. par mille francs de capital. Il y avait donc tout avantage pour les établissements financiers à délivrer à leurs clients des carnets de chèques-reçus, en fait exempts de timbre, offrant, il est vrai, de grands inconvénients que ne comportait pas la forme du mandat, mais qui, du moins, pouvaient en remplir l'office, et circulaient de main en main comme de véritables titres au porteur.

Le Gouvernement, désireux de favoriser l'emploi du chèque et de propager l'usage des comptes-courants, proposa, dans le projet de budget de 1865, de n'assujettir les chèques sous forme de mandat qu'à un timbre fixe de dix centimes. La Commission du budget, entrant dans les vues du Gouvernement, jugea qu'il y avait lieu d'aller plus loin et voulut réduire le droit fixe de timbre à la limite extrême de cinq centimes. Lors de la présentation au Corps législatif, plusieurs députés demandèrent très-énergiquement pour le chèque l'exemption de tout impôt : cette motion inattendue n'ayant pas rencontré l'assentiment du Gouvernement, la discussion fut ajournée à une session ultérieure.

Le législateur de 1865, s'inspirant de l'exemple de l'Angleterre, où le chèque, après avoir vécu pendant de longues années libre de toute entrave, ne fut soumis que vers 1858, après la guerre de Crimée, au droit minime d'un penny (dix centimes), lorsque, profondément enraciné dans les mœurs, il avait produit de tels résultats qu'il ne restait plus rien à redouter pour son avenir, le législateur de 1865, dis-je, n'osa pas s'aventurer sans restriction jusqu'à l'exemption totale : il aima mieux, comme moyen terme, proposer une transaction consistant dans la libre circulation du chèque avec affranchissement de tout droit pendant cinq ans.

Voici comment s'est exprimé à cet égard l'exposé des motifs : « Une faveur fiscale avait été le point de départ même de la loi présentée l'année dernière ; ce point de départ fut admis par tout le monde : On ne différait que sur la question de quotité ; les uns proposaient un droit minime, les autres une exemption absolue. Le droit minime présentait cet inconvénient que, sans procurer une recette sérieuse au Trésor, il occasionnerait une certaine gêne dans les transactions. L'exemption absolue, d'un autre côté, avait je tort de porter une atteinte fâcheuse aux principes mêmes de l'impôt du timbre. D'après la législation sur le timbre, tout papier susceptible de faire foi en justice d'un engagement ou d'une libération doit être timbré. Les exceptions, strictement limitatives, se rapportent toutes à une de ces trois catégories : actes politiques, actes administratifs, actes qui touchent à la bienfaisance ou à l'intérêt des classes pauvres. Le chèque ne rentrait pas évidemment dans aucune de ces catégories. Ainsi le droit réduit avait des inconvénients pratiques, l'exemption absolue des inconvénients de principes. La nature même des arguments que l'on invoquait pour l'exemption totale a suggéré la solution. On disait : quand l'usage des chèques n'était pas encore très-répandu en Angleterre, quand il n'était pas encore entré dans les habitudes de la population, le chèque ne payait aucun impôt, lorsqu'il a été frappé de l'impôt d'un penny, c'est qu'il était déjà tellement connu, tellement apprécié, qu'il faisait tellement partie intégrante du mécanisme financier de l'Angleterre, qu'il se reliait tellement aux autres éléments de la circulation fiduciaire dans ce pays, qu'il pouvait supporter un léger impôt sans préjudice, et qu'aucune considération ne justifiait plus à son égard une dérogation au droit commun. En France, ajoutait-on, l'usage du chèque est encore dans l'enfance, il cherche à entrer dans les habitudes, mais il n'y est pas entré encore, il n'est pas mûr pour le droit commun. Cet ordre d'idées, qui est le vrai, s'il appelait comme conséquence une exemption totale, n'appelait pas une exemption définitive, et il a paru qu'une exemption totale, mais temporaire, ne présentait ni les inconvénients pratiques du droit réduit, ni les inconvénients de principes de l'exemption absolue. »

Le terme de dix ans n'a pas été adopté sans de grandes hésitations : le Conseil d'État avait refusé tout d'abord de consacrer l'avis qui fût émis à cet égard par la Commission administrative, nommée à la suite du retrait du projet inséré dans le budget de 1865, et avait proposé de restreindre à cinq ans le chiffre de durée de cette exemption. Mais la Commission du Corps législatif, chargée d'examiner le projet de loi sur les chèques soumis par le gouvernement aux discussions de la Chambre, donna son assentiment au vœu formulé par la Commission administrative, et acheva de convaincre le Conseil d'État que le délai réclamé n'était nullement exagéré et pourrait permettre au chèque d'acquérir en France le droit de bourgeoisie que les Anglais lui avaient déjà reconnu depuis longtemps.

Les principes du chèque nous sont maintenant familiers, cependant il se peut que dans le cours des transactions, il soit difficile de distinguer le chèque du mandat à vue. Comment donc pourra-t-on, dans l'intérêt du trésor, caractériser les deux effets pour appliquer à l'un les immunités qui lui ont été concédées et infliger à l'autre le droit de timbre proportionnel auquel il est soumis.

M. de Lavenay se hâta de dissiper tous les doutes que cette difficulté devait naturellement faire naître de prime-abord : « Toutes les fois, dit-il, que des papiers susceptibles, soit d'un timbre fixe soit d'un timbre proportionnel, échappent à cette formalité, l'administration ne peut pas les saisir par voie d'inquisition, chez les particuliers commerçants ou non-commerçants ; l'administration est obligée d'attendre que les papiers tombent dans ses mains par des voies légales, telles qu'un procès, une faillite, la mention dans un inventaire, etc. ; l'administration perçoit alors les droits, les doubles droits et les amendes.

« Voilà quelle est la sanction de la fraude. Eh ! bien, dans le cas actuel, il est évident que le chèque fait sans provision et payé sans difficulté échappera souvent à l'administration ; mais, lorsque le chèque sera protesté, lorsqu'il arrivera en justice, lorsqu'il sera reconnu par jugement que le prétendu chèque n'était qu'un papier de circulation, qu'un effet de crédit dissimulé sous la forme de chèque, alors on percevra le droit de l'amende ».

Il est donc certain qu'un titre, qui a toutes les apparences d'un

chèque et qui est délivré comme tel, ne peut, même lorsqu'il est
protesté, être soumis au timbre, et être passible de l'amende de six
pour cent que lorsqu'il est démontré exactement qu'il ne pouvait y
avoir pour lui droit à l'exemption. Quand donc aura-t-on acquis la
preuve que le soi-disant chèque est bien une lettre de change à
vue déguisée ? A quel moment l'administration pourra-t-elle réclamer le droit de timbre proportionnel et l'amende à percevoir
sur un semblable effet? La réponse nous est dictée non-seulement
par le langage tenu à la Chambre par M. de Lavenay, orateur du
gouvernement, mais encore par une circulaire du directeur-général
de l'enregistrement, en date du 6 juillet 1865, que nous rappor-
terons à propos de la question d'enregistrement. Il faut que le caractère de l'effet ait été déterminé juridiquement, en un mot que
les tribunaux se soient prononcés sur la question.

Nous arrivons maintenant au terme de nos investigations sur la
loi de 1865 dont nous avons discuté isolément tous les articles. Il
ne nous reste plus sur cette loi qu'à traiter de la nécessité de l'enregistrement d'un chèque protesté.

« Il n'y a pas de doute, disait M. Darimon au Corps législatif,
qu'en cas de protêt le chèque doive être soumis à l'enregistrement:
il suit la loi de toutes les pièces susceptibles d'être produites en
justice ».

Cette assertion du rapporteur fut combattue par un député,
M. Garnier, qui prétendit que frapper un chèque protesté du droit
d'enregistrement serait violer les principes qui régissaient la matière, que cette solution donnerait naissance à bien des difficultés ;
ces observations motivèrent l'explication suivante insérée au rapport supplémentaire que M. Darimon fut chargé de présenter sur
diverses questions dont l'examen avait été renvoyé à la Commission : « Quant au droit d'enregistrement, il n'y a aucun intérêt à
ce que l'immunité en soit prononcée, tandis qu'il est d'utilité publique d'exempter les chèques du droit de timbre. Ce droit en
effet, pèse sur tous les chèques, tandis que le droit d'enregistrement n'atteint que les chèques protestés ou produits en justice ».

« Il est vrai que l'exemption d'enregistrement a été habituellement le corrollaire de l'immunité du timbre ; mais il n'y a aucune anomalie à ce qu'il n'en soit pas ainsi. Les deux impôts ne procèdent pas des mêmes principes. En matière d'effets négociables, le timbre est un véritable impôt, qui ne confère à l'écrit aucun caractère et que les besoins du Trésor seuls justifient. L'enregistrement, au contraire, ne frappe que les écrits qui acquièrent l'authenticité par leur annexion à un acte public, ou qui sont produits en justice. Le droit qui les atteint peut donc être considéré comme le prix de la protection de l'Etat et d'un service rendu.

« Il n'apparaît pas d'ailleurs que la perception du droit d'enregistrement puisse présenter des difficultés quant à l'application du tarif.

« Que le chèque soit endossé ou non, il restera toujours un effet négociable (art. 1er de la loi de 1865). Il ne peut donc pas être soumis au droit de 1 %, (droit des obligations pures et simples).

« Le chèque ne reste pas non plus une lettre de change, puisqu'il exige la provision préalable et qu'il ne constitue pas un acte de commerce. Il ne saurait donc être soumis au tarif de cette nature d'effets.

« Le droit qui dans tous les cas sera dû pour le chèque protesté ou produit en justice, sera donc celui de 0,50 c., établi par l'article 69, §2, n° 6 de la loi du 22 frimaire, an VII, pour tous les effets négociables. »

Comme l'a dit au reste avec une grande justesse d'expression l'orateur du gouvernement : « L'enregistrement ne pèse que sur les effets protestés ; lorsqu'un effet a été protesté, soit pour défaut de provision, soit par suite de faillite, soit sur opposition, il y a toujours quelqu'un en faute ; il n'y a d'ailleurs qu'un fait accidentel qui ne saurait motiver une mesure générale : l'intérêt public n'est pas en cause. »

Nous citerons à l'appui de cette solution un extrait de la circulaire administrative dont nous avons parlé plus haut, circulaire qui a établi entre le timbre et l'enregistrement les distinctions que comportaient exactement ces deux modes différents de perceptions :

— Pour jouir de l'exemption de la loi du 14 juin 1865, le chèque doit être libellé sous forme d'un mandat de paiement et non d'un reçu ou récépissé.

— Il suffit qu'un billet présenté à l'enregistrement, même à l'occasion d'un protêt, réunisse les caractères extérieurs d'un chèque, pour que les agents de l'administration doivent le considérer comme tel, sans rechercher s'il ne cacherait pas une lettre de change à vue.

— C'est seulement au cas où un acte ou jugement aura légalement constaté que l'effet libellé en forme de chèque, n'est pas un chèque que les agents de l'administration réclameront les droits et amendes exigibles.

— Le chèque n'est pas affranchi du droit d'enregistrement (qui est celui de 0,50 p. %₀ établi par l'art. 69, § 2, n° 6, de la loi du 22 frimaire, an VII pour les effets négociables en général), mais ce droit n'atteint que les chèques protestés ou produits en justice (Circulaire du 6 juillet 1865). (1)

SECTION III.

Loi du 23 août 1871,

*Portant augmentation d'impôts et création d'impôts nouveaux,
relativement à l'enregistrement et au timbre.*

Le chèque-mandat circulait donc exempt de tout droit de timbre, lorsqu'à la suite des cruelles épreuves par lesquelles nous

(1) V. Dalloz, *Recueil périodique*, 1865. 3. 75.

avons eu à passer , après la guerre désastreuse de 1870-1871., dont nous regrettons d'avoir à évoquer ici le lamentable souvenir , l'Assemblée nationale forcée de combler le déficit considérable qui en a été le résultat et de rétablir au moyen de perceptions nouvelles , l'état de nos finances , vota le 23 août 1871 , sur la proposition de M. Pouyer-Quertier , ministre des finances et sur le rapport présenté au nom de la commission par M. Mathieu-Bodet, une loi portant augmentation d'impôts et création d'impôts nouveaux, relativement à l'enregistrémént et au timbre.

Le chèque sous forme de mandat dut payer également son tribut aux événements ; nous trouvons dans l'art. 18 de la loi de 1871 , les dispositions suivantes concernant les chèques : « A partir du 1er décembre 1871, sont soumis à un droit de timbre de 0.10 :

1° Les quittances ou acquits donnés au pied des factures et mémoires , les quittances pures et simples , reçus ou décharges de sommes, titres , valeurs ou objets , et généralement tous les titres de quelque nature qu'ils soient, signés ou non signés qui emporteraient libération , reçu ou décharge.

2° *Les chèques tels qu'ils sont définis par la loi du 14 juin 1865, dont l'art. 7 est et demeure abrogé.*

Le droit est dû pour chaque acte , reçu, décharge ou quittance ; il peut être acquitté par l'apposition d'un timbre mobile, à l'exception toutefois du droit sur les chèques , lesquels ne peuvent être remis à celui qui doit en faire usage ; sans qu'ils aient été préalablement revêtus de l'empreinte du timbre à l'extraordinaire.

Le droit de timbre de dix centimes n'est applicable qu'aux actes faits sous signatures privées, et ne contenant pas de dispositions autres que celles spécifiées au présent article. »

Un député, M. de Soubeyran, avait proposé par un amendement de n'admettre cette disposition que pour recevoir son exécution en 1876. Il développa sa proposition en se fondant sur ce que l'art. 7 de la loi de 1865 , portait expressément que les chèques seraient « *exempts de tout droit de timbre pendant*

. *dix ans,* » délai qui, d'après lui, était loin d'être excessif, car, en Angleterre, où l'on connaît si bien toutes ces questions, l'exemption, le privilége accordé au chèque a duré environ cinquante années.

M. Mathieu-Bodet, rapporteur de la commission, combattit l'amendement. « L'assujettissement des chèques au droit de quittance, dit-il, ne porte pas atteinte à l'engagement pris par le législateur de 1865, de n'imposer aucun droit de timbre sur les chèques.

« Le droit de quittance et le droit de timbre sur les titres se confondent-ils ? Non ; et la preuve, c'est que les titres qui sont assujettis au droit de timbre n'en sont pas moins soumis au droit de quittance, s'ils n'en ont pas été expressément exemptés.

« Par conséquent le chèque, qui a été affranchi du droit de timbre par la loi de 1865, doit dans les conditions d'un titre qui aurait donné lieu à la perception du droit, et, comme les autres titres timbrés, il doit être assujetti au droit particulier de dix centimes qui est un droit de quittance.

« Pourquoi avons-nous assujetti les chèques au droit fixe de quittance de dix centimes ? Parce que nous avons voulu atteindre tous les reçus sans autres exceptions que celles qui sont contenues dans la loi. Cet impôt ne sera productif qu'à la condition qu'il sera général. Si vous voulez faire des distinctions plus ou moins légitimes, plus ou moins justifiées, vous ne savez pas où vous vous arrêterez, et vous manquerez le but que vous voulez atteindre. »

M. Mathieu-Bodet ajouta qu'un droit aussi minime que celui dont il s'agissait ne pouvait être considéré comme une entrave à l'usage du chèque. Sur ces observations, l'amendement fut rejeté. (Séance du 22 août 1871).

Voici de plus la sanction édictée par la loi du 23 août 1871, en cas de contravention :

Art. 23. — « Toute contravention aux dispositions de l'art. 18 sera punie d'une amende de 50 francs. L'amende sera due pour chaque acte, écrit, quittance, reçu ou décharge, pour lequel le droit de timbre n'aurait pas été acquitté.

« Le droit de timbre est à la charge du débiteur ; néanmoins le créancier qui a donné quittance, reçu ou décharge en contravention aux dispositions de l'art. 18, est tenu personnellement et sans recours, nonobstant toute stipulation contraire, du montant des droits, frais et amendes

« La contravention sera suffisamment établie par la représentation des pièces non timbrées et annexées aux procès-verbaux que les employés de l'enregistrement, les officiers de police judiciaire, les agents de la force publique, les préposés des douanes, des contributions indirectes et ceux des octrois, sont autorisés à dresser, conformément aux articles 31 et 32 de la loi du 13 brumaire an VII. Il leur est attribué un quart des amendes recouvrées.

» Les instances seront instruites et jugées selon les formes prescrites par l'article 76 de la loi du 28 avril 1816. »

Il était naturel de mettre l'amende à la charge du créancier, car c'est lui qui commet la contravention : C'était d'ailleurs le seul moyen de l'intéresser à l'exécution de la loi. Tel est le système de répression employé en Angleterre, où il a produit de bons résultats : l'amende y est de 250 francs.

Le chèque-reçu que la loi de 1865 avait passé sous silence et qui demeurait soumis aux prescriptions de la loi du 13 brumaire, an VII, c'est-à-dire au droit du timbre de dimension de 0,50 cent., pour tout reçu de sommes au-dessus de dix francs, sous la sanction d'une amende de 50 fr. en cas de contravention, fut soumis également par la loi de 1871 à un timbre de quittance de 0,10 cent. ; c'est ce qui ressort du paraphe 1er de l'art. 18, que nous venons de de mentionner : il suffit pour s'en convaincre de s'en rapporter aux termes même de cet article qui sont formels à cet égard et excluent tout commentaire.

En ce qui concerne les droits d'enregistrement, la loi nouvelle a remis en vigueur les dispositions de l'art. 14 de la loi du 2 juillet

1862, relatives à la perception d'un second décime (loi du 23 août
août 1871, art. 1ᵉʳ).

Nous avons, avant d'épuiser notre sujet, à présenter la discussion
nouvelle à laquelle a donné lieu sur la question des chèques la
proposition, faite récemment à la chambre par M. Magne, ministre
des finances, d'une assimilation complète du chèque à la lettre de
change, proposition tendante à assujettir le chèque-mandat au
timbre proportionnel des effets de commerce : cette discussion à
laquelle nous consacrerons un court appendice a été soulevée lors
de l'examen du projet de loi sur les nouveaux impôts et les aug
mentations d'impôts destinés à parfaire le budget de 1874.

APPENDICE.

LOI DU 19 FÉVRIER 1874.

Le chèque, instrument nouveau, règlementé par la loi du 14 juin 1865, vient de sortir victorieux d'une lutte d'autant plus sérieuse, que la plupart des députés qui ont pris la parole dans la discussion toute récente dont il a été l'objet, l'ont présenté sous des jours qu'il ne comporte pas, et se sont égarés dans des considérations dont M. Pouyer-Quertier, l'un des économistes les plus distingués de notre époque, a pu aisément faire justice. Nous pensons que toute cette discussion qui a occupé l'Assemblée nationale pendant de longues et laborieuses séances, n'eût pas reçu de pareils développements, si les défenseurs et les adversaires du chèque s'étaient renfermés dans les limites tracées par la loi de 1865, et reportés un peu plus exactement aux principes qui en sont le fondement, et que d'éminents orateurs ont pris soin de faire ressortir à cette époque dans des termes qui permettent la compréhension parfaite de la question. Nous avons constaté à regret qu'elle est loin d'être définie dans les esprits, que les opinions les plus diverses se sont entrechoquées et qu'il a fallu bien des efforts pour faire consacrer, par le rejet de la proposition du ministre des finances et de celles qui en ont été le corollaire, l'institution du chèque en France sur les mêmes bases que précédemment. Il est à espérer que les nouvelles mesures prises par nos législateurs pour assurer l'avenir du chèque dans sa situation parallèle à celle de la lettre de change, et éviter qu'il ne pût envahir le terrain de cette dernière, permettront désormais de saisir les différences profondes qui caractérisent ces deux effets, et que le doute disparaîtra des esprits dans lesquels il avait pris naissance.

La discussion, dont nous donnerons ici un compte rendu sommaire, à son origine dans la proposition faite M. le Ministre des finances de l'assimilation du chèque à la lettre de change quant au droit de timbre proportionnel, dont il demandait l'élévation de 1 fr. à 1 fr. 50 par mille : nous allons voir ce qui justifiait dans l'esprit du gouvernement cette assimilation : « Le chèque, dit-il dans son projet de loi, est dans son essence et ne doit être qu'un instrument de liquidation et de paiement, c'est à ce titre qu'une exception à la loi fiscale est réclamée en sa faveur ; si des opérations de crédit spéculant sur ce que présente d'équivoque la forme extérieure du mandat, cherchaient à revêtir l'apparence du chèque pour le soustraire à l'impôt qu'elles doivent au trésor, il pourrait se produire dans les recettes budgétaires une diminution d'autant plus fâcheuse qu'elle ne profiterait pas à la masse des contribuables, mais à la fraude.

« Ces prévisions se sont malheureusement réalisées. Ainsi, bien que le chèque ne doive légalement servir qu'à opérer le retrait de fonds portés au crédit du tireur et disponibles il est cependant employé pour le mouvement du prix des marchandises ; souvent encore il est tiré alors que les sommes ne sont pas disponibles et qu'il n'y a même pas provision.

« L'homme qui doit pour la fin du mois, disait-on au sein du Conseil supérieure du commerce, fait un chèque ; il le date pour la fin du mois, mais il ajoute une fiche indiquant que le chèque ne doit être présenté qu'à la fin du mois.

« Enfin les grandes Compagnies de dépôts et de Comptes-courants ne se conforment même pas à la loi, car elles ne payent pas à vue, mais seulement 48 heures après visa ou avis les chèques supérieurs à 10,000 fr. ou 20,000 fr.

« Le Conseil supérieur du commerce a été unanime pour que la loi du 23 août 1871, qui ne soumet les chèques qu'au droit de quittance de 10 centimes, soit révisée, et il résulte des divers opinions émises que cette révision doit consister dans la suppression des chèques de place à place.

« Mais le but que l'on se propose ne serait certainement pas atteint si l'on ne soumettait au droit proportionnel tons les écrits qui, sous la forme non négociable, peuvent remplir le même but que les chéques.

« Comme on l'a fait remarquer au Conseil supérieur, si l'on supprime les chèques, ils reparaîtront sous une autre forme : on aura recours aux délégations, ou à tous autres écrit, de cette nature La loi doit donc soumettre à l'impôt tous les écrits de quelque nature qu'ils soient, qui ont pour objet de procurer une remise de fonds de place en place. Et il importe peu que l'instrument qui sert à opérer cette remise soit négociable ou non négociable, puisque toutes les dispositions et notamment le tarif concernant les effets négociables sont applicables aux effets non négociables aux termes de l'article 6 de la loi du 6 prairial au VII. »

La proposition ci-dessus fut soumise à la Commission de l'Assemblée chargée d'examiner le projet de la loi sur les nouveaux impôts et les augmentations d'impôts proposés pour le budget 1874 : cette Commission comprit tout le danger qu'il y aurait à consacrer l'imposition considérable qu'on voulait infliger au chèque, mais n'en reconnut pas moins que des abus avaient été commis, que la loi de 1865 était souvent éludée et qu'il était de toute nécessité d'édicter des dispositions nouvelles qui préviendraient le retour des fraudes consistant à faire du chèque un instrument de crédit, tandis qu'il ne doit être qu'un instrument de paiement et de compensation.

Au timbre proportionnel la Commission proposa de son côté de substituer des droits réduits conformément au tableau ci-après :

A 10 centimes pour les chèques de 1,000 fr. et au-dessous ;

A 20 centimes pour les chèques au-dessus de 1,000 fr. jusqu'à 2,000 francs.

A 30 centimes pour les chèques au-dessus de 2,000 fr. jusqu'à 3,000 francs ;

A 40 centimes pour les chèques au-dessus de 3,000 fr. jusqu'à 4,000 francs ;

A 50 centimes pour les chèques au-dessus de 4,000 fr. jusqu'à 5,000 francs ;

A 1 franc pour les chèques au-dessus de 5,000 fr. jusqu'à 10,000 francs ;

A 2 francs pour les chèques au-dessus de 10,000 fr. jusqu'à 20,000 francs ;

A 3 francs pour les chèques au-dessus de 20,000 fr. jusqu'à 30,000 francs ;

Et ainsi de suite, à raison de 1 fr. par 10,000 fr. en fraction de 10,000 francs ;

De plus, pour éviter que les prescriptions de la loi ne fussent désormais violées, elle voulut organiser des mesures, des moyens de répression qui fussent une garantie sérieuse pour l'avenir. Voici en quels termes s'est exprimé à égard le rapporteur de la Commission, M. le Comte Benoit d'Azy. (rapport annexé à la séance du 15 décembre 1873).

« Les fraudes commises en matière de chèque ont été signalées par la conférence des banquiers de Paris et de la province dans les termes suivants :

« On nous présente en effet, des chèques tirés sur papier libre... d'autres portent une échéance. Ceux-ci sont payables à vue, en apparence du moins, mais au moyen d'une fiche volante qui leur est annexée, on leur donne une échéance. Ceux-là sont sans date, afin d'être plus facilement post-datés, ou revêtus d'une fausse date dans le but de les mettre prématurément en circulation...

« Aussi arrive-t-il souvent qu'il sont revêtus d'endossements antérieurs à la date de création apparente, ce qui fait ressortir la post-date d'une manière flagrante.

« La Commission a cherché à faire cesser ces abus regrettables. Le moyen le plus efficace lui a paru consister dans l'addition aux prescriptions de la loi du 14 juin 1865, de dispositions ayant pour objet d'assurer la sincérité de la date à laquelle le chèque est tiré, l'exactitude de la désignation du lieu d'où il est émis.

« Ces dispositions sont applicables à tous les chèques, même à ceux qui sont tirés sur la même place.

« Indépendamment des pénalités prévues par la loi du 14 juin 1865, nous proposons d'imposer au tireur une amende lorsqu'il y aura supposition du lieu dans lequel le chèque est tiré, lorsque la date du chèque ne sera pas écrite en toutes lettres et par date nous entendons seulement le qantième du mois, le millésime pouvant être inscrit en chiffres. Le motif de cette exigence nouvelle s'explique de lui même. Tout le monde sait que les chiffres permettent par des additions et sans qu'il soit besoin de surcharger, de modifier très facilement les dates. La commission maintient la pénalité de la loi du 14 juin 1865, (6 p. 100). Elle en élève seulement le minimum à 100 francs. Elle a cru devoir aussi élever à 10 pour 100 la pénalité encourue par le tireur qui émet un chèque sans provision préalable et disponible, le tout sans préjudice des peines correctionnelles pour le cas où cette émission serait délictueuse.

« Elle exige, dans tous les cas, que la provision soit disponible, afin de trancher définitivement tous les doutes qui auraient pu surgir sur les mots . provision préalable, employés par l'article 6 de la loi du 14 juin 1865. Ou s'est cru autorisé à donner à ces mots une interprétation tellement large, qu'on a tiré des chèques pour prix de marchandises livrées, alors que le chèque, d'après la définition qui en est donnée par la loi, ne peut servir qu'à opérer le retrait de fonds et non le recouvrement de créances.

« La législation de 1865, n'imposant au chèque aucune taxe fiscale, n'avait établi aucune pénalité pour les endosseurs, porteurs ou pour ceux qui paient un chèque irrégulier.

« Mais aujourd'hui que nous proposons de soumettre les chèques à des droits de timbres proportionnels, nous avons dû nous inspirer des dispositions prises par la loi du 5 juin 1850, sur le timbre des effets de commerce, afin d'assurer au Trésor la perception des droits qui lui sont légitimement dus.

» Nous proposons donc :

« 1° D'appliquer aux chèques de place à place régulièrement tirés, mais qui ne seraient pas timbrés conformément au tarif spécifié en l'article ci-dessus, les pénalités générales établies par la loi du 5 juin 1850 pour les effets négociables non timbrés ;

« 2° D'édicter pour les mêmes chèques, qui, bien qu'ayant acquitté les droits établis par le tarif ci-dessus, seraient émis irrégulièrement et pourraient remplacer l'usage de lettres de change, les pénalités spéciales suivantes, savoir ;

« Pour le chèque non daté, ou non daté en toutes lettres, amende personnelle de 6 p. 100 contre le bénéficiaire, premier endosseur ou porteur, et contre celui qui paye ce chèque irrégulier ;

« Pour le chèque faussement daté mêmes amendes contre le bénéficiaire, l'endosseur, le porteur et le tiré, dans le cas où ils endosseraient, recevraient ou acquitteraient un chèque portant une date postérieure à celle de l'endos, de la présentation ou du paiement ;

« Pour le chèque non acquitté ou pour l'acquit non daté, amende de 50 fr. envers le tiré qui a négligé de faire exécuter cette disposition.

« Dans tous les cas ci-dessus, il est dû indépendamment de l'amende dont le ministre peut modifier le chiffre suivant les cas d'excuse le droit de timbre des lettres de change dont le Trésor a été frustré. »

Deux amendements furent adressés à la Commission, l'un par MM. Adam et de Soubeyran, l'autre par M. Guibal : Le premier ayant entr'autres pour but l'abrogation du § 1er de l'article 1 de la loi du 14 juin 1685, jusqu'au mot « disponibles » inclusivement, et son remplacement par la disposition suivante ; « le chèque est un ordre de paiement donné à un banquier par un de ses clients ou par un autre banquier »; le second, proposant pour le chèque de place en place un droit de timbre proportionnel de 1 franc pour mille, comme pour les lettres de change et autres effets de commerce. La

commission considérant que l'amendement de MM. Adam et de Soubeyran avait pour objet une modification grave à la loi de 1865,
crut devoir le repousser, provisoirement du moins : elle repoussa
également la proposition de M. Guibal, qui était tout simplement la
suppression des chèques pour les paiements de sommes de place en
place. (Deuxième rapport de M. Benoist-d'Azy annexé à la séance
du 23 janvier 1874).

Les dispositions suivantes formant annexes ou modifiant la loi du 14
juin 1865, furent soumises à la discussion de l'Assemblée Nationale;
ces dispositions de loi relatives aux chèques comprennent dans le
projet de la Commission les art. 4, 5, 6, 7 et 8 ; nous y verrons que
la Commission a cherché à concilier les exigences de la situation
avec les faveurs dont doit être entourée l'institution du chèque,
qui aurait assurément dû succomber aux mesures radicales proposées par le gouvernement, mesures que ne pouvaient justifier les
quelques abus dont ce titre a été l'objet.

PROJET DE LA COMMISSION.

Art. 4. — Dispositions ajoutées à l'art. 1ᵉʳ de la loi du 14 juin
1865 :

Le chèque indique le lieu d'où il est émis. La date du jour où il
est tiré est inscrite en toutes lettres et de la main de celui qui a
écrit le chèque.

Le chèque même au porteur est acquitté par celui qui le touche ;
l'acquit est daté.

Toutes stipulations entre le tireur, le bénéficiaire et le tiré ayant
pour objet de rendre le chèque payable autrement qu'à vue et à
première réquisition, sont nulles de plein droit.

Art. 5. — L'art. 6 de la loi du 14 juin 1865 est abrogé et remplacé par les dispositions suivantes :

Le tireur qui émet un chèque sans date ou non daté en toutes lettres s'il s'agit d'un chèque de place en place, celui qui revêt un chèque d'une fausse date ou d'une fausse énonciation du lieu d'où il est tiré, est passible d'une amende de 6 %, de la somme pour laquelle le chèque est tiré, sans que cette amende puisse être inférieure à 100 francs.

Le même amende est due personnellement et sans recours par le premier endosseur ou le porteur d'un chèque, sans date ou non daté en toutes lettres s'il est tiré de place en place, ou portant une date postérieure à l'époque à laquelle il est endossé ou présenté. Cette amende est dûe en outre par celui qui paie ou reçoit en compensation un chèque sans date, ou irrégulièrement daté, ou présenté au paiement avant la date d'émission.

L'émission d'un chèque sans provision préalable et disponible est passible d'une amende de 10 %, du montant de la somme pour laquelle le chèque est tiré, sans que cette amende puisse être inférieure à 200 fr. et sans préjudice des peines correctionnelles, s'il y a lieu. L'amende est perçue et acquise au Trésor lors de l'enregistrement du protêt, motivé sur le refus de payer à défaut de provision préalable et disponible.

Art. 6. — Celui qui paie un chèque sans exiger qu'il soit acquitté est passible personnellement et sans recours, d'une amende de 50 francs.

Art. 7. — Les chèques tirés de place en place et dans les conditions prévues aux articles 1er de la loi du 14 juin 1865 et 8 de la présente loi, sont assujettis à un droit de timbre proportionnel, ainsi qu'il suit :

A 10 centimes pour les chèques de 1,000 fr. et au-dessous ;

A 20 centimes pour ceux au-dessus de 1,000 fr. jusqu'à 2,000 francs ;

A 30 centimes pour ceux au-dessus de 2,000 fr. jusqu'à 3,000 francs ;

A 40 centimes pour ceux au-dessus de 3,000 fr. jusqu'à 4,000 francs ;

A 50 centimes pour ceux au-dessus de 5,000 fr. jusqu'à 6,000 francs ;

A 1 franc pour ceux au-dessus de 5,000 fr. jusqu'à 10,000 francs.

A 2 francs pour ceux au-dessus de 10,000 fr. jusqu'à 20,000 francs ;

A 3 francs pour ceux au-dessus de 20,000 fr. jusqu'à 30,000 francs ;

Et ainsi de suite à raison de 1 franc par 10,000 fr. ou fraction de 10,000 francs.

Sont applicables aux chèques de place en place non timbrés, conformément au présent article, les dispositions pénales des articles 4, 5, 6, 7 et 8 de la loi du 5 juin 1850.

Ces chèques pourront être valablement timbrés au moyen de timbres mobiles en usage en France. Les timbres seront employés à raison de leur quotité seulement et non des sommes qu'ils indiquent.

Art. 8. — Les dispositions qui précèdent et celles de la loi du 14 juin 1865 sont applicables aux chèques tirés de France et payables hors de France et réciproquement.

Si le chèque tiré hors de France n'a pas été timbré conformément aux dispositions ci-dessus, le bénéficiaire, le premier endosseur, le porteur ou le tiré sont tenus, sous peine de l'amende de 6 %, de le faire timbrer aux droits fixés par l'article précédent avant tout usage en France.

Si le chèque tiré hors de France n'est pas souscrit conformément aux dispositions de l'article 1er de la loi du 14 juin 1865 et de l'article 8 ci-dessus, il est assujetti aux droits de timbre des effets de commerce. Dans ce cas le bénéficiaire, le premier endosseur, le porteur ou le tiré sont tenus de le faire timbrer avant tout usage en France.

Toutes les parties sont solidaires pour le recouvrement des droits et amendes.

La discussion commença à la Chambre le mardi dix février **1874**, par un discours de M. Guibal, qui vint soutenir à la tribune l'amendement dont nous avons donné la teneur et que la commission avait cru devoir repousser comme étant la négation du chèque dans les paiements de sommes de place en place : ce ne fut que plus tard que l'Assemblée nationale fut appelée à voter sur cet amendement que nous retrouverons vers la fin de notre aperçu des modifications nouvelles.

Dans la séance du 11 février, après une dissertation intéressante de M. Paul Cottin, qui se montra l'adversaire déclaré de l'impôt proposé comme conciliation par la Commission du budget et de toutes les mesures restrictives du chèque, M. Achille Adam entra dans le vif de la discussion en demandant qu'à l'exemple du chèque en Angleterre, le chèque en France fût simplement un ordre de paiement donné à un banquier par un de ses clients ou par un autre banquier.

Mais, comme le fit très-bien remarquer M. Pouyer-Quertier, l'institution du chèque en France a été beaucoup plus libérale que chez nos voisins, tout propriétaire de capital doit avoir le droit de faire un chèque pour l'emploi de ce capital, du moment qu'il est certain que la provision est disponible. Pourquoi en matière de chèque donnerait-on un privilége aux maisons de banque ? A la différence de ce qui se passe en Angleterre où tous les capitaux se localisent dans les banques de dépôt qui offrent aux déposants des garanties sérieuses, il n'est point encore entré dans nos mœurs de nous servir pour toutes nos opérations, du ministère des banquiers. Aujourd'hui de grandes institutions de crédit parmi lesquelles nous pouvons citer en première ligne la Société Générale. dont le capital social est considérable, ont fait faire au chèque d'immenses progrès. Les personnes qui constituent des dépôts en comptes courants dans des établissements de cette importance, sont assurées contre les éventualités de l'avenir par les garanties qui leur sont offertes ; mais il n'en est pas toujours de même des maisons de banque ordinaires ; il n'y a pas de banquiers dans toutes les villes, de plus il y a beaucoup de gens qui aiment mieux déposer leur argent chez des commerçants, industriels ou fermiers que de le savoir chez le banquier.

M. Pouyer-Quertier conclut au rejet de l'amendement de M. Adam, dont le résultat eût été de restreindre le droit de faire des chèques. « Il ne serait plus possible, dit-il, de créer des chèques qu'autant que l'on aurait un banquier. Mais en France les banquiers n'ont aucune espèce de privilége ; ils sont commerçants comme tout le monde, et je ne vois pas de quel droit on viendrait obliger le pays tout entier à leur payer une prime ou une commission ». L'orateur termina en disant qu'un timbre fixe de vingt centimes sur tous les chèques tirés de place en place pouvait être d'un grand rapport pour le trésor, et au moins ne constituerait pas une entrave à la propagation de cet instrument qui est déjà d'une immense importance dans nos relations commerciales.

A la séance du 12 février, la Commission du budget demanda par l'organe de M. Léonce de Lavergne, l'ajournement de la discussion sur l'ensemble des dispositions du projet de loi relatives aux chèques, demande qui ne souleva aucune difficulté ; le projet de loi fut en conséquence renvoyé à une nouvelle étude de la Commission.

La question fut reprise le 13 février ; M. Mathieu-Bodet déclara à l'Assemblée au nom de la Commission qu'après une vive discussion dont l'amendement de M. Adam avait été l'objet, ses collègues et lui avaient pensé qu'on ne pouvait pas incidemment traiter une question de cette importance ; qu'on ne pouvait trancher l'un des problèmes les plus délicats qui avaient été résolus par la loi de

1865, et qu'en conséquence l'amendement devait être rejetée purement et simplement.

Cette déclaration de la Commission semblait devoir entraîner la clôture du débat qui s'était engagé sur l'amendement de M. Achille Adam, qui, par suite des détails dans lesquels étaient entrés les divers orateurs qui y avaient figuré, pouvait désormais recevoir une solution de la part de l'Assemblée, lorsque M. Wolowski vint appuyer à la tribune la proposition tendante à la concentration des chèques aux mains des banquiers, seuls à même, dit-il, d'opérer les versements, les compensations dont le chèque est susceptible.

M. Pouyer-Quertier qui dans tous les moments difficiles que le chèque a eu à traverser, s'est fait, et avec raison, le défenseur obstiné du système organisé par la loi de 1865, n'eut pas de peine à faire disparaître l'impression produite par ce discours sur des esprits peu familiarisés avec la question dont l'appréciation leur était soumise..

Le système anglais ne saurait, en effet, être comparé au système français, attendu que le commerce de l'Angleterre est organisé sur d'autres bases que celui de nos nationaux.

« En Angleterre, il n'y a pas, dit M. Pouyer-Quertier, un commerçant, un industriel qui ne dépose son argent chez un banquier. Le pivot du commerce de l'Angleterre est le banquier qui concentre la totalité des fonds disponibles de chacun ; chacun fait des chèques sur son banquier... C'est à Londres, cœur de l'Angleterre, que sont concentrés chez les banquiers les quantités d'argent qui sont nécessaires à l'immense commerce du peuple anglais.

« Mais est-ce que nous avons en France la même organisation ? Est-ce que nous avons dans tous nos centres commerciaux des banquiers chez qui on puisse déposer ses fonds avec toute la sécurité désirable ?

« En France nous avons à la campagne 27 à 28 millions d'habitants, tandis qu'en Angleterre il n'y en a que trois ou quatre millions. Tout le reste de la population forme ces grands centres ma-

nufacturiers, industriels, que l'on rencontre en si grand nombre
sur le territoire britannique. A la différence des habitudes françaises, qui consistent à concentrer l'argent chez les notaires, etc.
nos voisins ne se servent que du ministère des banquiers; tous
leurs paiements s'effectuent en chèques créés sur les établissements
de banque. Il était donc impossible au législateur de 1865 de ne
pas tenir compte de l'organisation particulière à notre pays,
où le commerce se fait sur de plus petites bases et occupe infini-
ment plus de mains qu'en Angleterre. »

Ce remarquable plaidoyer en faveur du chèque renfermait la
question dans ses véritables limites : rien ne doit, en effet, empêcher de créer des chèques sur les banquiers, du moment que la
faculté d'en tirer sur tout dépositaire de somme disponible est
conservée au public qui doit jouir également des avantages d'un
système donnant satisfaction à tous les besoins, à tous les intérêts,
à toutes les convenances.

Le système proposé par M. Adam ne pourrait qu'enlever au
chèque sa véritable utilité, celle qui a inspiré les auteurs de la loi
de 1865. Son résultat immédiat eût été de servir les banquiers en
leur permettant de se liquider d'une façon facile et correcte par les
échéances de liquidation.

Ainsi que l'a fait remarquer M. Fourcaud, l'un des membres de
la commission, « le chèque met en mouvement des capitaux qui
sans lui resteraient improductifs, parce que ceux qui les ont veulent
acheter, par exemple, un immeuble, attendre une occasion, et pouvoir retirer ces fonds au fur et à mesure de leur besoin, en avoir
toujours la disposition libre et facile ; ils veulent ainsi les retrouver
à leurs convenances. Depuis 1865, il s'est créé en France, sous
l'influence de la loi du 14 juin, des établissements financiers qui
rendent des services incontestables aux petits capitalistes de même
qu'au commerce et à l'industrie. Ces établissements ne sont autre
chose que des dépôts de fonds dont on reçoit des intérêts plus ou
moins élevés selon le temps pendant lequel on laisse ses capitaux. »

Après cette discussion laborieuse, l'amendement présenté par
MM. Adam et Soubeyran fut mis aux voix et rejeté. L'Assemblée

nationale eut alors à se prononçer sur l'art. 4 du projet devenu art. 5 de la loi définitive, dont les dispostions comportaient certains remèdes que la commission avait cru devoir apporter pour empêcher désormais les fraudes qui se commettaient à l'aide de chèques. Ces fraudes consistaient à créer des chèques pour des valeurs qui ne se trouvaient pas encore à la disposition du tireur, par exemple dans l'espèce suivante : une vente de marchandises est faite au comptant ; ainsi que cela se pratique dans ces sortes de ventes, le prix doit être payé à quinze jours, à un mois, ou à un délai plus long ; si l'on applique à ces transactions la théorie que nous avons présentée sur les chèques, il est indiscutable qu'il ne saurait y avoir dans notre hypothèse matière à création d'un semblable titre, qu'il faut attendre tout au moins que la somme à toucher comme prix des marchandises livrées soit devenue disponible.

C'est la théorie que la cour de Paris vient de consacrer une fois de plus par un arrêt tout récent, du 23 février 1874, dans une affaire Bertin contre Giros, directeur de la Société des Transports, à Saint-Dizier (1).

La rubrique de cet arrêt est ainsi conçue :

L'un des caractères essentiels du chèque consiste dans l'existence d'une provision préalable et disponible, se trouvant lors de la création du titre aux mains du tiré.

L'expédition au tiré de marchandises dont le prix n'est exigible qu'à une date postérieure à la création de la valeur ne rentre pas dans ces conditions, et par suite cette valeur n'est pas un chèque, mais bien un effet d'une autre nature, dans l'espèce une lettre de change soumise pour sa réclamation aux règles applicales à ce genre d'effets.

Il n'est pas inutile, dans les circonstances actuelles, de relater ici les faits sur lesquels le tribunal de commerce de Paris, et après lui la cour d'appel avaient à statuer ;

____

(I) V. le journal *le Droit* des 20 et 21 avril 1874.

M. Bertin se présentait porteur d'une valeur de fr. 3,724, créée à Saint-Dizier, le 25 janvier 1872, par Giros, libellée sur un livre à souche destiné à l'émission des chèques, tirée sur un sieur Destable de Paris, endossée à l'ordre du demandeur, et protestée le 16 mars suivant avec dénonciation dans les délais voulus.

A la prétention de Bertin, Giros opposa que le porteur d'un chèque doit le présenter dans le délai de huitaine de sa création, que Bertin se trouvait donc déchu de tous recours. Bertin répondit qu'il s'agissait, non d'un chèque, mais d'une lettre de change à vue payable dans les trois mois de sa date.

Un des caractères essentiels du chèque qui le différencie de la lettre de change, réside en effet dans l'existence d'une provision préalable et disponible : dans l'espèce, le prix des marchandises expédiées au tiré n'était payable qu'à une date postérieure à la création de la valeur ; Giros ne pouvait donc opposer à Bertin le défaut de présentation d'un semblable effet dans la huitaine de sa création. C'est ce que reconnut la cour de Paris par son arrêt confirmatif du 23 février.

Le remède proposé par la commission dans l'art. 4, et consistant en ce que la date, c'est-à-dire le jour et le mois fussent écrits en toutes lettres, afin qu'une post-date ou un changement de date fussent dorénavant impossible, obtint la sanction de l'Assemblée, malgré les réclamations, peu fondées au reste, de certains députés qui considéraient cette mesure, pourtant si simple, comme vexatoire pour le commerce. Remarquons en passant que la disposition nouvelle n'a visé que le quantième du mois, et que le millésime pourra être écrit en chiffres, et non en toutes lettres.

La séance du 14 février commença par la discussion de l'art. 5 du projet devenu art. 6 : M. Fourcaud déclara que la commission s'en tenait pour le cas d'émission d'un chèque sans provision préalable à l'amende de 6 p. 100 relevée par la loi du 14 juin 1865, et qu'à la rédaction première du § 3 de cet article, était substituée la rédaction suivante : « L'émission d'un chèque sans provision préalable et disponible est passible de l'amende de 6 pour cent de la somme pour laquelle le chèque est tiré, sans que cette amende

puisse être inférieure à 100 francs. » Afin qu'il n'y eût aucune équivoque sur le sens de l'article, plusieurs membres proposèrent de
remplacer ces mots : « L'émission d'un chèque » par ces autres :
« Celui qui émet un chèque. » Cette nouvelle modification ayant
reçu l'assentiment de la commission, l'art. 5, devenu l'art. 6, fut
mis aux voix et adopté tel qu'il se comportait depuis les change-
ments qu'il avait subis : il en fut de même de l'art. 6 devenu
l'art. 7.

Un débat intéressant s'éleva sur l'article 7 du projet, relatif au
droit du timbre proportionnel auquel la commission avait cru devoir
l'arrêter : Sur cet article divers amendements avaient été proposés.

Le premier, de M. Guibal, soumettait les chèques de place en
place aux mêmes droits de timbre proportionnel que les lettres de
change et effets de commerce : cet amendement, mis aux voix après
discussion nouvelle présentée par son auteur, ne fut pas adopté.

M. le Ministre des finances ayant déclaré dans l'intervalle que
son intention n'était nullement de défendre le projet du gouvernement qui se trouvait remplacé par les dispositions nouvelles proposées par la Commission et votées par l'Assemblée, en un mot
qu'il se mettait d'accord avec elle pour conserver le chèque, un
deuxième amendement, de M. Flotard, conçu en ces termes : « les
chèques tirés de place en place et dans les conditions prévues aux
articles 1er de la loi du 14 juin 1865 et 9 de la présente loi sont
assujettis à un droit de timbre proportionnel ainsi qu'il suit :

« A 0,25 centimes pour les chèques de 10,000 fr. et au-dessus ;

» A 2 fr 50 cent. pour les chèques au-dessus de 10,000 fr.; et un
troisième, de M. Pouyer-Quertier, Alfred André et Léon Say, ainsi
conçu : « Les chèques de place en place seront assujettis à un droit
fixe de 20 centimes ; les chèques sur place continueront à être
timbrés à 10 centimes », furent soumis à la prise en considération
et renvoyés après un vote affirmatif à l'examen de la commission
du budget.

A la séance du 19 février, M. Mathieu-Bodet proposa pour les
chèques de place en place les taxes nouvelles auxquelles s'était
arrêtée la commission du budget. Aux taxes proportionnelles qui

s'accroissaient depuis 1,000 fr. jusqu'à 5,000 fr. et qui procédaient ensuite par échelons de 5,000 fr. et de 10,000 fr., elle avait substitué le système suivant consistant à assujettir les chèques de place en place à une taxe de 10 centimes, pour ceux de 2,000 fr. et au-dessous, ceux de 2,000 fr. jusqu'à 10,000 fr. à une surtaxe de 50 centimes, ceux de 10,000 à 20,000 fr. à une surtaxe de 1 fr. 50 centimes : seulement au-dessus de 20,000 fr., la taxe devait augmenter proportionnellement à raison de 1 fr. 50 centimes par 10,000 francs.

Ce système nouveau qui avait le désavantage de constituer un impôt qui n'était ni fixe ni proportionnel, rencontra dans MM. Wolowski et Pouyer-Quertier des adversaires convaincus. M. Pouyer-Quertier fit remarquer que le simple impôt sur les quittances établi par la loi de 1871 avait dépassé toutes les prévisions, qu'au lieu de donner 12 ou 13 millions, il en rapportait 17 ou 18, que le contraire serait évidemment le résultat du tarif gradué par cascades inégales qui formait la rédaction nouvelle présentée par la commission. Une semblable disposition pouvait en effet être parfaitement éludée : pour payer 11,000 fr., on délivrerait un chèque de 10,000 fr., soit 60 centimes de taxe, plus un chèque de 1,000 fr. à 20 centimes, ce qui ferait en tout 80 centimes au lieu de 1 fr. 50, et constituerait une différence de 70 centimes, soit près de 50 p. % de réduction sur le tarif proposé.

M. Flotard ayant déclaré se rallier à l'amendement de M. Pouyer-Quertier, l'Assemblée nationale put voir enfin arriver le terme de la laborieuse discussion dont nous venons de fournir un résumé succinct.

L'échelle dressée par la commission du budget fut jugée arbitraire : les adversaires du chèque durent convenir que le nombre des chèques s'augmenterait en raison directe de la facilité de leur circulation, et que supprimer toute entrave sérieuse à l'usage de cet utile instrument de paiement serait permettre au produit de l'impôt, sinon de se doubler immédiatement, du moins de ressentir dans de larges proportions les conséquences bienfaisantes d'une institution qui justifie à tous égards la sollicitude dont on l'a entourée.

L'amendement consistant à assujettir les chèques de place en place à un timbre fixe de **20** centimes reçut donc sa consécration dans le vote de l'Assemblée, qui termina ses travaux sur la question par l'adoption de l'article 8 du projet, devenu l'article 9, déclarant applicables aux chèques tirés hors de France et payables en France toutes les dispositions législatives relatives aux chèques tirés de France.

CONCLUSION.

Nous en avons terminé avec le chèque, cette invention merveilleuse à laquelle l'Angleterre a accordé le droit de bourgeoisie, et
qui a permis à la prospérité commerciale de nos voisins de s'accroître de jour en jour. Nous avons vu dans le cours de ce travail
les résultats immenses que cette institution a produits, et avons
fourni à cet égard des chiffres qui parlent assez éloquemment pour
que nous puissions nous abstenir de tout commentaire. L'étude des
rouages si simples du *Clearing-house* de Londres, ou chambre de
compensation des *Clearing-bankers*, nous a donné la clef de ces
relations journalières qui permettent aux banquiers de compenser
des sommes considérables sans qu'il y ait lieu au moindre déplacement de numéraire.

Que conclure de ces grands exemples, si ce n'est que, nous
devons en France, tout en respectant les bases sur lesquelles se
trouve établi le commerce français, favoriser l'essor que le chèque
semble prendre depuis peu dans notre pays, en dépit des entraves
qu'on a voulu apporter à son développement. Nous avons eu l'occasion de citer les résultats obtenus par le *Clearing-house* (ou
chambre de compensation), établie à Paris par quelques sociétés de
crédit : Assurément ces résultats sont encore bien chétifs, si on les
met en parallèle avec les chiffres des opérations mensuelles, je dirai
même hebdomadaires, du comptoir de Londres ; mais enfin, toute
proportion gardée, ils n'en ont pas moins leur importance, surtout
lorsqu'on envisage la divergence si grande existante entre les
mœurs commerciales des deux pays.

Nous sommes donc heureux de les constater, et ne pouvons nous empêcher d'applaudir au sentiment qui a présidé, chez la plupart des orateurs, à la discussion récente dont le chèque a été l'objet, discussion qui a su triompher de toutes les attaques auxquelles il s'est trouvé en butte.

TABLE DES MATIÈRES.

FIN DE LA TABLE.

www.ingramcontent.com/pod-product-compliance
Lightning Source LLC
LaVergne TN
LVHW051116060726
842525LV00003B/941